U0519927

教育部人文社会科学重点研究基地重大项目成果丛书

# 汉语构式的二语习得研究

施春宏　等著

商务印书馆
The Commercial Press
2017年·北京

## 作 者

施春宏　　蔡淑美
黄理秋　　李　昱
谢　福　　薛小芳
杨　圳　　朱旻文

# 目 录

序 ………………………………………………………… 赵金铭 1

**第一章　面向第二语言教学的汉语构式研究** ………………… 1
　一、构式的基本内涵及其范围 …………………………………… 2
　二、汉语语法研究中与构式相关的主要内容 …………………… 4
　三、面向第二语言教学的汉语构式系统研究的基本状况 ……… 6
　四、面向第二语言教学的汉语构式研究中存在的问题
　　　及其发展空间 ………………………………………………… 13
　五、当前面向第二语言教学的汉语构式研究的基本任务和
　　　研究重点 ……………………………………………………… 21
　六、本项研究的基本思路 ………………………………………… 26
　七、本书的基本框架 ……………………………………………… 28

**第二章　语块的性质和汉语语块系统的层级关系** ……………… 31
　一、从语块的交际本质看语块的基本内涵 ……………………… 33
　二、从语块与构式的关系看语块的属性 ………………………… 36
　三、汉语语块系统的层级关系 …………………………………… 42
　四、本章小结 ……………………………………………………… 51

**第三章　汉语准价动词的二语习得研究** ………………………… 53
　一、准价动词习得的正确输出情况 ……………………………… 56
　二、准价动词习得的误用表现 …………………………………… 60
　三、准价动词习得的内在机制 …………………………………… 70
　四、本章小结 ……………………………………………………… 76
　附录一　"HSK动态作文语料库"中出现的265个
　　　　　准二价动词 …………………………………………… 78
　附录二　"HSK动态作文语料库"中出现的40个
　　　　　准三价动词 …………………………………………… 79

## 第四章　汉语二价名词的二语习得研究 …… 80
　　一、二价名词习得的正误分布 …… 81
　　二、二价名词习得的偏误类型和表现 …… 85
　　三、跟二价名词习得相关的其他现象 …… 93
　　四、二价名词的习得机制及教学策略 …… 97
　　五、本章小结 …… 101

## 第五章　汉语介词性框式结构的二语习得研究 …… 103
　　一、介词性框式结构的句法偏误类型 …… 105
　　二、介词性框式结构的语义偏误类型 …… 115
　　三、介词性框式结构偏误产生的原因 …… 118
　　四、本章小结 …… 124

## 第六章　汉语双及物式的二语习得研究 …… 126
　　一、基于双及物式的语言类型 …… 128
　　二、汉语双及物式的变异形式 …… 130
　　三、汉语中介语双及物式的变异特点 …… 136
　　四、汉语中介语中双及物式的变异空间和变异机制 …… 140
　　五、本章小结 …… 143
　　附录一　泰、印（度尼西亚）、韩、越四语中双及物动词的分布 … 144
　　附录二　汉语双及物式的变异形式——专题测试问卷 …… 146

## 第七章　汉语动结式的二语习得研究 …… 147
　　一、动结式的构式语法分析 …… 150
　　二、实验研究 …… 154
　　三、讨论 …… 160
　　四、本章小结 …… 164
　　附录一　24个汉语动结式实验材料及对应的英语结果构式 … 165
　　附录二　汉语动结式习得实验测试卷 …… 166

## 第八章　汉语重动式的二语习得研究 …… 169
　　一、重动式习得的基本类型及其在不同水平等级中的
　　　　分布状况 …… 171

二、重动式习得的偏误类型及其成因分析 …………………… 183
　　三、重动式教学的基本策略 ………………………………… 194
　　四、本章小结 ………………………………………………… 199

**第九章　基于二语习得的语言学教材编写问题** …………………… 201
　　一、语言学知识的编写模式与编排策略 …………………… 202
　　二、语言学教材对当前语言学理论的吸收与融合 ………… 205
　　三、语言学教材的国别化、语别化、族别化问题 ………… 209
　　四、语感培养和论感培养问题 ……………………………… 211
　　五、教材编写中的语言观 …………………………………… 214
　　六、本章小结 ………………………………………………… 215

**第十章　基本认识和理论思考** ……………………………………… 216
　　一、基本认识 ………………………………………………… 217
　　二、关于汉语构式二语习得和教学研究的理论思考 ……… 223

**主要参考文献** ………………………………………………………… 232
**后记** …………………………………………………………………… 249

# 序

　　施春宏教授主持的教育部人文社会科学重点研究基地重大项目"面向第二语言教学的汉语构式系统研究"是国内第一个以汉语构式的习得与教学研究为宗旨的研究课题。该课题的阶段性成果非常丰富,已受到学界广泛关注。课题结项后,经反复调整修改,现将构式习得研究的主要内容(其中有些内容涉及教学研究)结集成书,名之曰"汉语构式的二语习得研究"。顾名思义,就是要借助语言本体研究的理论及其成果来推动汉语构式(包括词项—语块性构式和句式性构式)的习得及相关的教学研究。在研究过程中,基于中介语语料的汉语句式和语块的习得研究,成为汉语语法习得研究的中心。

　　多年以来,在施春宏教授心中一直萦绕着一条研究思路,即坚信倘能基于"构式"理论的考虑,引入构式观念并展开构式分析,必将对作为第二语言的汉语语法研究、习得研究和教学研究带来深刻影响。近年来,汉语本体研究、汉语习得研究和汉语教学研究在各自的研究领域都已取得了丰厚的研究成果,这三个领域虽有关联,但在实际研究中常常表现出极大的"自主性"。人们也常常呼吁将它们结合起来,形成互动互进的态势,但是成效甚微。为达此目的,就需要找到一个可以取得研究实效的突破口。因此,需要重点考察那些在习得过程中容易出现偏误的、具有类型特征的汉语构式。同时,在对这些具体构式的形义关系和用法特征进行深入分析与研究的基础上,力求在构式研究的方法论上有所探索,从而对如何将基础研究、习得研究和教学研究三者结合的路径和方式做出探讨。

　　本着这种研究设想,如何将本体研究、习得研究和教学研究三者结合起来,得有个贯通全局的东西。纵观该课题的整个研究过程,我们会发现,"构式观念"是贯穿整个研究的主线,这样既可以充分利用学界既有的值得借鉴的构式观念,也可以出新,借以丰富构式理论的思想和认识,有力地促进三者互动的研究。

　　什么是构式理论?根据比较经典的理解,一个语言形式,它的形式和意义的某些方面不能完全从其组成成分或业已建立的其他构式中推导出来，就应该看成是一个构式。由于汉语所具有的类型学特点，将"构式"作为语言系统的基本构造单位，来诠释汉语语言现象，发现学习者习得规律，实不失为一条有效的途径。

在具体项目研究的切入点上，本书主要从语言类型学的视角来考察，因此汉语特殊句式、框式结构、特殊词类等的习得问题就成为重点考察的对象，以其特殊形义关系的习得作为开展研究的立足点，以构式特异性的习得表现作为研究的主线，所涉内容虽很广泛，但难能可贵的是，"形散神不散"。

本书所倡导并身体力行的研究思路，亦即基于构式语法观念的汉语习得及相关教学研究，无疑是一个跨学科研究的全新领域。本研究试图在面向第二语言教学的构式习得研究中提出一些新思想、新观念、新认识。我们可以发现，其主要成果体现在三个方面：

第一，借助构式习得现象的分析，对汉语构式系统中的重要形义关系进行研究。尤其关注一直困扰着语言教学与研究的特殊句式，颇具汉语类型学特征的框架性结构，以及习语性构式，主要包括各类固定用语。

第二，就语言类型学中具有汉语特殊类型特征的构式习得情况展开系统考察。如准价动词、二价名词、框式介词等词项—语块性构式和双及物式、动结式、重动式等论元结构构式的习得研究。考察的内容涵盖构式性、建构过程、层级及构建、习得难度以及中介语的变异特点等。

第三，在上述基础上，对面向二语教师的语言学教材的编写模式和编排策略做出新的理论思考，特别强调此类教材要重视对当前语言学理论和具体成果的吸收与融合，要在观念和方法上予人启发，引导思考，积极培养语言教师的论感。

本研究所涉及的重要论题都来源于对外汉语教学中长期存在而难以解决的问题，不仅具有重要的理论研究意义，更有实践的应用价值。在对汉语作为第二语言的构式系统进行研究的过程中，拓展了研究的深度与广度，展现了新的研究理念，并在研究方法上做出了新的探索。本研究将汉语构式语法研究、汉语特殊构式习得机制的研究与汉语教学相结合，在基础研究转化为教学资源方面，做出了出色的努力。无疑，这必定会深化对外汉语教学的研究，进一步推动汉语国际教育的发展。

本书作者施春宏教授与其所带领的团队，近年来一直关注构式理论研究的进展，对新的理论十分敏感，同时持有自己的独立见解，并结合汉语本体进行了深入研究，视野开阔，在句法学、词汇学、语义学、理论语言学、应用语言学等方面都有系列成果问世，而且有比较高的转引率，从而为从事这项跨学科研究打下了坚实的基础。

施春宏教授笃志向学，黾勉从事。近年来特别注重语言学知识向教学的转化工作，曾为面向第二语言教学的教师和有志于从事这项工作的人们撰写了几部相关著作，在社会上有一定的学术影响。这其中与冯胜利教授合作研究和撰写的《三一语法：结构·功能·语境——初中级汉语语法点教学指南》（北京大学出版社，2015年），既是一部理论探新之作，又是将基础研究、习得研究与教学研究相结合的尝试，是作者长期思考的研究路数的具体实践。

施春宏教授的书稿即将付梓，嘱我写一篇序，实则给了我一个很好的学习机会，读后获益良多。我感触最深的是，汉语习得研究成果不可谓不多，但积极借鉴和吸收新的语言学理论来从事语法习得研究（尤其是句法习得研究），并借此发展新的研究观念和方法，这样的成果似乎并不多见。而且如何将这些成果转化为教学资源，融入基于用法的汉语教学研究之中，用以提升汉语教学水平，我们一直十分困惑，也一直在努力探索。现如今，施春宏教授主持的相关课题和《汉语构式的二语习得研究》一书做出了有益的尝试，应该击掌叫好。

是为序。

赵金铭

2016年7月15日

# 第一章　面向第二语言教学的汉语构式研究

构式语法(Construction Grammar)经过二三十年的发展,已呈现出方兴未艾之势,尤其是在理论探讨和具体构式特征分析两个方面,成绩尤为显著。相较而言,构式理论的应用研究则显得有些单薄,甚至可以说很不充分。其实,构式语法的应用领域是非常广泛的,如语言习得(包括母语习得和二语习得)、语言教学(包括母语教学和二语教学)、语言信息处理、辞书编撰、语言翻译、应用修辞甚至网络语体等。就当下的研究而言,(汉语)二语习得和教学这两个领域的"应用"性质跟当下构式语法的"理论"性质关系至为密切,而且实践意义重大。为此,我们展开了"面向第二语言教学的汉语构式系统研究"这一课题的系列研究。我们的研究既基于当下构式语法的基本理念,但又不局限于既有的观念,而是在构式理论应用研究过程中探索一些新思路,提出一些新认识,尤其是针对二语者习得汉语构式系统中不同层级特殊现象的形式—意义特征时的表现,从不同侧面做出较为系统的考察,同时也对基于构式习得机制和过程的教学模式及教学策略有所探讨。本章试图对本项研究的背景做出较为全面的概括。

"面向教学"的基本含义包括基于教学和服务教学两个方面,因此,"面向第二语言教学"的汉语研究既包括汉语作为第二语言教学中所面对的本体研究和教学策略研究,又包括汉语作为第二语言习得的过程、机制和意识的研究。① 两者所面对的基本问题是相同的,即都是由教授和学习语言的过程中存在的难点和疑点问题而引发的;两者目标也基本一致,即都是为了解释和解决这些难点和疑点问题,并探讨其中存在的理论意义和实践价值。因此,两者应是相互促动、相互推进的。然而目前两者的结合并不紧密,常常出现自说自话的现象。这在汉语构式的研究和教学过程中体现得尤为鲜明。而且,汉语构式自身某些方面的研究空缺以及

---

① 也就是说,纯粹基于语言事实的本体研究或基于语言发生、发展的习得研究不在"面向"之列,虽然它们的研究成果可以为相关教学活动所吸收,甚至推动了相关研究的发展。

认识上的不到位,也深深地影响了汉语构式的习得研究和教学。

关于构式研究,这是一个既老又新的话题(与之相关的语块研究也是如此)。说"老",是指构式的方方面面,在以前的本体研究和应用研究中都有或深或浅的涉及;说"新",是指基于新的"构式"观念之下的构式研究,理论意识和实践分析方面都不断有新的成果呈现,有发展,也有很多争鸣。① 在本章中,我们主要分析面向第二语言教学汉语构式研究的基本状况、存在问题和发展空间,进而探求面向第二语言教学的汉语构式研究的基本任务和研究重点。我们的根本目的并不在于对汉语作为第二语言的构式研究现状做出全面的综述,而意在指出问题、引发思考并寻找解决的途径。

下面先简要说明构式语法理论对"构式"基本内涵及其范围的理解,并概括介绍汉语语法研究中与构式相关的主要内容及面向第二语言教学的汉语构式系统研究的基本状况,接着从基础研究、习得研究、教学研究三个方面考察汉语构式研究中存在的问题及其发展空间,借此提出当前面向第二语言教学的汉语构式研究的基本任务和研究重点,最后在此基础上提出本项研究的基本思路和本书的基本框架。

## 一、构式的基本内涵及其范围

本章对"构式"(construction)的理解以近些年出现并引起学界广泛重视的构式语法理论为基础,但又有一定的调整。关于构式的内涵,不同的构式语法流派在理解上虽有差异,但核心相通。其中 Goldberg(1995)的定义影响最大:

> 所谓构式,就是指这样的形式—意义对,它在形式或意义方面所具有的某些特征不能从其组成成分或业已建立的其他构式中完全预测出来。

这个定义揭示了典型构式的两个基本属性:(1)每个构式都是形式—

---

① 关于"构式"概念基本内涵的演进,参见施春宏(2013)对传统语言学、结构主义语言学、生成语法、认知语言学中相关概念的梳理。施春宏(2016b)还对构式观念的逻辑结构和理论张力做了分析,将构式的内涵从语言系统推导到符号系统乃至一般系统。

意义对。关于这个配对体,构式语法研究中有时用"形式和意义"(form-meaning),有时用"形式和功能"(form-function),有时用"形式和意义/功能",但对所指未做实质性的区分,只是随研究主旨的变化而有所调整。为了简便起见,下文除了特别强调之处外,一般用"形式和意义"来统指。(2)对构式体内部和不同构式之间来说,构式所蕴含的诸多特征中至少具有某方面的特异性(idiosyncrasy)。这两者之间可以看作是相互蕴含的。任何语言成分的价值都是语言系统中的一种区别性价值(索绪尔,1916/1980),如果每个构式都是形式—意义对(或者说形义结合体),那么它在语言系统中一定作为一种独立的区别性存在,也就是说它一定具有某方面的特异性特征。另一方面,如果某个语言成分具有某方面的特异性特征,那么它就一定已经是语言系统中的一个特定的形式—意义对。

当然,这是基于构式同时包含形式和意义两个方面的理解。如果基于"construction"(结构、构造)本来的内涵,认为形式的结构体或意义的结构体都可以称为构式,那就不能这样理解了。如 Taylor(2002:561)将构式定义为"任何可被分析为若干组成部分的语言结构(linguistic structure)",因此构式可以区分出音位构式(如[blæk kæt])、语义构式(如[BLACK CAT])、象征构式(如[BLACK CAT]/[blæk kæt]),这样的理解更接近结构主义关于"结构体"的认识。当然,在当下主流构式语法理论背景下,一般研究实践中所谓的"构式"主要指存在形式—意义匹配关系的象征构式。另外,Goldberg(2006、2013)等放松了对构式不可推导性(即不可预测性)的要求,认为"不可预测性并非设定构式的必要条件",并吸收了 Joan Bybee、Paul J. Hopper 等功能主义学者和 Ronald W. Langacker 等认知语法学者的基本认识,认为只要有足够的使用频率(sufficient frequency),即便是完全可预测的结构形式,也是构式。由于是否调整相关内涵并不影响本项研究的基本认识,因此这里不再加以说明。[①]本项研究对构式内涵的理解基于 Adele E. Goldberg 的认识。

关于构式的范围,构式语法的研究者随着该理论的发展也对其有所调整。初始的理解以类似于"let alone"(更不用说)这样的习语性表达为主(如 Fillmore et al,1988),后来的研究成果主要体现在句式方面(如 Goldberg,1995),再后来将语素、词都包含在内(如 Goldberg,2003、2006、

---

① 具体调整内容,参见施春宏(2016b)的介绍及相关评价。

2013),进而扩展到语篇(Östman,2005);有人还进一步区分语法构式和修辞构式(刘大为,2010)、表达性构式和认知性构式(施春宏,2012a)。其实,根据构式的基本内涵来理解的话,将包含音形义的汉字也作为构式来理解,是有一定的现实意义的。

关于是否将语素、词也作为构式内容,学界认识上有分歧。如陆俭明(2007b、2016)认为,将语素看作构式,会跟句法层面的构式存在"在要素上无法统一"的问题。Trousdale & Gisborne(2008:2)也指出,根据构式语法分析法的一般理解,构式是"比单个词更大的语法单位"。也就是说,从组构着眼,构式首先得有"构"(结构),构式的本质可能还在于"构"。国内外也没有多少基于构式观念来研究语素和词的相应成果。当然,从构式的角度研究形态也不失为一个新的考察角度,如 Booij(2005、2007、2010、2013)从句法和形态(词法)的接口来看形态构式(morphological construction)问题,开拓了形态学研究的新视野。但汉语语法系统在形态方面的表现不够丰富。因此,本项研究对纯粹的语素、词项内容也不予考虑,但若某些类别的词项涉及特殊的句法表现(如我们后文将涉及的准价动词、二价名词等),则予以特别的关注。基于此,本项研究所涉及的构式范围是处于语素和语篇中间的具有特殊句法表现形式和语义特征的语言成分。

需要特别说明的是"语块"(chunk)这一特殊性质的交际单位。学界对这种语言单位颇为关注,但认识上又颇多分歧。它和构式并非同一个概念,两者的认知角度和概念来源并不相同,但基于构式语法将所有的语言交际单位都看作构式这一理念,我们对此也不做详细区分,只是将语块看作处于词项和句式之间的中介物,将其作为构式的一个组成部分。关于语块的具体内涵和范围,我们将在第二章做专题论述。

## 二、汉语语法研究中与构式相关的主要内容

就构式理念的基本精神而言,它的主要类型既包括传统所理解的句子结构形式(尤其是特殊句式),还包括新近引起重视的语块/构式块、框式结构等具有特殊功能的结构体。就当前的汉语研究热点而言,具体说来主要涉及三个方面的内容:

一是可抽象为特定结构类型或功能类型的句法结构体,主要指传统的句型、句式和句类所涉及的内容,尤其是一直困扰着语言教学与研究的特殊句式(如"把"字句、"被"字句、受事主语句、双宾句、存现句、比较句、

"是"字句、连动句以及动结式、动趋式之类)和某些特殊句类(如疑问句及其下位类型)、特定范畴的表达方式(如补语结构、数量结构、指称结构、方所结构、否定结构、能愿结构、比较结构、致使结构之类)。以 Adele E. Goldberg 为代表的认知构式语法(Cognitive Construction Grammar)理论特别关注的论元结构构式(argument structure construction)即属于这方面内容,如双及物构式(ditransitive construction)、使移构式(caused motion construction)、动结构式(verb resultative construction)等跟汉语语法研究中经常提到的双宾句、"把"字句/处置式、动趋式、动结式等有相当的结构对应性(当然,每个特殊句式都有其语言特异性)。

需要说明的是,如果从结构类型及其表达方式来考虑,对句类的分析也大体可以归入句式研究的范围,因此下文除非需要特别指出,一般不再对句类的研究单独说明。当然,如果从功能来考虑,句类研究往往跟篇章分析相结合,不同句类所实现的语用、篇章功能差异很大,每个句类下面的小类的篇章功能也有差别。其实,从构式观念来考虑,所有的句式、句型也都有其特定的语用、篇章功能,而这方面的探讨,无论是基于本体研究还是基于习得研究、教学研究,都很缺乏。对此,下文将有所说明。

二是颇具汉语特色的框式结构(frame-construction)[①],除了传统理解的固定格式(如"越……越……、非……不、为……起见")和关联词语的配合使用(如"不但……而且……、连……都/也……")外,还包括具有汉语类型学特征的介词性框式结构,即"前置词/介词……后置词/方位词"(如"在……上、到……后面"),以及具有离合性质的短语词(如"挖……墙角、穿……小鞋"),它们近些年引起了学界特别的关注。

三是习语性构式,主要包括各类固定用语,如成语、惯用语、俗语和"总而言之、好的、不好意思、的话、问题是、爱咋咋地"之类实体性成分。

---

[①] 关于"框式结构"的英文对译,笔者颇多踌躇。框式结构(又作"框架式结构、框架结构、待嵌构式")既有图式化的(schematic)框式结构,如"Prep…V";也包括有框式成分被具体项目部分填充的(partially filled)框式结构和被具体项目完全填充的(fully filled)框式结构,前者如"为……V"和"Prep……帮忙",后者如"为……起见"。刘丹青(2002、2003)在讨论"框式介词"时,将其对应为 circumposition。具体到本项研究中的框式结构,我们觉得用 frame 来对应"框式"可能较为合适,因为"框"有个义项,"镶在器物周围起约束、支撑或保护作用的东西"(《现代汉语词典》第 7 版 762 页,商务印书馆,2016 年),这正是框式结构的本质内涵。而且,这里的 frame 大体可以包含 circum- 的内涵。因此我们用 frame-construction 称之;与之相关的是,谈框式偏误时,则主要是带有词项填充或半填充性质的偏误,因此用 frame error 称之。感谢北京语言大学硕士研究生陈艺骞对此所做的提示。

上面这三个方面,从构式语法对构式的分类来看,第一类构式是图式性构式(schematic construction),第二类是半图式性构式(semi-schematic construction),第三类是实体性构式(substantive construction)。第一类构式一直受到语法研究的重视,可以说是语法研究的核心论题;第二类构式在新的理论背景下得到了重新审视;第三类构式由于其构成完全实体化,因而个体性很强,学界对这些实体性表达的个例化研究非常丰富。就当下的二语教学而言,第一类构式也是教学的重点;第二类构式往往结合词类、句法成分及复句等语法知识点教学展开(也有一定的词汇教学特征);第三类构式则基本上跟词汇教学放在一起,而且除了口语教学外总体上关注度不高。

## 三、面向第二语言教学的汉语构式系统研究的基本状况

由于纯粹习语性成分的研究大多跟词汇化、语法化等方面的研究相关联(就教学而言,基本上作为固定词项来处理),因此本章暂不对此做出概括(我们会在下一章做出相关说明),而主要考察作为形式和意义/功能/用法配对体而存在的结构体。由于句型、句式和框式结构作为构式,在"构"(结构性)和"式"(形义配对体)两个方面的特征都比较显著,因此,下面我们便主要从这两个大的方面针对一些比较突出的问题做出以点带面式的描述,反思其存在的问题,并进一步探讨未来研究的可能发展空间。当然,这方面的研究,很多并非是基于构式语法的理论框架展开的,这里主要是探讨其作为构式的形式和意义两个方面。也就是说,是否基于构式语法理论来研究是问题的一个方面,是否基于构式来研究(即研究构式关涉的问题)则是问题的另一个方面。

### (一)关于句型、句式方面的研究

在汉语作为第二语言的语法教学中,作为构式系统中的一个重要方面——句型和句式,其教学和研究一直被视为重点和难点,在汉语作为第二语言的习得研究中,句型和句式的习得研究也引起了很大的重视。这方面的研究成果主要表现为以下几个方面。

**1. 对现代汉语基本句型、重点句式的专题性系统描写**

这方面的成果以"北京语言学院句型研究小组"的研究成果"现代汉

语基本句型"(系列成果发表于《世界汉语教学》1989—1991年诸期)、吕文华(1999)关于对外汉语教学语法体系的研究及一系列教学大纲中句型、句式的归纳等为代表。众多的教学参考语法著作也对相关研究内容做了充分的总结和发挥,如刘月华等(1983/2001)、房玉清(1992)、李德津和程美珍(1988)、李英哲等(1990)、孙德金(2002a)、齐沪扬主编(2005)、张宝林(2006)、陆庆和(2006)、李德津和金德厚(2009)、杨德峰(2009)、施春宏(2009a,2011b)、卢福波(2011)、杨玉玲和吴中伟(2013)、吕文华(2014)、吴勇毅等主编(2016)等。程棠(2000/2008)所列附录"语法项目对照表"中,对20世纪60年代以来的九部具有代表性的对外汉语教材①和两个语法等级大纲(《汉语水平等级标准和等级大纲》和《汉语水平等级标准和语法等级大纲》)中的语法项目进行逐一整理和比较,结果全面而系统,其中大部分语法项目都可归入"构式"概念的范围内。

**2. 汉语句式的习得研究,尤其是基于中介语语料库的研究渐成主导**

这方面已经取得了比较丰富的成果,其中以偏误类型和原因、习得难度和顺序的研究最为突出,如周小兵等(2007)关于外国人学汉语语法偏误的系统研究,赵金铭等(2008)基于中介语语料库的汉语句法研究,肖奚强等(2009)关于外国学生汉语句式学习难度及分级排序的研究。就系统地考察不同句式的习得过程而言,施家炜(1998)关于外国留学生习得22类现代汉语句式的顺序的研究具有相当的代表性,而且该文不但考察了陈述性肯定句式的习得问题,还相应地考察了疑问句式系统的习得问题。从个案考察的角度来分析习得过程也是一个研究热点,如施家炜(2002)在其前文的基础上对韩国留学生习得汉语22类句式的情况做了个案分析,其中关于句式格式化倾向的认识,对分析二语习得中句式意识的发展研究有启发作用。② Wen(2006)调查了美国大学生习得汉语三种不同句

---

① 这九部对外汉语教材是:《汉语教科书》(邓懿主编,时代出版社,1958)、《基础汉语》(赵淑华、王还主编,商务印书馆,1971)、《汉语课本》(李德津主编,商务印书馆,1977)、《基础汉语课本》(李培元主编,外文出版社,1980)、《实用汉语课本》(刘珣主编,商务印书馆,1981)、《初级汉语课本》(鲁健骥主编,北京语言学院出版社/华语教学出版社,1986)、《现代汉语教程·读写课本》(李德津、李更新主编,北京语言学院出版社,1988)、《汉语初级教程》(邓懿主编,北京大学出版社,1989)、《新汉语教程——情景·功能·结构》(李晓琪、戴桂芙、郭振华编著,北京大学出版社,1995)。

② 赵金铭主编(1997)、王建勤主编(1997、2006a、2006)、孙德金主编(2006)等一系列论文集系统收录了新时期对外汉语教学领域的研究成果,句型、句式习得的重要文献大多见诸其中。

法结构(述补结构、不定疑问代词句式、"把"字句)的顺序后指出,学习者首先习得的是主—谓—宾语序,而后发展到非主—谓—宾语序,从习得不需要变动语序的结构到习得宾语前置乃至重新调整整个句子语序的结构。在各类特殊句式中,"把"字句的习得问题最受关注,除上引文献外,又如 Cheung(1992)、Jin(1993)、靳洪刚(1993)、Fahn(1993)、熊文新(1996)、Teng(1999)、余文青(2000)、高立群(2002)、崔永华(2003)、刘颂浩(2003)、Du(2004)、程乐乐(2006)、刘宏帆(2007)、温晓虹(2008)、张宝林(2010)、黄自然和肖奚强(2012)、田靓(2012)等。由此可见,有关"把"字句的问题极为复杂,牵涉的理论也极其纷繁。一个有趣的现象是,国内关于"把"字句等特殊句式的习得研究大多基于结构本身的习得顺序和层级以及回避与过度泛化等问题,更注重句式意义在句式习得中的作用;而海外的研究大多基于话题凸显等类型学特征的习得情况。这些研究都进一步引发了一系列值得关注的新问题。另外,魏红(2009)根据汉语各类动词的结构和语义特征来考察它们在特定句式中的习得情况,很有系统性。

**3. 借助语言本体研究的理论及其成果来推动汉语句式的习得与教学研究**

这方面的论题相对比较广泛,随理论背景不同而体现出不同的研究目标和观察角度。

第一,基于认知语言学/功能语言学的汉语句式习得研究,其中以黄月圆和杨素英(2004)、曹秀玲等(2006)、杨素英等(2007)、黄月圆等(2007)等基于语言情状类型理论所做的系列研究成果为代表,这些文章分别对汉语作为第二语言的"把"字句、话题句、"被"字句、存现句的习得过程做了描写,并试图做出一致性的解释。这些研究往往同时具有类型学背景。

第二,基于语言类型学的汉语句式习得研究,其中以汉语的话题(主题)特征为主。如 Jin(1994)、Wen(1994)、Li(1996)借助汉语特殊句式习得过程分析来探讨英语背景的汉语学习者是如何习得话题凸显(topic prominence)的语言的;陈凡凡(2010)基于汉语物体空间关系表达来探讨语言习得中的主题突出特征等。比较句的习得和教学研究一直受到较多的关注(如王建勤,1999;陈珺、周小兵,2005;肖奚强、郑巧斐,2006),这跟汉语比较句的类型特征相对特殊有关。赵金铭(2006a)从类型学视野重点考察了汉语差比句习得中的偏误问题。像"把"字句、被动句、各类补语句等特殊句法结构的研究都是如此。基于类型学的汉语句式习得研究将成为一个理论生长点。这与语言学理论界和教学界都逐步重视世界语言的视角(the perspective of world languages)有关。如刘丹青(2011、2012)提出了语言库藏类型学(Linguistic Inventory Typology)的构想以及显赫范畴(mighty category)这样的核心概念,[①]李昱(2014)即以此观念为理论基础,对汉语中介语中与双及物构式相关的语言变异现象进行了系统分析。从语言共性与汉语个性的相互关系方面重新审视对外汉语教学的成就和不足(祖人植,2002),必然大大推动汉语作为第二语言/外语的教学和研究。

　　第三,由于特殊构式的形义特征往往跟特定虚词的语义/功能相关联,因此,结合虚词来研究汉语构式的形式和/或意义,成为汉语习得研究的一个重要特征。如李晓琪(2005)关于对外汉语教学虚词系统的分析,周小兵、赵新等(2002)关于对外汉语教学中的副词习得情况的研究,前者具有通论性质,后者是对特定虚词类型习得情况的专题探讨。

　　由此可见,语言学理论尤其是句法理论已经成为语言教学与习得研究极其重要的推动力量。随着新理论的不断出现和运用,汉语构式习得研究必然会不断出现新的理论生长点。

　　需要特别指出的是,虽然生成语法在半个多世纪里都是主流语言学理论之一,但基于该理论的构式习得研究并不多。这与它的研究范式有关。在生成语法中,对语言单位意义的分析没有独立的地位,因此构式就无法成为生成语法系统中既有的单位(习语性构式除外,它实际被看作词汇性成分而直接储存在词库中),即类似句式这样的构式,没有独立的实体地位,而是在原则支配下派生的附带现象(epiphenomena)。因此,将构式看作形式—意义对且具有特异性的整体观与生成语法的还原观并不协调。基于生成语法的句式习得研究,主要是在普遍语法观念指导下所做的实证性研究(非构式研究也大体如此),大多围绕普遍语法在二语习得中是否仍具有可及性(accessibility,即在第二语言习得中普遍语法是否仍然制约着语法的形成)的问题和习得特定语言的相关现象时参数值的设

---

[①] 语言库藏类型学"注重语言中的形式手段库藏对语言类型特点的制约,认为一种语言的库藏中所拥有的语言形式手段及其语法属性会对一种语言的类型特点,尤其是该语言的形式和语义的关系类型,产生重大影响"。所谓显赫范畴,"简单地说是在一种语言中既凸显、又强势的范畴"。"假如某种范畴语义由语法化程度高或句法功能强大的形式手段表达,并且成为该手段所表达的核心(原型)语义,该范畴便成为该语言中既凸显又强势(prominent and powerful)的范畴,即显赫范畴。"(刘丹青,2012)

置(parameters-setting)问题而展开。就汉语研究而言,可以说,在生成语法每一个发展阶段,都有一批汉语语法研究者通过对汉语特殊句式或格式的生成分析来检验其解释的效度,且取得了不少成果,也为普通语言学理论贡献了新的认识。然而,基于该理论的汉语构式习得研究仍然是一个非常薄弱的环节。如 Yuan(2010)关于汉语疑问代词的七大类不定代词用法(wh-words used as existential polarity words)是否都能为非汉语背景的学习者习得的研究,很有启发性,但这跟一般的基于构式观念的习得研究还是有所不同的。当然,由于动词跟句式之间存在互动互存的关系,如果以动词的句法和语义特征为出发点来考察相关类型动词的习得过程,那么这样的研究跟构式习得分析便颇有相通之处,如赵杨(2009)对母语为英语的学习者习得汉语非宾格动词和心理动词非使动特征的具体过程及其内部差异的研究。虽然学者们对部分专题做了创造性研究,但总体而言,既不够广泛,也不够深入,而且大多是在引入相关理论时零星地做出举例性说明。

### (二) 关于构式性组块尤其是框式构式的研究

基于构式语法理论、语块理论的汉语习得和教学研究目前主要处于引介阶段,但已经在某种程度上引起了学界的重视。将两者结合起来,从组块的角度来认识相关现象成为新的理论增长点。其中,基于"框式结构"的探索是推动组块习得和教学研究的重要方面。

**1. 基于构式性组块的认识**

凡结构体,都是由若干组构成分组成的。这些组构成分作为构件,相互配合构成整体。基于构式语法关于"构式"的理解,这些组块实际上也是一个一个的构式,有其特定的形式和意义及配合方式,即可以看作"构式性组块",如句式中的各个组成部分就是这样一些特殊组块。以典型的"把"字句为例:

| $NP_1$ | + 把 + | $NP_2$ | + | V—R |
|---|---|---|---|---|
| 致事[致使者] | | 役事[受使者] | | 动作—结果 |
| 小王 | 把 | 电脑 | | 修好了 |
| 数学老师 | 把 | 那几个调皮学生 | | 教训哭了 |

除"把"外,"把"字句至少包括这样一些组块:致事块、役事块、动作—结果

块。每个组块都有特定的形式和意义上的约束条件。学界对这些约束条件一直比较关注,此不赘述。陆俭明(2010a、2010b、2011)、苏丹洁(2010、2011)、苏丹洁和陆俭明(2010)将构式和组块(原文称作"语块")结合起来,提出了"构式—语块"分析法和"构式—语块"教学法,借此改进汉语句式分析的基本思路和句式习得的教学模式。①

这里需要特别指出的是作为特殊组块的"语块"。作为结构高度凝固的实体性组块,语块自然也是一类构式,而且它可以独立使用,也可以作为更大结构体中的组构成分。从语块的角度来考察并将之运用于教学和习得的研究中,成为近些年学界关注的一个热点。如刘晓玲、阳志清(2003)认为词汇组块教学将是二语教学的一种新趋势;周健(2007a)、亓文香(2008)探讨了语块理论在对外汉语教学中的实践价值;钱旭菁(2008)、吴勇毅等(2010)则根据语块习得的层级性对汉语语块的类型及功能做了新的探讨;薛小芳、施春宏(2013)对语块的性质做了重新界定,并进一步梳理了汉语语块系统的层级关系。陈满华(2009)在分析构式语法理论对二语教学的启示时,特别强调具有语块性质的习语和准习语在二语教学中的地位:"构式语法的句法—词汇连续统的思想为上述事实提供了理论支持,按照这一思想,我们可以为词以上的语言单位建立下面的过渡模式:词→习语→准习语→句法单位。习语和准习语属于过渡层。属于这一层的'有你的、有门路、有头有脸'在基于传统语法、形式语法的教学模式里是(被)当作特异现象和边缘现象看待的,没有得到足够的重视,而根据构式语法理论,'习语'应该是语言学习的焦点之一,'准习语'也可视为一种习语,是传统语法最不重视、最容易忽视的,而我们认为应充分重视这一过渡环节。"

### 2. 关于框式构式的研究

关于框式构式,即框架性构式,指的是像"在……上、当……的时

---

① 关于"构式—语块"分析法和教学法的基本内涵和概念使用,还有需要进一步讨论的地方。正如薛小芳、施春宏(2013)指出的那样,文中对"构式"和"语块"这些核心概念的理解跟构式语法理论和语块理论对它们的理解并不一致,却跟传统的句式及句法成分基本相同。据苏丹洁(2010),存现句这一构式包括"$NP_L$(门口、前面、动物园里)、V 着/了(站着、来了、死了)、NP(几个孩子、一位老师、一只老虎)"三个语块。其实,这样来理解语块,会模糊对语块性质(作为信息加工的预制单位)的认识。这里的语块本质上应该理解成"组块"。也就是说,这种认识本质上还是基于构式和作为构件的组块之间关系的认识。为此,陆俭明(2016)将"构式—语块"分析法调整为"构式—组块"分析法。相应地,"构式—语块"教学法应调整为"构式—组块"教学法。

候"和"又A又B、非……不可、为……而……"这样带有框架特征的语法结构。前者在语言类型学中被当作框式介词(circumposition)(刘丹青,2002、2003),指的是从类型学的角度来看,前后两个部分合起来整体充当类似"介词"(adposition)①的功能;后者指的是空缺处可以插入其他成分的固定格式。这两类框架性构式在传统教学和研究中关注得还不够充分,如就框式介词"在……上"而言,一般的处理策略是将"在"看作介词,"上"看作方位词,而对框式结构前后部分的关联性质及进入到这个框式结构的成分的语法、语义特征分析不足,尤其是将两者合起来作为一个构式的观念并不明确。至于那些固定格式,既有带有词语性质的短语(如"又酸又甜、东奔西走"),也有句子层面的结构,而且常常具有紧缩复句的特征(如"刀非磨不快、不调查就没有发言权、看一遍就记住了"),而目前的研究大多将它们放在相应的句法层面来处理。

　　近来,借助构式的观念,人们对它们有了新的认识。如黄理秋、施春宏(2010)以汉语中介语语料库为基础,对外国留学生在使用汉语的介词性框式结构时产生的偏误类型及其原因做了比较系统的分析,其中既有句法结构方面的偏误,又有语义方面的偏误,并从以下五个方面说明了其产生的原因:对"框"的结构特征了解不充分;对框式结构"式"的特征把握不到位;中介语可渗透性特点的影响;中介语发生的认知基础;教学材料和教学过程中语言知识说明的失误。崔希亮(2003、2005)在分析欧美和日朝韩学生习得汉语介词的特点及偏误时,很多地方涉及这种框式结构的特征分析。而杨圳、施春宏(2013)则将汉语准二价动词(如"见面、比赛;保密、请假")和准三价动词(如"表白、介绍、讨论")的句法表现放到框式构式(如"跟……见面、为……保密"和"向……表白")的系统中来分析特殊动词的习得问题;同样,蔡淑美、施春宏(2014)将汉语二价名词(如"好感、意见、印象")的句法表现也放到框式构式(如"对……有印象、对……的印象、关于……印象很深")中来系统考察这些特殊名词习得过程中的复杂的形义关系。当然,更多的研究还是针对单个框式构式而展开的,此不赘述。

---

　　① 这里的"介词"指附置词(adposition),既包括前置词(preposition,汉语文献一般译作"介词"),也包括后置词(postposition,汉语中附加于名词性成分后的方位词即属此类)。参见Comrie(1981)及沈家煊(1989)的中译。刘丹青(2003)第1.2节讨论了"介词"的名和义。

## 四、面向第二语言教学的汉语构式研究中存在的问题及其发展空间

基于"构式"观念,目前汉语作为第二语言的教学和习得研究及其相关的本体研究虽取得了相当的成果,但仍然存在很多亟待解决和突破的问题,还有一些领域尚未展开探讨。这既是语言现象本身的复杂性使然,如语言学规则和例外、反例与特例之间存在着错综复杂的关系,也因研究观念和研究方法的局限所致(施春宏,2010d)。构式研究本身没有提供鲜明的、独具特色的方法论(施春宏,2013),因此目前的构式研究所采取的方法基本上还是相关语言学理论所使用的方法,如结构主义语言学的分布分析法、对比语言学的对比方法、心理语言学的实验方法、中介语分析中的归纳法、语料库语言学方法等。这就使得很多基于构式观念的研究,如果拿掉"构式"这顶帽子,就跟既往的研究思路没有实质性的差异。除此之外,还有两个方面跟新理论的产生和应用相关:由于观察渗透着理论,因此新理论和新方法的出现会引发新的问题和解决策略(施春宏,2010c);某些相关理论出现后,对其消化、应用和完善都有一个过程。这都会调整和深化我们对构式研究的认识。由于构式的内容涉及面广,这里并不试图对各种构式的各个方面的研究都做出说明,而是重点就一些突出问题做出分析。下面分基础研究、习得研究和教学研究三个方面来概述。

### (一)面向第二语言教学的汉语构式基础研究

对面向二语教学的汉语构式基础研究中存在的问题,可以从构式研究的范围、路径、系统性及构式用法研究等方面来认识。

**1. 构式研究的范围需要拓展**

构式语法(及语块理论)使我们对构式的认识较传统有了本质上的调整。人们对语言单位或语言成分的形式跟意义(或功能、用法)的配对关系有了更加明确的认识,对构式范围的认识虽仍以句式、格式为主但已不局限于此,且对句式、格式性质的认识也有很大拓展。然而,从实际研究成果来看,对这两方面的认识都还不够充分。如现在基于中介语的句法研究基本上都是以各种特殊句式、格式为基本内容,句法习得的实证性研究也主要以几种常见的特殊句式、格式为实验对象,而且所依据的句式、格式形义关系仍没有大的调整,且受限于本体研究的某些既有认识(有时

某些认识还显得比较"陈旧",并不反映新的研究成果)。因此,我们既需要在新的理论背景下对特殊构式(以句式、格式为核心)的形义关系做出新的探讨,还需要进一步拓展构式的研究空间。如汉语框式结构(如"在……上、为……而……")这一具有重要类型学特征的对象,应该成为一个考察重点。就整体研究范围而言,迫切需要向基于语块/构式块理论、类型学理论、变异理论等的研究领域延伸,以期进一步拓展汉语构式系统研究的对象。

**2. 构式研究的路径需要进一步调整**

目前面向第二语言教学的汉语构式(尤其是句式)研究大多从形式/结构出发,通过形式/结构寻找相应的语义,而较少由功能出发,从表达的需要去探讨适切的形式/结构。也就是说,更多的研究是形式/结构驱动的(form/structure-derived),而非范畴(语法意义或功能的类型)驱动(category-derived)或功能驱动(function-derived)。在范畴/功能驱动方面,房玉清(1992)已经有了一个很好的开端,该书描写了数量范畴、动态范畴、时空范畴、语气范畴等的类型、功能及表达方式。就根本目标而言,"学习和运用一种语言的人,主要关心如何运用语言做事"(Sinclair,1990:前言),交际功能制约和促动了形式/结构的选择和使用。① 因此,在第二语言教学中,我们不但需要形式的语法或结构的语法,同样需要或者说目前更需要功能的语法或范畴的语法。而从范畴出发,将形义互动关系(form-meaning interaction)作为考察的起点和目标,正是因应了这种语言交际理论的要求。这方面的研究近来已经引起了一些关注,但总体而言,还没有得到应有的重视。问题还有另一面,即便是形式/结构的研究,若完全基于结构主义的形式描写,则也不能适应第二语言的教学要求。构式作为形义配对体,形式的描写必须以意义的关联作为理论目标和实践基础。

**3. 构式研究的系统性需要加强**

对构式的研究,目前大多偏重具体句式或格式的形式/结构上的分析,不但对特定构式形义关系的分析不充分,对跨构式的(cross-construc-

---

① Sinclair(1990)前言中说该语法书的结构和定位是:功能的语法、例句的语法、词类的语法、意义的语法、便于查阅的语法、产出性的语法,并针对一般语法书专注于限制性规则提出,"本书主要着眼于积极的做法,把功能和结构联系起来。'要做这个,就那样说'"。这种研究和编写语法的思路很有启示作用。

tional)共性特征的概括更显不足。这就很容易将相关构式的共性特征看作特定构式的个性特征,如将"处置"或"致使"只看作"把"字句的语法意义,实际上它是汉语很多句式共有的语义特征;①而且不仅是汉语,其他语言也都有这样的语义特征及表达方式(施春宏,2010b)。导致这一现状的一个很重要的原因就是,我们在特定的研究过程中,理论意识有时并不明确,缺少一种系统的观念,而且习惯于驾轻就熟的个案分析。如很多基于中介语语料及语料库的句式习得研究,基本上还是分类描写和偏误考察,重复性研究比较多,常常是新建了一个语料库,就对若干构式做出一番描写,而对基于不同语料库描写所得出的结论的同异少有比较和分析。即便就特定构式的形式/结构而言,无论是本体研究还是面向二语教学的研究,也多是就单个句式的形式和/或意义(功能)分别进行研究,而从系统性角度将相关构式之间的形义关系作为一个整体进行全面的描写和解释则做得很不充分。这正与上面提到的对功能/范畴驱动的研究尚未得到充分重视有关。如果我们相信,作为一个语法系统,相关构式之间一定有某种系统性,构式之间有一定的相互制约、相互协调的关系,那么,就必然需要强化这种系统性研究。如汉语在表达致使性语义范畴时,有很多表达手段,这些表达手段在应用和习得过程中有哪些同和异,就需要深入考察。就此而言,范畴驱动的汉语表达方式分析应该成为汉语句法习得研究的核心内容之一。基于此,我们迫切需要将系统性及与此相关的层级性、动态性观念引入到面向第二语言教学的汉语构式系统的研究中并进而研究汉语构式习得过程的系统性。

**4. 对基本句式等构式的用法研究需要展开**

功能/范畴驱动的研究必然以用法分析为重点。然而,用法研究②是当前句式研究乃至构式研究中最薄弱的一个环节,可以说基本还是一个空白。陆俭明(2005a、2005b、2007a、2008a、2009)在主张开展汉语作为第

---

① 如"被"字句、受事主语句以及某些类型的主动宾句、动词拷贝句、双宾句、兼语句、连动句等,也都可表达"处置"或"致使"的语法意义。凡是由表达致使关系的动结式构成的表达方式,都表达这样的语法意义;其他非动结式构成的表达方式,如果内部语义结构成分之间存在位移、变化之类的关系,也基本上可以表达这样的语法意义。

② 这里的用法研究并非简单地指一般所言的基于使用频率的研究,而是侧重指对特定语言项目的使用环境或者说语义背景以及语体特征的分析,实际也就是通过语境分析、功能概括等来考察其语用条件,以凸显其形义配对关系上的特异性。当然,两者有很强的关联,但后者是前者的基础。

二语言教学本体研究的基础上，多次强调要加强对用法的研究。马真（2004）在谈论现代汉语虚词研究方法论时指出，"对于虚词的语用意义先前大家都还缺乏认识"，它指的是"某个虚词在什么样的语义背景（也可以说是使用场合）下能用，在什么样的语义背景下不能用"。其实，对于构式的研究更是如此。如张旺熹（1991）将"把"字结构的语用规律概括为："它总是出现于由于某种原因而需要执行某种特定的动作行为，以达到一定的目的这样的语境之中。"① 刘颂浩、汪燕（2002）则分析了"把"字句练习设计中的语境问题，探讨什么样的语境能够引发"把"字句的使用。冯胜利、施春宏（2011）以"把"字句等为例来探讨"结构—功能—语境"相结合的三位一体的语法体系和语法教学。类似这样的研究我们很需要，这种语用概括对教学具有很好的指导作用，对句式语用功能的研究有相当的启发作用。然而目前研究仍很不充分。从表达功能出发将"构式"的用法研究（即结合特定构式的特殊功能尤其是语境来分析构式的使用条件）作为基础研究的核心，无论是本体研究还是应用研究，都是一个新的开始。作为一个"构式"，既包括"构"，作为具有内部层级关系的结构体而存在的语言单位或成分，更包括"式"，作为形式和意义/功能/用法配对体而存在的语言单位或成分，而"式"是其本质。凡"式"，都有特异性，都有特定的语境依赖性（context-dependency）。这种呈现于系统中的特异性正是"构式"作为形义配对体的本质所在。哪怕是一些常规构式，也有其特异之处，尽管因其常用而使我们不能时时鲜明地感受到其特异之所在。因此构式研究要突出其作为"式"的用法系统研究，从而将若干构式放在特定范畴（如致使范畴、结果范畴、被动范畴、指称范畴、量范畴、数范畴、比较范畴、疑问范畴、否定范畴、体范畴、情态范畴等）的系统中来考察。对外汉语教学中长期存在而难以解决的问题，基本上都跟构式的用法相关。可以想见，对汉语特定范畴的表达形式和特定格式等的用法分析及相关的汉语时体表达的用法研究，将会成为对外汉语教学中构式教学和研究的一个突破口。

## （二）面向第二语言教学的汉语构式习得研究

从习得研究来看，将"构式"作为汉语习得研究的对象，是汉语语法习

---

① 当然，这样的概括或许还需要进一步讨论，并非所有"把"字句的语用条件"总是"如此，如当"把"字句的致事为非意愿者时（如"大风把电线杆吹倒了"）。

得研究领域的一个发展。目前汉语(包括汉字)习得研究的主要成果集中在汉字、语音和词汇上,句法尤其是句式的习得研究相当少,理论的概括更显不足。就构式习得研究的基本目标而言,我们认为目前的构式习得研究需要在下面几个方面做出新的探索。

**1. 基于语法普遍性观念的汉语构式习得研究尚很薄弱**

关于语法普遍性问题在语言习得(无论是母语习得还是外语习得/二语习得)中的重要性,学界已经取得了广泛的认同,但对语法普遍性的实质和内容,还有比较大的争议。就目前的研究倾向而言,关于语法普遍性的习得研究,基本上跟语言本体研究相一致,或者基于 Noam Chomsky 学派的普遍语法(Universal Grammar)观念,或者基于 Joseph H. Greenberg 开创的语言类型学的语言共性(language universal)观念。目前,基于普遍语法观念的汉语语法习得研究,正如上文已经指出的那样,虽在某些句式的习得研究中有所体现,但总体上显得有些薄弱;而国外在生成语法理论发展的每一阶段都有相应的习得研究系列成果,尤其是原则与参数理论出现之后,不但有专题性的探究,还有很多通论性的概括和介绍。

然而无论是汉语中介语分析,还是汉语作为第二语言的习得顺序研究,基于类型学背景的习得研究目前还处于起步阶段,成果不多,更不用说构建新的理论框架了。而且目前很多基于类型学背景的汉语习得研究,仍是基于语言对比和对中介语进行结构描写的观念和框架,而国外基于类型学视角的习得研究大多是理论驱动的。就面向第二语言教学的特殊构式研究而言,没有类型学的参照,没有世界语言的眼光,无论是描写还是解释,都有很大的局限。类型学应该成为汉语构式习得研究的一个基本视角。如近来有学者提出汉语是一种动词性语言(刘丹青,2010),是一种存在"名动包含"关系的语言(沈家煊,2007、2016),是一种结果凸显的语言(施春宏,2010b)等,这些研究或许可以为汉语习得研究提供某些新的认识。随着类型学理论的进一步引入和介入,类型学背景下的汉语构式习得研究必将成为面向第二语言教学的构式研究乃至语法研究的一个突破口和生长点。

**2. 关于构式习得机制的描写和解释需要进一步加强**

目前的构式习得研究,基本上以习得顺序的描写和实验研究为主,然而,在如何解释某个习得顺序的发生方面,做得并不充分。其实,即便是习得顺序的探讨,也往往有很大的争议。就习得的具体难点而言,在认识上便有不少纷争。如汉语存现句在习得序列上,一般认为是个难点(邓守信,2003;周小兵,2004a),但有学者基于教学实际认为并非如此(孙德金主编,2006),北京语言大学"HSK动态作文语料库"(1.1版)中存现句几无偏误(据统计,偏误频次仅为1);有学者认为二语学习者与母语者在汉语存现句的使用上差距很大(杨素英等,2007)。又如形容词谓语句的习得,有学者认为是教学难点(吕必松,1992:110;刘珣,2000:366),但也有学者认为并不难(赵金铭,2006b)。再如在"HSK动态作文语料库"中,兼语句的偏误率比较高(据系统自动统计,偏误频次为440),而连动句的偏误率比较低(据系统自动统计,偏误频次仅为23);梅立崇等(1984)的教学实践则发现留学生"学兼语句、连动句时基本上没出错",而吴门吉、徐霄鹰(2004)认为兼语句、连动句的理解应该成为中高级阶段句法训练的内容。① 另一方面,关于标记度跟习得难度之间的关系,目前的认识还不够深入,常常将标记度的高低跟习得的难易简单对应起来。其实,从语言类型的角度来看,标记度高的在具体的语言习得过程中未必就是难点,尤其是对汉语的高标记现象,不同母语者的习得难度是有差异的。标记度的高低跟习得难易都是相对的,就具体构式而言,它们跟我们如何认识构式系统中的层级性及习得过程的层级性有很大的关系,跟我们如何认识构式习得过程中的"表层概括"(surface generalization)②有很大关系。显然,这方面的研究还需要深入。

再者,在研究构式的习得过程尤其是句式性构式习得的发展顺序时,基本上是就某个特定构式的习得而展开的。其实,在构式习得过程中,不同构式的习得过程是否相互影响、如何相互影响、影响的阶段和程度如何,我们都尚未很好地去思考和分析。显然,这样的研究难度更大。

另外,在构式习得机制的研究中,对不同母语者习得机制的比较研究尚未充分展开。如关于"睡……觉、炒……鱿鱼"这样的离合结构的习得

---

① 这些认识的差异,可能是来自于划分这些句式次类方式的不同及是否观察到。但目前的文献在讨论它们的习得难度时,大多未从这方面来考虑(当然有的也可能跟材料鉴别和语料库标注有关)。

② 关于解释语言习得的机制,Goldberg(2006:25)提出了"表层概括假说":"与表层论元结构形式相关的句法语义概括,通常比在该表层形式与另一不同形式(这种形式被假定为前者句法上或语义上的派生形式)之间所做的概括更加广泛。"这种认识是针对生成语法的派生而言的。如果不拘泥于提出此假说所特别针对的对象,那么,该假说实际强调了语言知识来自于语言使用及在此基础上所做的概括。

研究,基于不同母语背景的实验研究已经做了不少,然而对其内部存在的形式和意义的层次差异关注得并不多,对不同母语背景的实验结果的一致性和差异性缺少必要的说明和理论上的探讨。

**3. 关于构式意识的实证性研究基本上是一个空白**

关于汉语习得过程中的元语言意识(metalinguistic awareness)①,目前基本上都集中于汉字意识(如形声字的声旁意识、形旁意识及表音表意线索的意识、正字法意识等)、语音意识(如声调意识、音位意识等)等领域,语素意识和词汇/词法意识(如词汇结构意识、复合词构词法意识等)的研究也渐趋增多;但句法意识方面的研究较少,基本上还处于面上的说明,语用意识的研究则更少。而关于构式意识(constructional awareness)的研究则基本上没有开始。由于没有关于"构式意识"的意识,我们的习得研究在形式和/或意义及其关系的认识上有很大的不足。将构式意识纳入语言习得的元语言意识研究中,会进一步丰富第二语言习得理论。

具体说来,构式意识研究可以包括这样一些内容,如构式的心理现实性(psychological reality),构式形义之间关系的意识,原型构式(prototypical construction)意象图式的构建过程,构式意识形成过程中自上而下和自下而上的互动方式,构式意识形成和发展(即在什么时候、哪个阶段、什么水平上具备哪种类型的构式意识),构式意识的隐喻机制,构式的语用意识的发展问题,构式意识在留学生汉语学习中的作用(如构式意识的形成跟阅读、写作之间的关系),特定构式的构式意识的形成机制(如汉语框式结构意识的形成和发展),构式意识的形成与语感培养的关系等。对构式意识的研究将成为深化元语言意识研究的一个重要领域,这既是面向第二语言教学的重要内容,也是心理语言学乃至普通语言学研究中的重要内容。

**(三)面向第二语言教学的汉语构式教学研究**

前面已经指出,构式研究和教学都是一个既新又旧的领域,然而对"构式"观念的认识则时间不长。同样,面向第二语言教学的汉语构式教学研究也是刚刚起步。就此而言,由于下面两个方面都是基于新近出现

---

① 关于"元语言意识"的内涵,学界尚有争议,但大体可指语言学习者对语言结构本身的成分及其关系的有意识的觉察和运用,大的方面如语音意识、词汇意识、句法意识、语用意识和汉字意识等。对元语言意识的研究是认知发展过程和机制研究的重要方面。

的构式理论而出现的,因此都尚未展开研究。

### 1. 关于构式教学的安排和策略及构式教学模式的探讨

构式语法以及语块理论是近二三十年才出现的理论,在汉语教学中的应用才刚刚开始。然而,对构式习得的研究,也许会对语法教学的系统性和层级性有很大影响。目前的对外汉语语法教学,基本上都安排在初级阶段和中级阶段,这方面的研究也相对深入;而中高级阶段的语法教学教什么、如何教,一直存在着很大的问题,以致"语法教学实际上从中高级阶段开始就中断了"(吕文华,1994、2008)。对此,施光亨(1990)早就指出:"几十年来,语言教学法的理论和方法在不断发展之中,就总体而言,它们多数比较适用于初级阶段。中高级汉语教学如何吸取这些理论方法中有用的东西,总结自身的经验,逐步形成自己的教学法,有待我们去探索。但无论如何,研究汉语的内部规律,确定相应的指标,应该是我们的当务之急。"中高级汉语的语法教学尤其需要自己的"航标"。根据我们对构式意识发展过程的初步认识,我们发现,如果在初中级构式教学的基础上,结合篇章教学而进一步将构式的内容作为中高级阶段的教学重点之一,或许是一个可行的选择。

在学习一门外语的过程中,相对于一个语法形式表达什么语法意义而言,学习者更多地关注表达一个语法意义该选择和使用什么样的语法形式。培养成段表达的能力时,对构式用法的理解和把握是一个重要方面。因此我们需要在构式习得研究的基础上进一步开展面向第二语言教学的构式教学研究,包括进一步完善教材和教学大纲中构式系统的分布层级,选择相应的构式教学策略。有的构式(如"不……了、挺……的")从句法角度不宜看作一个单位,但从教学角度看作为一个构式处理起来更方便。基于此,冯胜利、施春宏(2015)认为初中级汉语语法点教学就应该注意这样的非句法单位性质的构式,并选择和编写了不少类似"不……了、挺……的"这样的特殊构式。这些构式虽然是非句法单位,但实际上有特定的形式和意义,有特定的语用功能,所以自然也是"合格"的构式。因此需要加强面向第二语言的汉语构式系统的教学策略分析,形成独特的构式教学法模式。陆俭明先生等近年基于构式语法理论和语块理论提出"构式—语块"(后来调整为"构式—组块")教学模式和句法分析法的设想,便是在这方面的一个尝试。

### 2. 从构式研究和教学看语言学知识的教学资源化问题

就语言学知识的教学资源化问题,目前面向第二语言教学(对外汉语教学)的参考语法和教材、大纲以及国际汉语教师培训所涉及的语法内容仍以结构主义语言学理论和成果为主体,认知语言学/功能语言学、语言类型学、社会语言学的理论及成果少有体现,即基本上都是重在结构(结构语法),忽视功能(功能语法);重在描写,疏于解释。显然,构式理论的引入将会在一定程度上改变这种状况。因此,需要探索将构式乃至语法分析的成果向教学资源转化的方式和策略。如冯胜利、施春宏(2011)在吸收学界既有成果的基础上,试图提出一种新型的二语教学语法体系——三一语法,其基本框架包括句子的形式结构、结构的功能作用、功能的典型语境这三个维度,力求体现"场景驱动、功能呈现、法则匹配"的教学理念。①

如上所述,构式观念的引入和构式分析的展开必将对作为第二语言的汉语语法研究和教学研究带来深刻影响。由于这种研究起步不久,尚处于探索阶段,因此需要找到一个比较容易取得实效的突破口。就学界的既有研究成果和目前构式研究现状来看,我们觉得也许可以首先从范畴出发,就构式习得中偏误率比较高的几类构式做出相对系统、深入的分析。有学者指出:"汉语教学参考语法既然重在实用,应该在总纲的安排上以功能为线索,并注意同义形式的辨析,这样教学参考语法的实用性会进一步增强。"(唐翠菊,2009)因此,需要重点考察那些在汉语习得过程中容易出现偏误的、具有类型特征的构式。同时,在对具体构式的形义关系和用法特征进行深入系统的分析的基础上,力求在构式研究的方法论上有所探索,并对基础研究、习得研究和教学研究三者结合的方式做出探讨。

## 五、当前面向第二语言教学的汉语构式
## 研究的基本任务和研究重点

基于上文对面向第二语言教学的汉语构式系统研究和教学的现状及存在问题的分析,我们认为面向第二语言教学的汉语构式研究的基本任务可以概括为三个基本问题:是什么?为什么?怎么办?关键问题也是围绕这些方面展开的。

---

① 冯胜利、施春宏(2011)将"三一语法"的教学理念概括为"场景驱动、潜藏范畴、实现法则"。后来在反复讨论过程中,将这种理念进一步调整为"场景驱动、功能呈现、法则匹配",参见冯胜利、施春宏(2015)的"前言"。

## (一) 当前面向第二语言教学的汉语构式研究的基本任务

### 1. 关于"是什么"的研究

面向第二语言教学的汉语构式研究,首先需要做的就是展开构式习得和教学的基本调查工作。如:(1)调查统计《对外汉语教学语法大纲》(1994)、《中高级对外汉语教学等级大纲:词汇、语法》(1995)、《中国汉语水平考试大纲(高等)》(1995)、《中国汉语水平考试大纲(初、中等)》(1996)、《汉语水平等级标准与语法等级大纲》(1996)、《对外汉语教学初级阶段教学大纲》(1999)、《对外汉语教学中高级阶段功能大纲》(1999)、《高等学校外国留学生汉语言专业教学大纲》(2002)、《高等学校外国留学生汉语教学大纲(长期进修)》(2002)、《新汉语水平考试大纲》(2011—2013)、《国际汉语教学通用课程大纲(修订版)》(2014)等教学、考试大纲中各类构式(以句式和框式结构为主)的等级分布情况。[①] 当前学界开始重视口语教学语法大纲的构建(徐晶凝,2016),而如何描写和整理二语口语教学和习得中的具体构式及其层级系统,将是一个特别突出的问题。(2)调查统计目前通行的对外汉语语言教材(尤其是体现国别性、语别性、族别性差异的汉语作为第二语言教材)中基本构式(以句式和框式结构为主)的等级分布情况。(3)系统描写中介语语料库中所见构式的各种类型及其层次关系,统计相关用例的分布情况,在此基础上构建分析模型。目前在语料库的建设和使用上尚存诸多问题,有的跟我们对相关语言现象的认识尚不到位有关。(4)就微观研究而言,需要对特定构式习得的状况做出精细的刻画。

### 2. 关于"为什么"的研究

基于上面的分析和当下汉语构式研究的实际,可以主要从类型学的角度来分析和解释汉语构式习得中存在的基本问题,尤其关注标记现象与构式习得难度和层级的关联。对不同特定类型的构式习得机制进行探讨,勾勒出相关构式的习得过程。通过实证研究来揭示汉语习得过程中构式意识的形成过程及其对汉语学习的作用。除了进一步拓展在面向第二语言教学的汉语特殊构式研究中已经有较广运用的理论方法外,进一步引入认知/功能语言学理论、社会语言学理论、构式语法理论、语块理

---

[①] 同类大纲总体而言应该后出转精,但实际情况有时未必完全如此(张博,2015),这里面的原因比较复杂,因此需要结合具体教学经验和理论分析来比较权衡,综合参考。

论、类型学理论、韵律语言学理论、语体理论等来全面分析第二语言教学中汉语特殊构式的系统特征、制约条件及与此相关的中介语偏误类型及偏误产生的原因,同时关注构式习得过程中语法、语义、语用以及语法与词汇、语法与韵律、词汇与语体、语法和语体之间的界面(interface,又作"接口")问题,进一步提升构式习得研究的描写能力和解释能力。

### 3. 关于"怎么办"的研究

既然是面向教学,所有的习得研究成果就都要接受教学实践的检验,在教学实践中进行调整、充实和完善。因此需要将上面所得出的基本认识(如关于构式形义关系的分析、关于构式用法的分析、关于构式类型学特征的分析、关于构式习得过程的分析、关于构式意识形成机制的分析等)运用到具体的教学实践中,构建具有可操作性的规则,形成特定的构式教学策略和构式教学法模式。同时,还应特别关注如何将上述构式研究所获得的基本认识转化成教学资源的问题,探讨语言学知识教学资源化过程的一般方式和路径。[①] 这样的研究在对外汉语教学大纲的研制、教材编写、教学实践等方面具有相当的参考价值。

从作为第二语言的汉语教学来看,所有的重要论题都来源于对外汉语教学中长期存在且难以解决的问题。基于此,在新的"构式"观念指导下,我们认为当前特别需要展开基于范畴驱动的功能/用法研究,尤其是要重视特定构式的语义背景、语境结构、语体特征的分析。因此,在构式研究中需要将基础理论研究和习得研究相结合,并在此基础上提出相应的构式教学法及其策略。

在上述三个方面研究的基础上,进一步探讨汉语构式研究的分析模型,以及从构式习得分析来看面向第二语言的汉语本体研究和一般意义上的汉语本体研究之间的关系。

显而易见,上述研究设想是本体研究、习得研究和教学研究的结合,因此需要综合使用这三个领域的基本研究方法,如描写—归纳法、假说—演绎法、问卷调查法、个案分析法、实验法、统计法等。既重视具体材料的系统整理和精细分析,也特别重视其中所蕴含的理论问题;在构建理论系

---

① 李泉、金香兰(2014)将汉语教学资源分为文字材料资源、网络多媒体资源、知识与能力资源、方法与策略资源四类。其中前两类资源是显性的,是汉语教学资源的基本形态;后两类资源是隐性的、潜在的资源,因而也是急需研究和开发的资源。"隐性资源"这个概念的提出具有鲜明的实践价值。

统时,既要关注理论的内在逻辑性,又要关注结论的可操作性。我们认为,如果这样的研究路径可以成立的话,那么我们就可能建立语言类型学视野下的、面向第二语言教学并进而面向汉语本体的构式研究的"结构—功能/用法—语境"互动的分析模型,建立基于语言类型学视野下的"结构—功能/用法—语境"互动模型的构式教学法。这样的研究,必然坚持描写和解释相结合、形式和意义相结合、结构和用法相结合、共性和个性相结合这样一些基本的原则。

### (二) 当前面向第二语言教学的汉语构式研究的关键问题

就目前的认识而言,以下几点将会成为构式研究中需要特别注意和着力解决的问题:

第一,汉语特定构式群的形义关系系统性研究。对相关构式的研究要在系统性观念的指导下展开,既重视具体构式的分析,又力求做出跨构式的概括。如"把"字句/处置式、"被"字句/被动式、受事主语句、重动句/动词拷贝句/重动式、双宾句/双及物式、动结式、动趋式、兼语式等不同构式都与表达致使范畴相关,可以根据结构主义的区别性原则对它们在语法语义上的共性和个性做出系统的"表层概括"。从范畴出发,以汉语构式的形义关系为立足点,将汉语构式的形式和意义及其关系内在地组成一个具有层次性的系统。

第二,基于特定范畴的汉语构式的用法研究。构式的用法研究,无论是本体研究还是应用研究,目前都缺乏可资利用的理论和方法,因此需要通过具体构式的分析逐步建立合适的分析模式。作为一项基础工作,可以先行分析中介语语料中偏误现象比较普遍的若干特殊构式类型的使用情况。

第三,不同类型构式的语言共性和汉语特性及其在汉语习得过程中的表现。从类型学角度看汉语构式习得机制和策略,涉及学习者母语类型的多样性、中介语语料语言类型分布的多样性、研究者对不同类型语言特征的了解和对类型学理论的充分认识与熟练使用,这些方面的不足也正是当前类型学视野下的二语习得研究做得很不充分的根本原因。

第四,汉语构式意识发展过程的实证性研究。对构式意识的习得研究,目前也没有什么探讨。目前的元语言意识研究基本局限于词和词以下的层面,句法意识的研究成果很少,而"构式意识"还基本上没被意识到。因此,需要在研究观念和方法上做出创新。

第五，构式教学法和教学模式、策略研究。对构式教学法的研究，不仅涉及教学问题，或者说主要还不是教学中的问题，而是在构式本体研究和习得研究成果基础上的发展。因此，构式教学模式的建立需要将本体研究、习得研究和教学研究充分结合起来，进一步探讨汉语构式教学和研究的方法论问题。

第六，语言学知识的教学资源化问题。新的语言学研究成果层出不穷，语言学知识的总量在不断增加。二语教学和习得研究中对相关语言学知识的吸收、转化和创新，应是当下特别需要关注的问题。就教学而言，其中一个很重要的方面就是如何有效地实现语言学知识（不仅是构式知识）的教学资源化，如编制大纲、编写教材、编撰工具书以及构建多种用途的、多模态的中介语语料库等。只有将语言学知识资源化了，对学习者而言，这些知识才是有用的活知识。科学研究虽自有其价值和意义，但就二语教学而言，很少有直接可用的知识，而且源于二语教学的知识也有不断创新的问题，因此这里面有转化，有创新，有资源化的策略和过程。[①]

第七，构式分析和非构式分析关系的新思考。我们强调基于构式观念的分析，但不意味着非构式分析就失去了理论价值和现实意义。如关于词类功能的研究，关于句式形式的概括，关于词语搭配的选择性限制等。构式分析强调形式和意义的结合，但我们在具体研究中有时需要从某个侧面入手，或者有时只需要说明其中的某个侧面。然而，目前基于构式理论范式的研究有用构式分析覆盖非构式分析的倾向。因此，我们还需要意识到在构式分析中重新认识非构式分析的价值。

第八，构式观念在语言教学研究四大方面（大纲制定、课程研究、教法研究、测试和评估）中体现出来的系统性、层级性、动态性问题。

第九，构式研究的跨领域协作问题。由于这样的研究需要整合本体研究、习得研究、教学研究三方面的力量来系统解决相关问题，这种跨学科的横向联系，具有很强的挑战性，既需要知识的整合，更需要人员的协调。然而，当前这三个领域大多各守一方，因此需要尝试着探索出一条将三者结合起来的研究思路。

---

[①] 如面向第二语言教学的语言学教材（不同于语言教材）编写中，必须探索语言学知识的编写模式与编排策略，必须处理好语言学教材国别化、语别化、族别化问题，必须考虑如何在知识传授过程中提升教师的语感和理论直觉问题，这里面还牵涉到教材编写中的语言观问题。参见施春宏（2010a）。

上面这些构式研究的关键问题,无论是构式的本体研究还是构式的习得研究和教学研究,实际上都是"基于用法"的探索。Ronald W. Langacker指出:"基于用法的思路(usage-based approach)这种模型十分重视语言系统的实际使用和说话人关于语言实际使用的知识;语法是说话人关于所有语言规约的知识,无论这些语言规约是否可以包含在概括性更强的说明中。"(Langacker,1987:494;牛保义等译,2013:508)这样的认识虽然更多地来自于对母语使用者语言认知表征的概括,虽然学习者的范畴化方式和编码过程有其特殊性,但习得即使用,二语习得和母语习得在语言项目使用的频率效应、使用事件结构化的编码机制和语言表征的动态浮现性方面,具有本质上的一致性。正如Goldberg(2006)一书中反复强调的那样,基于使用的语言知识模型,既关注特别语项的知识,又关注语言概括的知识。本项研究即是在"基于用法"模型的观念下所做的探索,我们在对每个特定构式的研究过程中,尤其重视对学习者语言知识成长过程中构式意识的发展过程和形义关系互动的匹配机制的考察。我们同时还试图将这种观念应用于语言教学研究的基本方面。

## 六、本项研究的基本思路

上面我们初步概括了当前面向第二语言教学的汉语构式研究的基本任务和关键问题,本项课题"面向第二语言教学的汉语构式系统研究"就是围绕这些观念、任务和问题展开的。然而,我们不可能在本项研究中将所有问题都作为研究的目标,而是基于"系统性"观念选择若干重要或重大的论题作为重点考察内容。本项研究中所谓的系统性,主要体现在研究内容的系统性和理论构架的系统性两个方面。我们试图在系统性的分析中提出一些新思想、新观念、新结论,并尝试探讨一些新的分析方法和分析策略。

首先,本项研究在研究内容和研究范围的选择和安排上具有系统性,从系统性的角度既探讨构式习得问题,也探讨汉语作为第二语言的教学模式和教与学的资源问题。本项研究将习得研究和教学分析有机结合起来,对教学模式、教学观念、语料库建设和教材编写等方面的探讨都来自对习得机制的认识。同时,在探讨汉语作为第二语言教学问题时,既考虑二语的语言教学问题,也考虑二语教学者的语言学教学问题。在整个研究过程中,我们都将"构式观念"作为贯穿整个研究的主线,既充分利用学界既有的值得借鉴的构式观念,也在实际研究中提出新的构式观念,借以丰富构式理论的思想和认识;同时将习得机制作为考察不同构式习得的基本立足点,探讨各个构式的习得表现及其所折射出来的构式意识的形成和发展过程。

其次,我们对构式语法所涉及的基本侧面都试图做一些专题性探讨,从而展示出系统的研究构架。构式语法将"构式"作为语言系统的基本构造单位即初始单位(primitive unit)①,从语言系统的构造层级来看包括语素、词、短语/语块、句子/句式和篇章等,从构式的组构方式来看包括实体性构式、半实体性构式和图式性构式等。其中语素性构式没有什么实质性研究成果,篇章性构式的研究虽起步但成果不鲜明。因此本项研究将主体内容集中在词、短语/语块、句子/句式这三个构式层面,从不同角度来展示这三个层面构式的共通性和特异性。这正如我们前文在概括面向第二语言教学的汉语构式系统研究的基本状况时指出的那样,关于句型、句式方面的研究和关于框式构式的研究是当前的热点,也是长期以来汉语习得和教学研究的基本论题。本项研究也以这两个方面为基本论题,具体来说包括:特殊论元结构构式(即句式性构式)和词项—语块性构式(包括框式构式)。本项研究所考察的构式从不同角度看包括图式性构式(论元结构构式)和实体性构式、句式性构式和习语性构式、框式构式和词项性构式。基于此,对某些研究内容的结构安排就会体现出独特的系统性视角。如"准价动词"和"二价名词",似乎都是关于词项的习得问题,但两者都牵涉框式构式的习得问题,其句法表现形成特定的具有图式性质的语块,因此应该将它们放到"词项—语块性构式"系统中考察,而非单纯地看作词项性构式。实际上,词项的习得都需要放到更大的构式体中才能得到有效的考察。

再次,在具体项目研究的切入点上,我们主要基于语言类型学的视角来考察,因此,汉语特殊句式、框式结构、特殊词类等的习得问题将成为我们重点考察的对象,这会使我们的研究做到"形散神不散",以汉语特殊现象的形义关系的习得和教学作为开展本项研究的立足点,以构式特异性

---

① 正如张伯江(2013:187)所指出的那样,初始单位不同于原子单位:"构式语法指出,'原子'和'初始'逻辑上是两个独立的概念,原子单位是在理论中不能再分为更小单位的那一部分,而初始单位则是指不能用理论中的其他单位来定义其结构和性质的单位。初始成分无须是原子的。"学界也有将 primitive unit 译作"原素性单位"的。

的习得表现和教学策略以及构式意识的形成和发展作为本项研究的主线。同时,我们会针对不同的构式及其特征,选择不同的考察角度。如对汉语各类常见句式的习得问题,国内外都已经做了丰富的研究,但基于社会语言学的变异理论来考察句式习得,目前并未有多少成果。因此本项研究便基于变异理论的观念来探讨汉语"双及物构式(双宾句)"习得中的语言变异现象;同时结合学界新近提出的语言库藏类型学的观念和方法来进一步描写和解释。又如对名词习得问题,学界涉及不多,主要是认为名词习得中的偏误现象较少。然而,我们通过对特定类型的名词(二价名词)的研究,有了很多新的发现,并对二语习得中语块意识的建构过程做了分析,还借此对相关教学策略的选择做了新的探索。

最后,在研究方法上,本项研究理论构建和实证调查并重,语料库方法和实验方法相配合。参与本项研究的课题组成员来自理论语言学界、汉语语言学界、二语习得研究界、对外汉语教学界/汉语国际教学界、心理语言学界、自然语言信息处理学界等,是个跨学科、跨领域的集体,充分实现了研究观念的相互借鉴和交融、研究方法的相互补充和渗透。当然,由于目前研究时间和范围所限,我们更多地依托于中介语语料的分析。但我们并不是简单地利用语料库中所获得的统计数据,而是尽可能将它们放到语言学和语言习得的前沿观念下去考察。

# 七、本书的基本框架

"面向第二语言教学的汉语构式系统研究"课题包括三个部分:构式的本体研究、构式的习得研究、构式的教学研究。本书主要呈现的是我们关于汉语构式二语习得的研究成果。① 基于此,本书的主要内容包括以下几个部分:

第一章,研究概况。在对面向第二语言教学汉语构式研究整体状况做出简要概括的基础上指出其中存在的问题,同时基于构式研究的基本观念探索新的发展空间。

---

① 关于构式本体研究的主要成果,大多整合进拙著《形式和意义互动的句式系统研究——互动构式语法探索》,商务印书馆即将出版。本书与该书构成了姊妹篇。关于汉语构式二语教学的研究,虽然我们已经形成了不少认识,并已发表了系列成果,但关于构式教学模式和教学实践的探讨还需要进一步深化。

第二章至第五章,词项—语块性构式习得研究。首先系统分析语块的性质及汉语语块层级关系,然后分别研究汉语准价动词、二价名词、介词性框式结构的二语习得状况。准价动词和二价名词的习得似乎只是单纯的词项习得问题,实际上它们的句法表现以语块性框式构式为基本特征,因此在习得过程中,相比一般动词和名词的习得表现,呈现出较大差异。这些特殊词项的习得表现跟介词性框式结构的习得表现有很多相通之处。我们借这些词项—语块性构式的习得表现来探讨二语习得过程中构式意识、语块意识的形成机制和发展过程。

第六章至第八章,句式性构式习得研究。本书考察的句式性构式包括汉语双及物式、动结式和重动式这三个特殊论元结构构式,对每个句式习得的考察角度和方法各有侧重。我们试图从不同的理论角度(如结构语言学、语言类型学、社会语言学、认知语言学等)、基于不同的研究方法(如变异分布分析法、实证研究法、问卷调查法、语料库分析法、对比分析法等)来分别探讨这些论元结构构式的习得机制,既充分描写构式习得过程中的特殊表现,又探讨相关语言学理论在研究构式二语习得过程中的适用空间。

第九章,基于二语习得的语言学教材编写问题研究。这是语言学知识资源化的一个重要方面,也是长期没有引起特别重视的方面。面向二语教师的语言学教材编写,同样需要以二语习得的基本观念和研究成果为背景,除了重视教材中的国别化、语别化、族别化问题,尤其要重视对当前语言学和二语习得最新理论及研究成果的吸收与融合,重视二语教师的理论直觉的培养。因此,面向二语教师的语言学教材应有其特定的编写模式与编排策略。

第十章,理论总结。从研究观念、范围、视角、方法等方面总结研究的基本认识,同时对如何进一步展开面向第二语言教学的汉语构式研究做出理论思考。

最后对本书所引中介语例句及其处理方式做出简要说明。本项研究的语料主要来自数种中介语语料库,尤其是北京语言大学开发的"HSK动态作文语料库"(有时为了充实语料,也利用了其他中介语语料库);同时也取用了前人和时贤论著中的一些语料以及一些现代汉语语料库的用例。

我们在采用中介语例句时,基本上维持了语料的原貌,例句后面标出了汉语学习者的国籍。例句中加下划线的内容为行文中做出分析的地方,若例句前标"*"则表示画线的地方有偏误,前标"?"表示画线的地方可接受度不高。偏误用例中,标有下划线的偏误部分,其相应的正确表达方式在句末用"〈 〉"标出。当然由于并不能处处准确了解写作者的意向,因此有时只是根据基本表达结构而拟出的一种可能选择,而非只有这样的修改方式。例句中标有"( )"的地方表示原句中在此处没有但可补出的结构成分,而这些地方在"HSK 动态作文语料库"中标有"CQ"(缺词标记)。对于例句中同时出现的与当前论题无关的其他偏误,包括一些错别字(例如第五章例(37)中"划"应为"画"),则不加讨论。

# 第二章　语块的性质和汉语语块系统的层级关系

构式习得和教学研究的主体内容集中在两个方面：一是句式性构式，由于句式的构造常跟论元结构相联系，因此句式性构式常以特殊论元结构构式为主体；二是词项—语块性构式，由于词项的句法表现往往形成特定的框架，而语块性构式中除实体性固定习语外，也常表现为框架，因此词项—语块性构式常以框架性构式为主体。需要说明的是，构式的范围包括语言系统的各级单位，但就当下的研究现状而言，将语素和纯粹的词项作为构式，尚无多少实质性成果，研究空间也相对有限。基于此，本项研究集中关注特殊词项所形成的构式和词项之上的构式。由于我们所关注的词项具有特殊的句法配置格式，因此我们将词项之上（含特殊词项）、句式之下（不含句式）的构式命名为"词项—语块性构式"。但为叙述方便，简作"语块性构式"（chunk construction）或"语块"。

本章和随后的三章在重新讨论语块的性质并重新梳理汉语语块系统的基础上，重点研究几类特殊的语块性构式的习得问题。这里对语块理论的探讨不但立足于语块性构式的特殊性，而且也立足于不同类型语块之间所存在的系统性，并注重语块性构式和非语块性构式的关联。同时，我们为考察语块习得情况而选择的三种不同类型的语块并非纯粹词汇性或习语性语块，而是呈现特殊块式结构的、具有汉语类型特异性的框架式语块，这样就可以借助构式语法观念，在语言类型学视野中更加深入发掘语块习得研究的新天地和新认识。

"语块"是个说新又旧、说旧又新的概念。① 说其"新"，是因为从信息加工单位、从形义结合的整合性这些方面来系统考察相关现象、描述相关概念，这是以前所没有的，至少可以说是比较混沌的。即将其放到特定的

---

① 国内外对这一概念所用术语多有不同，本章除引述具体成果时直接使用相关术语外，其余概用"语块"。

理论框架中来认识,是近期才出现的事。说其"旧",是因为将其作为一个固定单位来使用,这是语言系统中的一种客观存在;对其中的某些习语性内容(如成语、谚语、歇后语等)进行记录、整理、解释、说明等,早就为人所关注,且有比较丰富的研究成果。

近些年来,语块理论(Chunk Theory)受到国外应用语言学界尤其是自然语言处理/计算语言学界、二语教学界的普遍关注。① 就二语教学界而言,国内的语块研究起步较晚,且主要集中在二语习得中英语语块的应用研究上(如濮建忠,2003;王立非、张大凤,2006),并以介绍相关理论成果为主。最近几年,对外汉语教学界也已经开始关注语块理论的理论价值和实践意义,并围绕语块的基本内涵、语块的分类及其在语言习得和教学中的作用这样一些核心论题,结合汉语语块的特点做了进一步的探讨,如刘运同(2004、2005)、周健(2007a、2007b)、钱旭菁(2008)、亓文香(2008)、周惊(2009)、杨金华(2009)、吴勇毅等(2010)等。由于尚处于深入研究的起步阶段,无论是语块的内涵,还是分类的标准和具体的分类结果,以及相关的教学策略,目前都存在不少争议。② 进一步的分析发现,这些争议的基础常常与如何认识语块的基本性质(内涵及其属性)有关,而且学界对语块性质的认识又常常牵涉到如何认识语块和构式之间的关系,而对两者关系的准确把握则有利于我们进一步刻画语块系统的内部关系。有鉴于此,本章拟从语块的交际本质出发,重新审视语块的性质及相关问题。本章首先分析语块研究范围的变化及学界对语块内涵的基本认识,在此基础上借鉴构式语法理论的基本观念来梳理语块和构式之间的关系,并以此定位语块的性质,概括语块的基本属性,进而系统性分析汉语语块的层级关系,借此构建一个新的语块系统。需要说明的是,本章对语块内涵、属性及层级系统的分析主要基于语言习得尤其是二语习得的考量。

---

① 这两个领域对语块(组块)的理解和操作分析并不完全相同,本章主要关注面向语言教学(尤其是汉语作为第二语言教学)的语块分析,因此对自然语言处理/计算语言学领域中的相关研究状况没有涉及,但该领域对语块操作性分析的思路对我们思考问题颇有启发。关于该领域对汉语语块(组块)的较早思考,可参考刘芳等(2000)、周强等(2001)、李素建等(2002)、李素建和刘群(2003)等。

② 目前这方面的争议大多并非来自相互的讨论乃至争论,而是存在于各自的分析过程和结果之中。实际上,很多关于语块研究的文献在说明语块的内涵、分类、功能时常常让人有自说自话之感。

## 一、从语块的交际本质看语块的基本内涵

语块是作为由多个词语单位组成的较为固定的结构体进入到语言学的研究视野中的,然而,由于研究背景、研究目的、观察角度和研究方法的不同,学界对它的内涵、属性、类型及内在系统性等方面的认识存在着较大的分歧。当前,语块的研究范围呈逐渐扩大的趋势,对语块的分类也越来越细,但与此同时也带来了一些新的问题。

### (一) 对语块性质和范围的认知变迁

仅就名称而言,除了"语块"这一常用说法外,还有学者将其命名为词汇性短语(lexical phrase)、词汇组块(lexical chunk)、多词项(multi-word item)、词汇化句干(lexicalized sentence stem)、预制复合单位(ready-made complex unit)、集合块/预制块(pre-assembled chunk)、预造或半预造模块(prefabricated or semi-prefabricated chunk)、固定及半固定表达式(fixed and semi-fixed expression)乃至言语程式(speech formula)、套语/惯用语(formulaic utterance)等。这不仅仅是因命名角度不同造成的,很大程度上反映的是对语块性质及其构造形式认识上的差异。大体而言,暂时撇开形式上的考量,有学者认为具有一定语用功能的结构就是语块;有学者则采用频率标准,即共现频率高的一般是语块;还有学者采用语义标准,从语义透明度着眼,认为整体义不可由各构成成分义加合得来的就是语块。当然,就其所考察的基本事实而言,他们讨论的核心内容其实都是本质相同的现象中或大或小的部分(濮建忠,2003)。也即基本上都将语块看作预先存在的、形式和意义/功能相对固定的语言交际单位。就此而言,我们发现,关于语块内涵、属性的讨论大体都是围绕着语块的形义关系在交际中的预制性、不充分透明性来展开的,对语块范围的认知过程也是基于对交际中哪些语言单位具有预制性特征而逐步认识的。对语块习得过程的认识也是从语块的特定交际功能入手,认为学习者将特定语块作为一个交际过程中的信息单位整体打包后进行习得和使用。基于此,下面便从交际本质这一角度来简要分析相关研究中对语块基本性质的探讨。

语块理论发端于心理学领域的相关研究。早在1950年,美国心理学

家就把单个信息组成的更大单位,即记忆对信息加工过程中所操作的单位,命名为 chunk(一般译为"组块")(Miller & Selfridge,1950)。随后,Miller(1956)指出人类能够通过组块加工来打破接受、处理和记忆过程中信息量限制这一瓶颈。较早从语言学角度关注这类块状信息加工单位的是 Becker(1975),但其对"组块"的概念有所调整。在语块理论出现之前,学界对习语等语块性质的单位就已有比较充分的认识,但显而易见的是,在交际中预制而成的单位并非只有习语,形义关系不完全透明的语言单位也不是只有习语(虽然习语在这个特征上体现得至为鲜明),而且传统上对习语的研究也基本没有从语言习得、信息加工的角度来认识。Becker(1975)借鉴心理学组块研究的成果,突破了习语研究的局限,将作为人类记忆和储存、输出和使用的固定或半固定模式化的板块结构统称为"语块",指出语块是作为一个内部不再切分的整体性组合直接进入到交际过程之中的,供交际者选择和使用。显然,这种"组块"已经强调了交际过程中语言系统内部既有单位的形义结合的固定性(即将语块看作交际中的"预制单位"),而不仅是将它作为记忆过程中经过切块组织的信息单位了。

在 Becker 等人研究的基础上,Yorio(1980)认识到语言交际中的预制单位,除了习语,还有模块化的固定套语(routine formulas)。该研究认为套语也是一种预制的、高度习语化的表达,常常与特定的交际情景联系在一起。如领域套语"ladies and gentlemen",一般用于公众的演讲;礼仪套语"Mr、Mrs、Miss"等。该研究将习语和套语合称为惯常形式(conventionalized form)。如果再进一步拓展,则自然很容易将凡是预制性的词语串都看作语块。这就扩大了语块的范围,这一研究范围的变化实际上强化了语块作为预制性的交际单位这一基本性质。至于 Glaser(1998)将语块命名为习语性单位,包括以往语块研究所没有涉及的专有名词、科技术语,都是这种认识的拓展。

相对而言,Nattinger & DeCarrico(1992)对语块性质的定位更加具体、明确,更能体现语块的交际本质。该研究将这种模块化了的块状结构称为词汇性短语(lexical phrase),认为语块是一些长度不同的、介于传统的词汇与句法之间的语言结构;与临时组装起来的结构相比,词汇性短语有较为固定的形式、功能以及习语性的意义。有的语块形式凝固程度较高,有的凝固度较低,具有一定的可变性,还有的语块介于这两者之间,它们共同组成一个连续统。同样,Lewis(1993)认为词汇与句法之间并不存在范畴上的差异,它们之间存在着不可分割的联系。至于 Wray(1999、2002)从形式角度出发,将一些非连续的词串也纳入语块的研究范围,则是基于语块基本性质在范围上的进一步拓展。Wray(1999)指出,语块是"由连续或不连续的词语或其他有义元素预先建构成的一组序列,它是作为一个整体而被储存在记忆中的,并在需要时整体提取出来,并非经由语法分析而产生"(译文参考周倞(2009),略有调整)。这样的扩展性理解对语块范围的认识更加全面了,具有更高的理论意义和实践价值,而且我们也可以从中概括出鉴别语块的几条相对可操作的标准。

### (二) 目前学界对语块交际性质的基本共识

从上面的简要概述可以看出,学界对语块性质和范围的认识有一个由浅入深、由单一到复杂的过程。在理论探讨和实践分析的过程中,语块作为一种特殊的语言交际单位,学界就其内涵在以下几个方面基本达成了共识:就结构而言,语块由连续或不连续的词语或其他有义元素整合而成,具有实体性、模块性;就形义关系而言,语块作为一个整体,在形义关系上具有共时上的不可分析性或较低的分析性,即形义整合性[①],每个语块都有特定的语用功能;就表达系统而言,语块不是在语言交际中通过语法规则临时生成的,[②]而是早已储存在大脑中,具有很高的预制性;就交际过程的即时加工而言,语块具有易于提取性,对学习者和交际过程而言,语块具有鲜明的整存整取特征。这是对语块基于交际性质的内涵的最基本的理解(进一步的界定我们将在后文给出)。如果将这种认识运用到教学中,便自然会讨论教学过程中涉及的语块类型及语块的教学过程和教学方式。Abney(1991)便从语言教学角度对语块系统进行了探讨,归纳并分析了英语中的基本语块形式,开辟了语块(组块)理论进入并服

---

① 形义整合性是指某一特定语块的形式和意义是相对应的,形式改变,意义则不同,有时改变后的表述是不被接受的。如英语中有"It rains cats and dogs"和"It is raining cats and dogs"这两种表达,前者是表述瓢泼大雨,后者指示(某地)正在下暴雨,意义的差别源于形式(此处是动词时态)的差异。但若将"cats and dogs"替换为"tigers and monkeys"或其他动物,则会造成交际的不畅。

② 吴勇毅等(2010)提出"即时语块"这一概念,指"教师根据教学对象的特点,比如学习者的母语和教学内容,在教学过程中自主即时生成的一类语块",这类语块具有针对性、自由性和时效性的特点。他们将汉语中涌现的新词语、新形式也纳入即时语块进行教授。这些新词语、新形式具有时效性,在某一时期被人们反复使用,随着时间推移,有些固化为语块,有些则消失。对于语块的这一特点,后文将有所讨论。

务于语言教学研究领域的新路径。

显然,语块的这些特征决定了语块的整体义多不是由其构成成分的意义加合得来的,即语义透明性不充分。而就形式透明性而言,不同性质的语块虽有差异,但大多数语块都由句法构造凝固而来,因此仍带有内在的句法结构关系,只是往往不再利用该语块形式进行类推使用。这样,由形义整合而成的语块,往往透明度比较低。从这个角度来认识,说语块具有"构式性"特征(施春宏,2013),是有其合理性的。下面我们就基于新近兴起的构式语法理论对构式性质的认知来进一步认识语块的这些特征。

## 二、从语块与构式的关系看语块的属性

从上文已经概括出的语块的基本内涵来看,这种理解实际上跟当下构式语法理论对构式内涵的理解有较多的一致之处。然而,由于构式理论和语块理论的理论基础、基本目标和处理策略并不一致,人们对这两个概念的基本性质以及外延的理解既有相同之处,也有一些本质的差异。基于此,我们认为,如果从语块和构式的关系入手,在厘清两者之间关系的同时,也许能够更清楚地认识语块的根本性质及其在交际系统中的作用。

### (一) 从语块与构式的关系看语块的构式性特征

前文在分析语块研究现状时已经指出,语块是形式和意义比较固定的语言单位。换句话说,语块作为一个语言交际单位,应该是形式—意义对。就此而言,它跟构式的内涵是相通的。根据构式语法的经典认识,构式作为形式—意义对,其形式或意义的某些方面不能完全从其组成成分或业已建立的其他构式中推导出来(Goldberg,1995)。即如果一个语言结构体的形式有其独立性,其意义不是其组成成分语义的简单相加,也不能从语言中已经存在的其他构式中推导出来,那么该结构体就具有构式的地位。一个语言结构体所具有的这种性质,就叫构式性(constructionality)。构式语法后来进一步将"形式—意义对"扩展为"形式—功能对"(form-function pair)(Goldberg,2003、2006),这里的功能包含了意义和用法。这样,所有形式—意义/功能配对体的语言单位,都可看作一个构式。因此,如果要充分认识语块的性质,厘清语块和构式之间的关系是一个可行而又便捷的路径。学界对这两方面的研究都有所展开,但对它们

之间的关系讨论得并不充分，甚至有些认识还有很多值得商榷的地方。

对语块的构式性特征，汉语学界也已有所关注。段士平(2008)和余绮川(2008)注意到要联系构式来研究语块，认为"语块的意型结合和整体编码提取特征使它很好地充当了构式这一角色"(余绮川，2008)。余文指出，"在传统语法中找不到合适位置的语块(它既不属于词法研究范围，也被排除在句法之外)在认知构式语法下找到了它合适的'栖身之所'，而且被放在了突出重要的位置"。但这些研究基本上都是在介绍语块理论跟相关理论之间的关系时才有所涉及，并未具体分析语块与构式的关系。

也有学者基于对句法分析研究思路的反思而探讨了构式和语块之间的关系，进而提出了"构式—语块"教学法(陆俭明，2010a、2010b、2011；苏丹洁，2010、2011；苏丹洁、陆俭明，2010)，并据此展开了构式教学和语块教学相结合的实践，以期改进汉语句式的教学模式。这样的探索有很强的现实意义，但基于这种理论探求的研究对语块乃至构式这些核心概念的理解跟一般语块理论、构式理论对语块乃至构式的理解有所不同(施春宏，2011a；薛小芳、施春宏，2013)。以苏丹洁(2010)为例，该文实际将语块看作是一个构式和内部词项之间的中介，并以存在句为例探讨"构式—语块"教学法在教学中的应用。从苏文的实例分析及主张来看，该文所指的构式基本上是句式，而且偏于句式的形式方面，认为传统二语教学中的存现句教学只是按"$NP_1+V$ 着$+NP_2$"之类的形式序列来教学；文中所指的语块则基本上是构成特定句式的各个组成单元，侧重于受到的语义限制，如指出存现句内部的语义配置关系是：存在处所—存在方式—存在物。显然，这种认识对"构式"和"语块"的基本内涵和所指都做了重新界定。如苏文认为，词构成语块，语块组成构式。基于此，该文认为存在句的构式语块链如下：

*存在处所*　　　*存在方式*　*存在物*
墙上　　　　　挂着　　　两幅地图　　　　　　　（苏文中的例句）
张三家的墙上　挂着　　　两幅最新版的世界地图　（本章拟的例句）

按照苏文的理解，"张三家的墙上""挂着"和"两幅最新版的世界地图"都是语块。而且"挂着"前后的两个语块都可以根据句法的递归性做无限扩展。然而，经典的构式语法理论认为所有形式—意义配对体的语言单位都可看作一个构式，因此从语素到词，到固定短语，到句式，甚至到篇章，都是构式；一般意义上的语块则是作为一个相对固化的信息交际单位而存在的，更偏向于具有预制性特征的结构块。就信息交际的单位而言，有限的能产性（productivity）甚至没有能产性正是语块之所以称为语块的外在基本要求。显然，这里的"张三家的墙上"和"两幅最新版的世界地图"并非这样的交际单位，而是自由短语。实际上，苏文是将句式的有机构成成分看作语块单位，由于句式中的每个句法成分在形成句式的过程中有特定的语义限制条件，这就具有了某种"块"的特征。然而，毕竟此"块"非彼"块"。更确切地说，这里的"块"实际指的是信息结构之"组块"，而非一般理解的"语块"（苏文对此也有认识）。虽然语块也是一种组块，但在当下的语言研究背景和苏文的实际阐释中，两者有所不同。当然，在新的理论背景和学术追求中，根据特定的需要而对若干核心概念进行重新界定，这是无可厚非的，只是我们不要因此而混淆了它们跟常规理解之间的差异。也许这里的"构式—语块"教学法在本质上应理解为"句式—组块"教学法。正是基于这样的认识，陆俭明（2016）将"构式—语块"分析法调整为"构式—组块"分析法。相应地，"构式—语块"教学法也需要调整为"构式—组块"教学法。

如一般语块理论所理解的那样，本章理解的语块是作为交际中信息加工单位而存在的结构预制体，它是介于传统语法中词和句子之间的语言结构单位。但我们更愿意将它看作一个原型范畴（prototypical category），原型性特征取决于形义关系的整合程度，因此也导致了其内部成员纷繁复杂。它不仅包括形义凝固的成语之类的习语，形义结合较松、凝固或半凝固的词语搭配，具有特定格式的框架，还包括一些具有特定交际功能的常用套语等。由前文论述可知，一般理解的语块是一种多词结构，但与普通短语不同的是，它的形式和意义相对固定，在交际中被看作一个具有整体性的交际单位。绝大部分语块的整体意义不等于各构成成分的简单相加，如各种习语性语块。但也有一些语块的整体意义基本上可以由构成成分的意义推断而来，如"阳光—明媚"这样的配伍词。[①] "因为……所以……"这样的关联词语在不少文献中都被当作语块，我们基于语块原型

---

[①] "配伍"一词最初来自中药理论，指的是"把两种或两种以上的药物配合起来同时使用"（《现代汉语词典》第 7 版 986 页，商务印书馆，2016 年）。这里是隐喻性用法，指两个词相互选择、配合使用。其实，在词语配伍过程中，往往有一个词具有主导性，如"阳光—明媚"中，"明媚"对"阳光"的选择性更强，而"阳光"还可以和"灿烂"等搭配。

性特征的认识,也把它们看作语块,但是看作相对边缘的语块。即有的语块,语义是不透明的;而有的语块,语义虽然有一定的透明度,但经常搭配在一起,在交际中作为一个特定的交际单位来使用,固定化倾向明显,因而也就有"块"的特征。同样,有的语块内在结构的规则性已经不再透明(这必然导致语义的不透明);有的语块仍可通过句法规则来推导,但因其高频出现而成"块"地被存储和取用。当然,透明与否,规则性高低,很难清晰界定。这是由语块的原型性所决定的。根据一般语块理论的解释,语块是预制于记忆系统中的,交际者在特定的交际场合整体提取语块,再根据表达需要进行组合加工。这既保证了这种单位在交际过程中语义的完整,又提高了语言输出的速度,从而达到了准确性和流利性的统一。而构式性特征正是语块实现特定交际功能的根本体现。

就此而言,语块是比较特殊的构式。语块是语言中已经形成"块"的交际单位,而构式除此之外,还包括抽象的结构格式(图式性构式),这些是研究和语言教学中备受关注的对象,其具体的下位类型往往也是难点。如 Goldberg (1995:3—4)提到的几种英语论元结构构式(M 代表意义,F 代表形式):

Ditransitive Construction(双及物构式)
    M:X CAUSES Y to RECEIVE Z
    F:Subj V Obj $Obj_2$
Caused Motion Construction(使移构式)
    M:X CAUSES Y to MOVE Z
    F:Subj V Obj Obl
Resultative Construction(动结构式)
    M:X CAUSES Y to BECOME Z
    F:Subj V Obj Xcomp
Intransitive Motion Construction(不及物位移构式)
    M:X MOVES to Z
    F:Subj V Obl
Conative Construction(意动构式)
    M:X DIRECTS ACTION at Z
    F:Subj V $Obl_{at}$

广义的构式理论甚至将构式理解为包括所有语言成分和结构方式的

语言单位,因此语素、词、具体的句子、篇章(乃至语体、文体)等都可以看作构式。但就一般理解而言,语块都是指固定和半固定的形义结合体,强调的是交际中的预制性。构式强调的是形和/或义的非完全预测性,①这当然包括了语块,但不能完全预测的单位未必就是语言中既已组装成块的单位。尤其是像表示语法结构关系(如句法、词法)的抽象的结构框架,看作构式是没有什么问题的,但作为语块显然并不合适(虽然有人也把它们看作语块)。也就是说,语块更适合指那些作为实体的"块"而存在的具体交际成分;词和比词小的单位(语素)、抽象的结构规则显然都不属于语块的范围。有学者甚至认为语篇也是一种语块,但在实际交际中较少使用整篇儿歌、宗教经文作为信息加工的单位,将其纳入语块的研究范围似乎没有多少实质意义。

### (二) 对语块内涵和属性的重新定位

结合学界对语块整合性特征的基本认识(如 Wray(1999)对语块的界定)和上文对语块构式性特征的理解,不妨给语块做出这样的界定:

> 语块是由连续或不连续的词语或其他有义元素预先整合成的、形式和意义/功能相匹配的实体性语言交际单位。

既然语块具有构式性特征,同时它又并不涵盖所有的构式,那么就有必要对语块的性质做进一步的具体描述。基于前文对语块基本内涵的认识及对语块和构式之间关系的分析,我们认为一般意义上的语块所具有的交际属性可以概括为如下几个方面:

1. 结构预制性。语块是一种由词或其他有义元素整合而成的结构化模块,对具体交际过程而言,它具有预先存在性,并非交际时临时构造而成,交际时根据特定语境和表达的需要而得以激活。

2. 整体存取性。语块作为一个交际单位整体储存在记忆中,并在需要

---

① 强调构式的"非完全预测性",这是构式语法早期的认识。其实,随着对构式性质认识的发展和对图式性构式分析的深化,构式语法对这种限制有所放松,进而认为即便是完全可预测的结构类型,只要它具有足够的使用频率,也看作构式(Goldberg,2006:5)。刘大为(2010)则进一步区分语法构式和修辞构式:语法构式指的是"任何一种可从构成成分推导其构式义的构式,以及虽有不可推导的构式义,但已经完全语法化了的构式",而修辞构式指的则是"所有带有不可推导性的构式,只要这种不可推导性还没有完全在构式中语法化",两者之间存在一个连续统。这是构式认识的新发展。

时一起提取。当然,整存整取并不意味着一定都需要"整用",交际者可根据实际需要在语块所能提供的变动范围内进行一定程度的组合、替换或省略。

3. 界面性。绝大部分语块都是介于词和句法之间的过渡单位。有的语块不是一个由直接成分或连续成分构成的实体性语言单位(主要是框架式语块和呼应式的关联成分,如"非……不"和"因为……所以……"),有的句子因其具有形义整合性而作为一个语块使用(如歇后语、谚语),这些语块实际也处于词和句法的交界面上。而像双及物式、"把"字句、"被"字句这样的特殊句式就不宜看作语块,但它们的组成成分中可以有语块。

4. 共时性。语块虽是在使用中产生并逐渐固化而来的,即经历了语块化过程(常由自由组合凝固而成),但作为即时交际的语言单位,它的形义关系一定具有交际双方的共时性,历时的理据不能成为制约语块共时使用的前提。

5. 网络性。语块内部的成员表现多样,关系复杂,勾连方式多种多样。从纵向层级看,词以上各级句法单位都有可能成为语块;从横向表达看,各种句法结构关系也都有可能体现在语块中。当然,作为一个原型范畴,语块有核心语块和非核心语块的差别,其内部成员处于一个连续统中;不同语块之间具有家族相似性(family resemblance),也就是说,处于不同位置上的语块所具有的性质有同有异,关联程度有紧有松。而这也正是其网络性的表现。各类语块形义关系纵横相连,使每个语块看似个性较强,实际处于特殊的网络关系之中。①

6. 动态性。预制语块普遍存在于人脑记忆中,而且随着人们对记忆材料的熟悉程度的增加,预制语块数量也相应增加,从而使大脑可以存储和回忆更多的信息。在语言交际中,部分即时自由结构可能逐渐固定下来,形成语块;既有语块也可能从交际中消失。

语块的以上交际属性中,结构预制性(存在形态)和整体存取性(存用方式)决定了语块的基本属性,语块所具有的形式和意义/功能相匹配的属性(构式性特征)可以从这两个属性中自然推得;不同语块的原型性程度的差异也来自于这两个基本属性表现程度的不同。界面性和共时性是语块作为交际单位使用时所处的基本生态环境,属于次级属性。网络性和动态性则分别从共时和历时(此历时包括作为语言系统的历时和作为个体语言发

---

① 薛小芳、施春宏(2013)将这个特征概括为"层级性",这里调整为"网络性"。

展的历时)两个方面来说明不同语块之间的关系及语块跟非语块之间的关系,属于派生属性。这三个层次的属性共同决定了语块的基本特征。

## 三、汉语语块系统的层级关系

上文分析了语块的内涵及属性,接下来我们以此为背景进一步概括和分析汉语语块系统,从而勾勒出汉语语块系统的层级关系。我们将首先讨论学界对汉语语块系统的若干具有代表性的认识,然后尝试提出我们的分析策略。

### (一) 学界对汉语语块系统层级的划分

语块作为特殊的语言单位,是一种普遍存在的语言现象。Nattinger & DeCarrico(1992:66)指出:"词汇性短语不只存在于英语中,也同样大量存在于其他语言中,也像英语那样实现同样的话语功能。"同时还列举了一些汉语语块的例子,但并未深入探讨。

近些年,在语块理论的引导下,学界开始关注汉语语块的系统问题。刘运同(2004)较早地对汉语语块(文中称作"词汇短语")进行了较为系统的分析。该文在区分词汇短语与自由词组、搭配的基础上,讨论了固定词串和固定框架这两类词汇短语的不同,并对它们各自所包含的具体类别做了进一步的划分。刘文的具体分类情况如下(冒号后为相关用例):

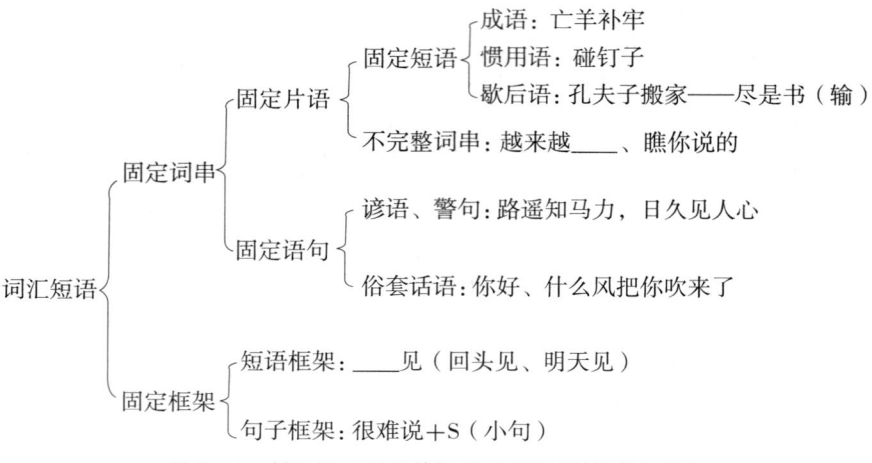

```
                          ┌ 成语:亡羊补牢
                ┌ 固定短语 ┤ 惯用语:碰钉子
                │         └ 歇后语:孔夫子搬家——尽是书(输)
        ┌ 固定片语┤
        │       └ 不完整词串:越来越____、瞧你说的
        │
固定词串 ┤       ┌ 谚语、警句:路遥知马力,日久见人心
词汇短语┤ 固定语句┤
        │       └ 俗套话语:你好、什么风把你吹来了
        │
        │       ┌ 短语框架:____见(回头见、明天见)
        └ 固定框架┤
                └ 句子框架:很难说+S(小句)
```

图 2-1 刘运同(2004)的汉语词汇短语(语块)系统

这里的"固定词串",除了不完整词串外,其余内容在传统的词汇学研究中基本归入习语/熟语之中;"固定框架"则基本上是可嵌入成分的表达格式。然而,不完整词串和固定框架的区分不是太清楚,如"越来越____"也完全可以看作一种框架。其实,就语块的内容而言,不完整词串和固定框架内容繁多,内在性质有很大差异(但在结构预制性和整体存取性上又基本相通);从学界的后续研究来看,这往往是语块理论新发展中着意解决的地方,也是语块分析的理论增长点。同时,学界更注重如何结合习得和教学的实践来进一步分析汉语语块的系统。

基于此,周健(2007a)结合汉语和汉语教学的实际对语块系统做了重新归整。他将汉语语块分为以下三类:(1)词语组合搭配语块,如"功能—衰竭、可持续—发展、缓和—矛盾(冲突/紧张局势)、引起(产生)—强烈的共鸣、朦胧的—月光"等。(2)习用短语,包括习惯用语、熟语等,含固定形式和半固定形式,尤其是那些我们平时常说的、词典里又多查找不到的短语,如"撒腿就跑、没完没了、吓我一大跳、可不是吗、话又说回来"等,还包括常用的短句。(3)句子中的连接成分等类固定结构,如复句的关联词"既不是……也不是……、不仅……而且……"等。显然,该文认定的语块范围要比刘运同(2004)广了许多,尤其是在汉语语块研究中重视了"功能—衰竭"这样的惯常搭配式的语块(即配伍词)。这显然是基于习得阶段和教学实践的考量。虽然词语组合搭配式的语块有一定的自由组合性,但在使用上,前后搭配的成分具有相当高的相互依存性,因此具有一定的结构预制性和较高的整体存取性。从培养语感的角度来考虑,将它们作为一种特殊的语块来考察,是相当有必要的。当然,该文对语块所做的分类仍不够精细,有的类别中混杂了不同性质的语块,另有不少一般认为可以归入语块的内容尚未纳入其中。

钱旭菁(2008)则将语块研究的范围做了进一步的扩展,同时根据语言结构本身的层级性对语块系统做了新的分析。该文根据"语块所属的语法单位层次",将语块分为如下三类:(1)词级语块:搭配、惯用语、成语、歇后语。(2)句级语块:谚语、格言、名言、警句、会话套语。(3)语篇语块:儿歌、歌词、宗教经文。这是目前见到的对语块所做的最宽泛的理解。这种认识比较系统,但也引出了一些值得思考的问题。如果将语篇也归入语块的范围,那么在扩大范围的同时,也许会模糊了语块的本质属性(结构预制性和整体存取性),而且对语块研究和教学的作用似乎也有限。① 另外,钱文中归入语篇语块中的某些句子("爱拼才会赢""三分天注定,七分靠打拼"等)随着人们在交际中使用频率的增加而逐渐固化成为格言警句(属于作者所说的句级语块)。由此可见,对于语块的性质和范围尚需进一步讨论。

相对于前述的研究,周侥(2009)和吴勇毅等(2010)等对语块的性质做了更明确的界定,对语块的内容做了进一步的划分。周侥(2009)将语块定义为由词组成的、大于词的、语义和形式固定的、在语境中经常整体出现的、分割后或改变意义或不符合语言习惯的造句单位。当然,这种理解也有一定的局限,如根据这样的理解,只能分析出最典型的语块,而无法将语块看作一个原型范畴。另外,语块虽是介于词和句法之间的结构,但不排除语块和词、句子都有交界面,而且形义关系固定的句子一般也宜看作语块。在分析语块的内部层次时,周文首先从外部结构和表现方法的差异上将语块划分为固定结构、填补结构和关联结构,这三者的固定性是依次减弱的,然后又进一步细化为熟语、固定语语块和固定搭配,句式结构和框架结构,关联词和配伍词。吴勇毅等(2010)明确指出语块是普遍存在的,但由于汉语和英语分属不同的语系,其语块类型、特点都存在着较大的差异。在借鉴他人研究成果的基础上,该文将语块细分为固定短语语块、框架语块、离合语块、动补语块和习语块,还将不同语言背景的汉语学习者或教学过程中所遇到的不同情况即时生成的语块命名为即时语块。该文还提出了"语块化程度"这一概念。语块的可变性越弱,语块化程度就越高;反之,可变性越强,语块化程度就相对降低。这跟将"语块"看作一个原型范畴在分析理念上是相通的。

综前所述,汉语的语块研究起步不久,研究主要集中于结构定型、意义凝固的单位,对其他的语块成分虽有关注,也做了一些有益的探索,但还未深入研究,大体上仍然"处于介绍性研究阶段,侧重理论探讨,缺少实证研究"(王慧,2007)。其实,即便是理论上的探讨,关于语块基本内涵和

---

① 如文中在说明将儿歌作为语块时认为:"儿童在不理解这首诗歌的情况下就能完整背诵,因此是整体加工的语块。成人虽然了解诗歌的内容,但是作为熟练背诵的内容,可能也是整体储存、整体提取的,因此也是语块。"我们觉得这样的理解似乎不妥。对此,吴勇毅等(2010)已经指出过了。我们需要进一步说明的是,语块确定与否应该基于一般母语交际者对形义关系的准确理解和使用,语块教学的目的就是让学习者整体把握这种各具特性的特定形义关系。

属性的认识仍需深化,因为它是具体划分语块范围和重新整理汉语语块系统的基础。

**(二) 对汉语语块层级系统的进一步认识**

语块是个具有构式性特征但比构式范围要窄得多的原型范畴(如不包括图式性构式和词、语素之类的构式等),不同的语块,其构式性程度是有差异的。这主要表现在这样一些方面:一是语块内部的透明度并不相同,有的语块内部形式或意义及其关系透明度比较高,有的比较低,有的基本上不透明;二是语块作为一种预制性结构,其预制的程度也不完全相同,有的语块已经是形义完全固化的单位,有的语块的局部成分仍有一定的可变性;三是语块作为一个中介单位,进入到具体交际中,其整体或内部成分受到句法操作影响的程度,也是有差异的,有的语块具有相当的句法性特征,有的则具有高度的词汇性特征;四是语块通常作为一个整体进入到句法结构乃至篇章结构中,有的语块更多地体现出篇章功能,有的语块实现的则是其特定的句法功能。既然如此,语块系统的划分便不能简单地根据语法单位的层级来处理,也难以只根据语块的某项特征来进行一次性切分。我们认为,对语块系统的分析,必须根据它们的原型性特征(尤其是结构预制性和整体存取性这两个基本属性)在各个侧面的表现情况逐层分析,依次归类,这样既能体现出语块作为一个词和句法的中介单位的系统性,又能显示出不同语块类别之间关联度的差异,同时还能展示出它们在句法功能、语篇功能等方面的联系和区别。基于这样的认识,这里便尝试提出一个新的汉语语块分类系统。为了说明问题的方便,我们先将具体的分类结果"汉语语块层级系统"直接呈现出来(图 2-2),然后再对分类过程及所采取的分类标准和由此而分出的具体类别逐一进行说明。

汉语语块层级系统中各个层级语块的命名,有的沿用常见名称(如熟语式下面的若干常规类型、离合式、插入式和关联式等),有的则是本章为了说明的方便而自拟的,不能简单地根据其字面义来判断该层级语块的性质。各个名称实际上也具有构式性。

根据语块在语篇中的作用方式,即根据是否主要实现为语篇的连接功能,我们首先将语块分为整件式和系联式。整件式语块是整体作为一个交际构件的,或独立表达,或作为其他表达的构成成分,形式上多自成一个整体(倘为框架,则该框架跟框架中的内容合起来构成一个整体),不用于篇章衔接;系联式语块则具有篇章连接、关联等功能。

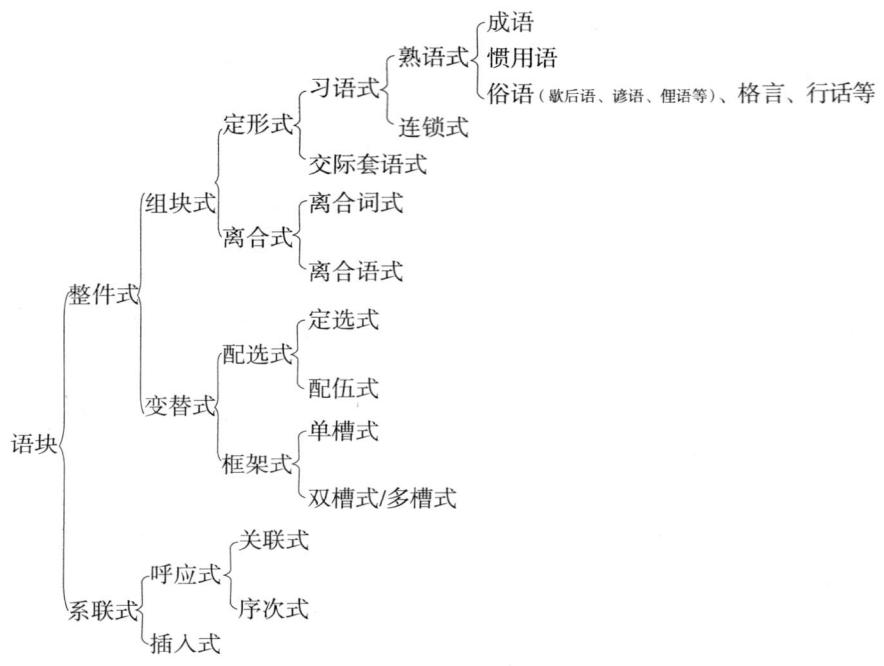

```
                                    ┌ 成语
                           ┌ 熟语式 ┤ 惯用语
                  ┌ 习语式 ┤        └ 俗语(歇后语、谚语、俚语等)、格言、行话等
          ┌ 定形式┤        └ 连锁式
          │      └ 交际套语式
    ┌ 组块式       ┌ 离合词式
    │     └ 离合式┤
    │             └ 离合语式
    │             ┌ 定选式
    │     ┌ 配选式┤
整件式┤     │       └ 配伍式
    │ 变替式
语块┤     │       ┌ 单槽式
    │     └ 框架式┤
    │             └ 双槽式/多槽式
    │             ┌ 关联式
    │     ┌ 呼应式┤
系联式┤             └ 序次式
          └ 插入式
```

图 2-2　汉语语块层级系统

## 1. 整件式语块的内部层级

我们先考察整件式语块的内部层级。一般语块研究中所涉及的语块都是整件式语块或其中的某个部分。根据整件式内部各成分的变化程度,可将整件式语块区分为组块式和变替式两种类型。组块式语块的各个成分基本上都是固定的,其组配关系比较固定(当然,成分之间的位置关系有的有一定的变化空间,如离合式);而变替式语块中组成成分之间的组配关系有一定的变换可能性。

根据语块内部句法操作的松紧程度,还可以将组块式语块划分为定形式和离合式两类。虽然它们的内部构成成分基本上都是不变的,但离合式的两个直接组成成分的句法联系紧密度有一定的灵活性。

定形式指该语块的两个直接组成成分之间一般不能进行句法操作,即"形"上具有固定性。它包括习语式和交际套语式两种类型,其中习语式还可以进一步区分出熟语式和连锁式。①

对语块系统而言,最典型的就是熟语式语块。将成语②、惯用语③和俗语(歇后语、谚语、俚语等)、格言、行话等熟语作为语块,自不待言。尤其是成语,可以看作是语块的典型代表。这些熟语式语块形义结合的紧密程度很高,可变性很弱,因此语块整合度非常高。在早期的语块研究文献中,所谓的语块大多指这些类型。在不同文献对语块范围的处理过程中,将它们看作语块基本上没有什么争议。根本原因就是这类语块具有典型的构式性特征,其结构预制性、整体存取性以及界面性都比较鲜明。传统的习语/熟语研究也将它们作为考察的基本内容。

连锁式语块如"无知人胆大、刀非磨不快、不见棺材不掉泪"等,它的结构关系属于连锁短语或紧缩句,但已经固化成一个整体性交际单位了。有的连锁式语块还有槽式结构,这跟下面的框架式语块在形式上有一致性,但其内部成分一般不能自由替换。

至于交际套语,往往依交际场合不同而有较大的差异,因此可以进一步细分为正式场合交际套语、日常生活中的交际套语以及书信公文等中的交际套语。正式场合交际套语如公众演讲"女士们先生们、怀着崇敬的心情",外交辞令"表示遗憾、正在密切关注事态的发展、保留予以评论的权力"等;日常生活中的交际套语如"吃过了吗、久仰久仰、哪里哪里、不怎么样"等;书信公文等中的交际套语如"此致/敬礼、特此通告、承蒙惠允"等。这些实际上都构成了特定的"话套子"。交际套语在以前的词汇研究、习语/熟语研究中关注得不够,但从语言习得的角度着眼,它的形义关系具有很高的规约性,跟一般的习语/熟语在交际功能的表达方面非常相

---

① 习语和熟语的关系问题,学界一直分析得不是太清楚。一般教材认为熟语包括成语、谚语、歇后语和惯用语,而对习语不怎么提及。而国外学界对习语的理解比这里的熟语要宽泛一些。本章将这两种理解结合起来,区分出习语式和熟语式两个层次。

② 吴勇毅等(2010)指出有的成语具有一定的框架性,可通过学习一定的格式,有效地记忆并提高成语掌握的速度。这主要是基于形式角度的考虑。如果考虑到其内部的形义关系会发现,这种格式的类推性相当低,如"大同小异、大材小用、大呼小叫"等似乎属于同一框架成语,但其内部语义关系却有很大差异。

③ 惯用语主要指"二百五、避风港、落汤鸡、牛皮大王、卖狗皮膏药、不管三七二十一、有两把刷子"这样的口语色彩较浓的短小定形的习惯用语。还有一类惯用语结构上类似于一般的动补结构,但类推性较差,通常中间带有"得/不",如"合得来、划不来、了不起、对不住、碰不得、粘不得"等等。一般的动补结构前后两个成分可离可合,而这类动补语块常常只"离"不"合",不能说"合来、了起"等。

近。因此，我们这里将交际套语也视为语块，而且是跟习语特征比较接近的语块。当然，如果将它看作习语中的一类，实际上并无不可。前文在分析语块的基本属性时已经指出不同语块之间往往具有家族相似性，各种语块处于网络关系之中，这就必然使得根据不同的标准而做出的分类有所交叉。

至于离合式，其直接组成成分之间可"离"可"合"，而且在离的时候往往可以插入其他成分或进行位置变换。从功能上看，离合式语块大多数是动词性的，主要包括已经习语化了的离合词和离合短语。离合词式的如"帮//忙（帮了一个大忙）、请//假（请了几天假）、照//相（照了一天的相）"之类，合则为词，分则为语。离合语式的如"吹//牛皮（吹了一上午牛皮）、开//后门（开了一个大大的后门）、穿//小鞋（穿过他的小鞋）"等。离合短语具有双重性质，从可离合的角度来考虑，可以归入离合式；从整体形义关系来考虑，可以归入上面所说的惯用语。其实，作为"界面"单位的语块，很多情况下是可以从不同角度分析的，分析的基础或者偏于它所具有的"词汇性"，或者偏于它所具有的"短语性"或"句子性"。离合语式表面上和离合词式相同，但两者的语义透明度差别很大。离合词式语块基本上用的是本义，形义关系透明度很高；而离合语式语块的语义常常是隐喻义，致使语块形义透明度降低，具有了习语性。如"穿小鞋（A 给 B 穿小鞋、穿 A 的小鞋）"，这里的"小鞋"都不能理解成尺码小的鞋或者 A 穿的尺码小的鞋，而是指 A 给予 B 或 B 遭受 A 的不公平待遇。类似的很多，又如"走后门、走弯路、泼冷水、炒鱿鱼、拍马屁"等。离合式语块虽然在句法操作上有一定的自由度，但其组成成分没有什么可替换性；这些方面都跟下面的变替式有所区别，因此归入组块式。

变替式语块指的是可以对其中某个成分进行有限度的位置变化或替换的语块。我们可以根据语块的组构成分是否连续将其进一步分为配选式和框架式。

配选式包括定选式和配伍式两个下位类型。定选式语块通常由两部分组成，一般是固定的有序搭配，其功能已经类似一个凝固的短语，如"端正态度、锻炼身体、天资聪颖"等。当然，定选式的两个组成成分在搭配上并非完全固定，但在习得过程中，往往是作为一个整块被储存和使用的。而配伍式语块的两部分虽然共现，但搭配的固定性没有定选式强，如"挑起—纠纷/祸端/矛盾、创造—条件/机会、经济/民事—纠纷、解除—后顾之忧/警报"等，而且在一定程度上可以有多种组合方式，如"矛盾是由对方挑起的、挑起了一个新的祸端、公平买卖、警报解除"等。

框架式,顾名思义,是指语块内部有空槽,需要填入合适的成分才能形成完整的表达。其中单槽式如"当____的时候、在____上/下",大多属于类型学上的框式介词或框式结构(刘丹青,2002;黄理秋、施春宏,2010);双槽式如表并列的"不____不____(不声不响、不明不白)、东____西____(东拉西扯、东倒西歪)",表选择的"不是____就是____",表范围的"连____带____(连人带马、连老人带小孩)、从____到____(从上到下、从黑夜到天明)"等,内部语义差异很大。有的双槽式也可类推拓展为多槽(基本上是并列结构),如"又____又____又____(又大又圆又甜、又哭又笑又闹)"。框架式中的具体用词根据交际语境确定。①

与离合式语块不同的是,有的变替式语块虽然是不连续的(如框架式"在……上、非……不"),在一定程度上可看作"离",但分开的两部分不能合在一起形成一个表意单位,同时这种"离"没有更多的句法操作可能性(如将其中的某个成分移位或用别的成分来修饰等),故不宜归入离合式;有的语块虽然在句法上有一定的操作自由度(如"端正态度、挑起纠纷"之类的配选式语块),但又不像离合式那样习语化了,因此也不归入离合式。

**2. 系联式语块的内部层级**

根据连接时是否采取前后照应的方式,系联式语块又可分为呼应式和插入式。

呼应式语块包括关联词语性质的语块和表逻辑次序的语块。呼应式语块更多地表达逻辑事理关系、篇章功能,各个语言在使用中的共性比较大。它既包括关联式(即关联词语),如表因果关系的"因为……所以……""……是因为……",表条件关系的"只要……就……""只有……才……"等;也包括序次式(即表逻辑事理的先后顺序的词语),如"首先……其次……然后……最后……""第一(步)……第二(步)……"等。②

---

① 有学者将关联式和插入式中的句首插入式列入框架式(丛珊珊,2010),我们认为这三者不能归为一类。形式上,关联式和句首插入式连接的都是小句/句子,可填充框架式的多为词或其他有义元素,且多为小句/句子的组成成分;意义上,关联式的内部语义决定整个句子的语义,句首插入式的语义基本可由其构成成分的意义推测得来,框架式内部语义或简单(单槽式)或复杂(双槽式、多槽式),有时语义还有引申;功能上,关联式表逻辑事理关系、篇章功能,句首插入式表不同的话语功能,框架式多为小句/句子的组成成分,具体功能要依整体小句/句子的功能做出判断。

② 除了明确以"先、后;一、二"等标明序次的语块,像"有的……有的……、一边……一边……、或(者)……或(者)……"这类序次关系不是很明显的语块也归入此类。

与成对或成组使用的呼应式语块不同,插入式语块或位于两个小句/句子中间,独立使用,表达特定的语用功能,如"总而言之、总之、综上"等表示总结,"换句话说、老实说"多表委婉,"除此之外、此外"表排除式补说,等等;或作为句首插入,如"我相信/我的意思是/在我看来+S(小句)"表直陈,"难道说+S"表反诘,"可我又想+S"表转折,"我希望+S"表祈使;或作为句末插入,如"S+怎么样/是吗/你呢/怎么了"表询问,等等。当然,很多插入语在句中的位置比较自由,我们在此不做细致划分。

系联式语块的整体义基本可由其构成成分的意义推导出来,语块形义透明度高。但插入式语块所具有的篇章功能,不能简单地根据字面义来推断。

## (三) 语块系统中所体现出来的原型性和家族相似性

语块是一个原型范畴,我们在构建语块系统及其层级关系时便是以此为立足点的。然而,上面所勾勒的语块系统似乎对此并没有充分的展示。其实,如果我们将成语看作最具原型性的语块的话,那么我们就基本上可以根据这个系统中各类语块与成语关系的远近来确定其原型性程度的高低了。如惯用语和俗语(歇后语、谚语、俚语等)、格言、行话等属于同一层级,因此都是典型的语块,这类语块的属性及范围在语块研究中基本上没有争论。即便是连锁式用语和交际套语这些以前关注得不够充分的语块,其语块性也是较为典型的。又如变替式下面的各个语块类别离成语的距离已经远了不少,但变替式跟组块式处于平行关系,因此变替式语块中的下位类型仍可看作是有一定典型特征的语块(当然,其下位类型在原型性上也有层级差异)。相对而言,系联式下位的各类语块离成语的距离就更远了,已经是很不典型、甚至是相当边缘的语块(如关联式和序次式)了。实际上,对它们是否属于语块,学界一直看法不同。

就这个系统而言,在原型性程度上,离合式是个比较复杂的类型,它既有词汇性特征,也有句法性特征,因此在语块的原型性上的表现有些特殊。但显而易见的是,它们应该比系联式下的各种类型更接近典型语块:就形义关系的配对而言,与习语式相当;就内部句法表现而言,与配选式接近。可见,就原型性分析而言,某些类型也不是根据几条特征就可以做出简单归类的。这也正体现了原型性复杂的一面,从另一个侧面揭示了原型的本质。

据此,我们可以依据这样的一个序列来大体计算出特定类型语块的原型性程度的高低:成语→熟语式语块→习语式语块→定形式语块→组块式语块→整件式语块,离成语路径越短的,其典型性越显著;反之,路径越长的,就越不像典型语块。而处于同一层级的不同类型的语块,其家族相似性程度就比较高。当然,我们还可以根据不同层级语块之间形式和/或意义上所表现出来的同异而建立或近或远的联系,这样,不在同一层级的语块之间可能由于某项特征的相同或相近而建立家族相似性关联。

由此可见,图 2-2 语块系统比较好地揭示了语块作为一个原型范畴的基本内涵及其内在关系。这样的分类也许能够将学界所讨论的各种类型的语块很好地做出定位,并能使相关争议得到一个较为合理的说明。

## 四、本章小结

语块是一种信息加工单位,是形式—意义/功能的配对体。语言交际就是信息的加工和传递。信息加工的过程包括成分提取和规则操作两个方面。本章以此为基础简要概述了国内外语块研究的基本现状,归纳了学界对构式内涵的基本认识,对语块的内涵做出了新的定位,并通过跟构式相比较阐述了语块的基本属性。就基本性质而言,语块具有构式性;就表达系统而言,语块具有很高的预制性;就交际过程的即时加工而言,语块具有整存整取的特性;就语法地位而言,语块是介于词和句法之间的中介物,具有界面特征;就形义关系而言,语块是非完全透明的,它和构式之间存在一种交叉关系(如果广义理解构式,语块则是构式的下位类型);就成员之间的关系而言,语块是个原型范畴,不同语块类型以及具体语块之间往往体现出家族相似性特征。基于对语块所具有的多侧面性质的认知,本章从原型性角度对语块系统的内部层级做了新的分析,并逐步阐述了分析的依据及分类过程中所遇到的问题,提出了相应的解决策略。

目前,学界对语块性质及其内部成员的认识仍有不少争议,二语习得中的语块研究和应用也不很充分,基于语块理论的实证研究更是缺乏。甚至可以说,所谓的语块理论目前是否已经成为一种成熟的理论,也是值得商榷的。至少就汉语的语块分析而言,我们目前主要还处于对相关现象的认识和描写阶段。

同时,由于汉语基于语块理念的相关研究历史不长,很多语块教学中需要的数据和资料相对短缺,目前尚未有大规模的汉语语块教学试验和针对对外汉语的专门的语块语料库。语块词典的概念虽然有所提及,但到目前为止仍大体处于摸索阶段。有先生指出,"国内缺乏语块与构式语法相结合的研究,这将是语块理论研究基础的发展趋势"(段士平,2008)。此外,就现有对外汉语教学大纲和教材来看,有些编者已注意到这种形义整合的块状结构多具有特定的语用功能,但编写过程中语块意识不够凸显。李红印(2005)提出应在现有的"词汇大纲"之外,编写独立的"语汇大纲"(这里的语汇包含在语块之内)。国内外很多学者从多方面证实了由于语块可以直接提取,用于话语的组织,不必经由语法分析而生成,所以它可以帮助第二语言学习者节省语言加工的时间,从而提高他们话语的流利度。语块的使用还有助于使第二语言表达更地道,更加接近目的语。我们认为在后续大规模语料库的建立和实证研究的基础上,可以深入探讨语块与构式的关系,并将形式结构、功能作用、典型语境结合起来(冯胜利、施春宏,2011)探讨语块的形义关系和适用场景,以此深化汉语作为第二语言的实践教学和理论探求。

# 第三章 汉语准价动词的二语习得研究

本章讨论汉语动词系统中一个特殊次类——准价动词(quasi-valence verb)——的二语习得表现及机制。表面上看,这似乎只是简单的词项习得问题,与一般及物动词或不及物动词的习得差别不大。然而,准价动词的论元结构在句法配置上有其特殊性,常需要通过介词来安排它所支配的一个论元(如"吵架",可以说"跟 $NP_{[+人]}$ 吵架",不能说"吵架 $NP_{[+人]}$"),这样准价动词就跟介词配合使用形成一个框架式的结构(如"跟……吵架")。显然,这类构式具有语块性特征,属于框架式语块。因此,我们可以从论元结构(argument structure)和句法配置(syntactic arrangement)的互动关系这一视角来考察其句法表现中的框架性语块特征在习得中的体现。本章即以这类特殊词类现象为例探讨词项和构式、动词的论元结构和句型的配位方式之间的互动关系在构式习得中的表现,进而揭示非常规形义关系在多重界面特征(multi-interface feature)的互动过程中对词项和构式习得过程及其机制的制约作用,并借此探讨汉语学习者习得此类词项—语块性构式过程中框式构式意识(frame-construction awareness,简作"框式意识")的形成和发展。

在汉语作为第二语言教学中,我们经常会听到或看到这样不合格的句子:

(1)*现在我也有机会见面他们。
(2)*我决定写您这封求职信。

现代汉语语法系统中,"见面"这样的动词可携带两个论元(当事 $NP_1$、系事 $NP_2$),但在基本表达结构中,其系事论元须由介词引导(如"现在我也有机会跟他们见面了");"写"这样的动词可携带三个论元(施事 $NP_1$、与事 $NP_2$、结果 $NP_3$),但在基本表达结构中,其与事论元须由介词引导(如"我决定给您写这封求职信")。这些动词跟前面的介词整合成一个框式结构,如"跟……见面、给……写"。显然,跟一般动词相比,这类动词论元结构及其句法配置具有特殊性。袁毓林(1998、2010)将这两类动词分别称作准二元动词和准三元动词。袁著的命名是基于其理论中将动词的配价层级分为联、项、位、元四个层次而确定的,本章为简便起见(同时也为了便于一般研究者对相关问题的理解),径称准二价动词(quasi-divalent verb)和准三价动词(quasi-trivalent verb)。基于准二价动词与准三价动词在准论元(即需要通过介词引导的论元)句法表现上的共性,我们将两者合称为准价动词。下文术语的分合(即是分别称作准二价动词和准三价动词还是统称为准价动词)依考察对象的分合而定。

学界对汉语作为第二语言的学习者(简作"(汉语)学习者")的动词习得情况早有关注,或以整个汉语动词系统作为考察对象(如戴国华,2000;方绪军,2001;李彤、王红娟,2006;李珺珺,2007;魏红,2009),或探讨动词特定次类的习得情况,如心理动词(如刘博,2008)、能愿动词(如吕兆格,2010;杨阳,2011;顾娟,2011)非宾格动词(如薛常明,2005;赵杨,2009)、双音节动词(如李彤、王红娟,2006)等。然而学界对准价动词的习得鲜有关注。研究者或将准价动词归入相应价位的一般动词(准二价视作二价,准三价视作三价)进行研究(如顾英华,2004;冯丽萍、盛双霞,2004);或基于特定视角观察准价动词的某一小类,如杨华梅(2011)分析了维吾尔族学生使用交互动词①的偏误情况,但也只是初步的类别考察。从准价动词系统来看,前一类研究没有凸显其系统特性,后一类研究没有覆盖准价动词全体。

然而,学界在研究介词习得时常常会涉及某些准价动词偏误中的具体用例分析(如崔希亮,2003、2005;张艳华,2005;李佳佳,2011;王宇泉,2011;周文华、肖奚强,2011;金洙玄,2012),因为准价动词的句法实现常常要由一个介词来引导某个论元,这样一来,习得准价动词的某些偏误类型往往跟介词的误用和缺失乃至错位有关。与之相关的是,运用框式介词理论分析汉语框式结构的习得现象也自然会涉及某些准价动词的使用情况(如黄理秋、施春宏,2010;施春宏,2011a)。同样,随着语块理论在二语习得研究中的运用(如刘晓玲、阳志清,2003;周健,2007a;王慧,2007;钱旭菁,2008;丛珊珊,2010;吴勇毅等,2010;薛小芳、施春宏,2013),人们

---

① 两个论元在语义上为协同、交互义的动词,属于准二价动词中的协同动词以及准三价动词中表协同义的动词。

逐渐扩大了二语习得中语块的范围,将由准价动词构成的框式结构也看作语块的一种类型,进而涉及这种现象的习得分析。其实,很多词汇习得专题研究(如近义词习得比较、易混淆词辨析),虽然考察的角度不同,但也对准价动词做了很多个例分析(如程娟、许晓华,2004;张妍,2006;张博等,2008;萧频,2008;王分年,2009)。

当然,这些研究就准价动词的习得而言,都是零星的、用例分析式的,没有将准价动词的习得作为独立对象来做全面、系统的考察。而准价动词的句法配位方式中介词共现的强制性以及准论元的位置安排使其呈现出鲜明的语义—句法、词项—构式互动的多重界面特征,使汉语学习者在习得这类动词时表现出某些鲜明特征,而不同于习得不具有此类界面特征的一般动词。例(1)和例(2)之类的句子是汉语学习者常见的输出形式,即使到了高级阶段,准价动词习得偏误率仍不低。因此,对准价动词的习得现象做出全面、系统的分析,既有切实的实践意义,也有丰富的理论价值。

有鉴于此,本章拟从准价动词论元结构的配位方式及其语义—句法、词项—构式互动关系这个角度来系统考察汉语学习者准价动词的习得情况。本章的语料来源于北京语言大学开发的"HSK动态作文语料库"。这个语料库中的语料都来自母语为非汉语的二语习得者参加高等汉语水平考试作文考试的答卷。从对学习者中介语表现的分析来看,学习者语言(learner's language)表现有正有偏,二者均是其重要组成部分。因此,我们首先从正确输出和误用表现两个角度分析汉语学习者准价动词的语言输出情况。因偏误分析是以正确输出表现为参照的,故本章先分析学习者正确输出部分,后关注其偏误部分。学习者的习得表现是表层现象,背后有其特定的制约机制,这是习得的关键所在。本章将学习者在准价动词框式配位的语言输出中所展现出的对框式结构的感知情况称作框式意识,围绕汉语学习者框式意识的建构过程及制约因素,本章将从三个方面探讨汉语学习者准价动词习得的内在机制:一是根据对其语言输出情况的分析指出学习者框式意识建构的层级性;二是基于对准价动词非常规形义关系的分析看其对习得过程的制约作用;三是探讨准价动词的语义—句法、词项—构式互动的多重界面特征对准价动词习得的影响。在此基础上,本章还试图对本项研究所采取的方法论原则做初步思考。

由于本章主要基于认识和分析框式结构在准价动词习得过程中的地位和作用,因此在考察语料库中准价动词的使用分布时,只考察该类动词直接做述语动词使用的情况,像准二价动词"服务"用于"服务产业"之类的情况不做统计。另外,像"我想结婚、你要保密"这样的表达,"结婚、保密"也没有用作直接述语动词(前面往往有助动词或心理动词),本章也不予考虑。

## 一、准价动词习得的正确输出情况

我们将袁毓林(1998)中所列的常用准二价动词表(第260—263页)中的词项和常用准三价动词词项(第312—322页,书中未列词表)放入"HSK动态作文语料库"中逐一检索,发现学习者共使用了305个准价动词,其中准二价动词265个(附录一),涉及语料6418条,误用257条,偏误率为4.00%;准三价动词40个(附录二),涉及语料729条,误用40条,偏误率为5.49%。显然,学习者准价动词的正确输出数量远多于误用表现。但是在类型上,由于正确输出的目标形式确定,变异形式不多,而误用表现影响因素多,因此误用的类型较多。不同类型反映的问题性质有差异。由于本章着眼于类型考察,因而将分析的重点放在偏误上,而将正确输出作为参照。本部分先就准二价动词和准三价动词的正确输出情况分别说明。

### (一) 准二价动词的正确输出情况

在分析准二价动词习得情况之前,我们首先需要对准二价动词的内部情况进行说明。袁毓林(1998)根据准二价动词所支配的两个论元之间的语义关系将准二价动词大致分为协同动词和针对动词两大类。协同动词关涉的两个论元呈现出双向对称关系,如"我和她结婚"中"结婚"涉及的两个论元关系为"我←→她"。袁著中指出协同动词在基本表达结构中共有两种句法配位方式:(1)$NP_1+PrepNP_2+V$(如"我和她结婚");(2)$NPC^①+V$(如"我们结婚")。能与之共现的介词有"跟、和、同、与"四个,四者之间可以互换(当然语体有别)。针对动词关涉的两个论元为单向不对称关系,如"我向她道歉"中"道歉"涉及的两个论元的关系为"我→她",而不

---

① 袁著中 NPC 指表复数的词或词组,不包括联合词组。为了讨论的方便,本章中 NPC 包括联合词组。刘丹青(2000)将协同动词称为"相互性动词"。这两种配位中论元分别是分开和合并两种形式,刘丹青(2000)将这种现象称为"分合价"。

能是"我←她"。袁著指出针对动词在基本表达结构中具有两种配位方式:(3)$NP_1$+Prep$NP_2$+V(如"我向她道歉");(4)$NP_1$+V+Prep$NP_2$(如"他求助于老师")。与之共现的介词数量较多,且个性鲜明,分布差异较大,基本不可互用,①如"*他还因为课程来不及教而为我们这级学生道歉"。袁毓林(1998)将准二价动词中语义上不属于以上两类的归为其他类。由于该类动词数量较少(附录一),为了行文的方便且基于其与针对动词的两论元不对称关系的共性,故将其放入针对动词中一并讨论。为区分准价动词配位结构的内在层次,本章将准价动词的配位结构中介词与准价动词共现的配位归为框式配位(frame arrangement),如上述配位方式中的(1)、(3)、(4);将基本表达结构中不用介词引导论元的配位归为非框配位(non-frame arrangement),即配位方式(2),下文用符号标示时简作 NPC 配位。② 由于协同动词与针对动词在介词选择、配位方式上均存在显著差异,为了更好地考察其习得情况,我们将分别进行考察。

**1. 准二价协同动词的正确输出情况**

语料库中共出现协同动词 171 个,学习者协同动词总用例 5844 例,正确用例 5676 例,占比 97.13%。在这些正确用例中,框式配位(即 $NP_1$+Prep$NP_2$+V)3280 例,占正确用例的 57.79%;非框配位(即 NPC+V)2396 例,占正确用例的 42.21%。

首先我们来看非框配位的正确输出情况:

(3)过一两年我们结婚了,结了婚也没红过脸。③ (缅甸)

这里的"结婚、红脸"使用的是 NPC 配位,它们既是协同动词也是离合词,此类词在学习者使用的 171 个常用准二价协同动词中共 42 个,占 24.56%。虽然该类词兼具两种特殊身份,较纯协同动词使用情况复杂,但例(3)中该学习者能准确灵活地运用离合词的分开和聚合两种形态来

---

① 针对动词中存在着介词可以互用的情况,如"我跟/向她道歉",但此种情况数量较少(而且很多带有汉语地域用法色彩),故此处说"基本不可互用"。
② 汉语学习者使用准价动词除了这两大类配位方式外,还出现了其他变异形式,如"我结婚了"和"接触异性"之类,由于这样的变异形式只适用于部分准价动词且基本无偏误表现,本章便不做考察。
③ 下划线在正确输出用例中标注的是准价动词,在误用用例中标注的是准价动词和误用成分。

满足交际需要,可见学习者有能力习得这类词的此种结构类型。

我们再来看看框式配位的正确输出情况:

(4)那是因为他小时候在学校都是和自己同性的朋友合作,所以与异性合作可能会有些不习惯。①(新加坡)
(5)有时在家看看小说,或与朋友叙叙旧,谈谈天。(马来西亚)
(6)那个大学生一听就跟老人吵起架来。(韩国)
(7)我喜欢跟与自己性格相近的人交朋友。(澳大利亚)

以上四例均是协同动词框式配位使用中的变异形式,例(4)中该学习者将介词"和、与"分别跟"合作"搭配,这体现了协同动词在介词搭配上具有多元性。例(5)在框式结构中根据交际需要使用了协同动词的重叠形式(AAB)"叙叙旧、谈谈天"。例(6)中趋向补语"起来"与框式配位共现,与协同动词"吵架"交叉融合形成"吵起架来",该句表明虽然该语言点难度较大,但仍可习得。例(7)中两个协同动词"相近、交朋友"嵌套使用,形成了双层结构且框式结构完整。

**2. 准二价针对动词的正确输出情况**

针对动词的配位方式均为框式配位,但因介词与动词位置关系的不同而呈现出两种配位类型。本章将介词在准价动词之前的称为前介框式配位,介词在准价动词之后的称为后介框式配位。相比协同动词,针对动词使用较少。语料库中共出现准二价针对动词94个(含其他类9个词),总用例574例,正确输出485例(含其他类11例),占比84.49%。其中前介框式配位有457例,占正确输出的94.23%;后介框式配位仅占正确输出的5.77%。这实际上与汉语表达系统中前介框式配位占主导地位有关。前介框式配位如:

(8)只有他一个人对那个医院开战了。(日本)
(9)目前为止许多国家还是为了得到粮食跟别的国家开战。(韩国)

---

① 句中"和自己同性的朋友合作"有些别扭,从"和与自己同性的朋友合作"角度来看,这个句子缺失了介词。此处想表达的意思若表达为"和自己的同性朋友合作"则更通顺。本书在列举中介语用例时,如果不属于所分析的对象且基本不影响句意的理解,一般不再对原句不恰当之处做出说明。

(10)为国家为社会服务,才是有意义的人生。(新加坡)

例(8)和例(9)均使用了针对动词"开战",但前者使用了单向义介词"对",而后者使用了与双向义介词同形的"跟",这一方面表明部分针对动词的搭配介词多样化,另一方面说明针对动词和协同动词并非泾渭分明,而是一个连续统,"开战"就位于该连续统的中间地带(这里偏向于针对性)。例(10)通过重复介宾结构来呈现并列的两个框式结构,两个完整的介宾结构反映出该学习者非常好的框式意识。

后介框式配位如:

(11)毕业以后,我服务于新新广告公司。(新加坡)
(12)这样禁烟活动刮起一股热风蔓延到整个国家。(韩国)

对比例(10)和例(11)可以发现,同样使用针对动词"服务",例(10)使用了前介框式配位,例(11)使用了后介框式配位。这表明部分针对动词两种配位兼而有之且在一定条件下可以互换。例(12)使用了准二价动词中其他类"蔓延",与其搭配的介词为"到",两者构成后介框式配位。与准二价针对动词搭配的位于其后的介词只有"于、到"两个,用"于"时主要引入动作对象或处所(偏书面色彩),用"到"时主要引入动作的目标、终点。而且具有此种配位方式的准二价针对动词数量极为有限,如"服务(于)、怪罪(于)、求助(于)、屈服(于)、受制(于)、无益(于)、效力(于)、效忠(于)、有益(于)、有意(于)、有助(于)、矗立(于)"和"进军(到)、蔓延(到)"等,学习时可以将它们作为一个整体来处理。

## (二) 准三价动词的正确输出情况

学习者使用了40个准三价动词,总用例729例,正确输出689例,占比94.51%。准三价动词可携带三个论元,但与准二价动词论元成分强制性共现不同,准三价动词的直接宾语论元可选择性出现。当准三价动词的所有论元都在基本表达结构中出现时,其表层即实现为准三价框式配位。例如:

(13)记得我刚满十八岁的生日那天,我现在的男友对我表白了他的爱慕之情。(缅甸)

当其论元容纳能力未得到最大化实现时,表层即实现为准二价框式配位。例如:

(14)比如有一个人喜欢某个人,但他却没有勇气向她表白。(韩国)

例(13)和例(14)均使用准三价动词"表白",但是例(13)中直接宾语论元"他的爱慕之情"出现了,而例(14)中没有出现,故两句分别呈现出准三价配位和准二价配位。另外,两句分别使用了"对、向"两个介词与"表白"搭配,这说明部分准三价动词在介词的搭配上同样具有多元性。准三价动词的框式配位不仅有前介框式配位,也有后介框式配位。例如:

(15)离家快一个月了,我才姗姗捎音讯给你们,真是抱歉。(马来西亚)

该句中介宾结构"给你们"置于准三价动词"捎"之后,形成后介框式配位。学习者在使用准三价动词时也出现了复杂的论元形式。例如:

(16)我对您们对我这无限的爱和关心表示深刻的感谢,我爱您们。(韩国)

虽然句中对象论元(浪纹线部分)形式复杂,但该学习者完整正确地使用了"表示"的框式结构,这表明该学习者具有非常好的框式意识。

## 二、准价动词习得的误用表现

区别于一般二价动词和三价动词,准价动词由于其非常规形义关系在配位方式上表现出框式配位的特征,因此只有从框式配位着眼考察其习得情况,才能更好地厘清其习得层级,探究其习得机制,并掌握其习得规律。有鉴于此,本章基于框式配位将准价动词的偏误区分为两类:学习者准价动词输出中准价动词框式结构(即 PrepNP+V 或 V+PrepNP)成分出现的偏误为框式偏误(frame error),学习者准价动词输出中准价动词非框结构成分出现的偏误为非框偏误(non-frame error)。本章以学习者准价动词正确输出为参照,对学习者准价动词语言输出中的偏误进行分析。需要说明的是,就偏误类型分析而言,鲁健骥(1992、1994)根据其形式表现分为遗漏、误加、误代、错序四大类,后续的关于中介语偏误类型的研究也基本遵循这一分类策略。本项研究也大体参照这样的分析路径,但我们在具体分析过程中更注重从形义关系的配合来说明偏误表现,而且还注重新的偏误类型的发现和归纳。

准价动词框式结构的输出情况受制于学习者的框式意识,根据学习者准价动词语言输出中偏误部分所反映出的不同程度的框式意识,由低到高,本章将准价动词的框式偏误分为配位方式偏误(包括配位方式选择偏误和框式成分错序)、框式结构残缺(包括介词缺失、对象论元缺失和介宾结构缺失)和框式成分误用(包括介词误用和动词误用)三类。非框成分与框式结构共现时,位置的安排是一个难题,主要表现为非框成分错序。

**(一)准二价动词的误用表现**

与准二价动词正确输出分析相同,准二价动词误用表现中仍对协同动词与针对动词分别进行考察。

**1. 准二价协同动词的误用表现**

学习者使用准二价协同动词时出现了 168 例误用,偏误率为2.87%,整体习得情况较好。

(1)准二价协同动词框式偏误

首先来看协同动词的配位方式偏误:

(17)* 每个人必须要考虑怎么<u>相处别人</u>。(日本)〈与别人相处〉
(18)* 那时候,他<u>恋爱了跟官员的女儿</u>。(韩国)〈跟官员的女儿恋爱了〉

由于未准确定位"相处"的协同动词身份,例(17)中该日本学习者将"相处"误归为一般二价动词,错选配位方式,使用了及物构式,将对象论元"别人"直接置于"相处"之后,该例属于配位方式选择偏误。戴国华(2000)指出日本学习者此类偏误多且顽固,主要受母语负迁移的影响所致。语料库中准二价协同动词出现此类偏误的词项有 10 个:冲突、分开、共存、见面、交往、结婚、恋爱、相处、携手、有关。例(18)中出现了"恋爱"的完整框式结构,表明该学习者具有初步框式意识,但不准确。将介宾结构"跟官员的女儿"置于"恋爱"之后,属于框式成分错序。准二价协同动词中出现此类偏误的词项还有"打架、关联、无关"。需要说明的是,一个词常常出现两种或多种偏误类型,如"恋爱",既出现配位方式选择偏误,又出现框式成分错序。这种情况,我们在分析的时候就分别归入相应的类型。

黄理秋、施春宏(2010)指出框式结构的关键在于"框",但中介语中常出现"框"不完整的情况。协同动词亦如此,学习者输出中出现了框式结构残缺的情况,按残缺部分的线性序列可分为介词缺失、对象论元缺失和介宾结构缺失三类。

(19)* 我认为相识方式是应在成长后,( )一个人偶然相遇,彼此倾心。(新加坡)〈跟①〉

(20)* 杨淑茹——是对我影响最大的一位朋友,我与她的交往不久,但每次与( )见面聊天,总会获益不浅。(新加坡)〈她〉

(21)* 我是个独生女,所以平时( )对话的人是父母。(日本)〈跟我〉

与例(17)不同,例(19)中该学习者将对象论元"一个人"置于动词之前,这表明该学习者具有初步的框式意识,但框式意识不完整,遗漏了介词。语料库中出现介词缺失偏误的准二价协同动词有19个:吵架、打交道、抵触、对话、共处、共存、关联、交往、接触、结婚、类似、聊天、谈话、相比、相反、相同、相遇、有关、争吵。例(20)中缺少对象论元"她",我们认为该学习者已具备了较为完整的框式意识,此偏误因语用策略误用所致。因为介词用于标记对象论元,依附于对象论元。既然介词已出现,那么该学习者意识中的对象论元理应出现,为何没有实际输出呢?句中作为回指语(anaphora)的对象论元在前文中分别以"杨淑茹、她"两种先行语(antecedent)形式出现,该学习者在框式结构中误用了零形回指(zero/null anaphora),故无实际输出,从而造成了对象论元缺失的偏误。语料库中出现对象论元缺失偏误的准二价协同动词有5个:见面、聊天、谈话、通话、有关。出现此类偏误的学习者虽具有较为完整的框式意识,但在语

---

① 可以搭配的介词共有"跟、和、同、与"四个,限于篇幅,根据音序,本章一律用"跟"代表。

用驱动下出现对象论元的缺失,这从另一个侧面反映出学习者对于框式成分共现的强制性掌握不足,尚不具有牢固的框式意识。例(21)中虽然介宾结构"跟我"可由语境推出,但不能省略或缺失,这体现了框式成分共现的强制性。该偏误可能是由于框式意识不完整造成的,也可能是误用语篇策略所致,还有可能是两种因素共同作用的结果。语料库中出现介宾结构缺失偏误的准二价协同动词有7个:对话、见面、交往、类似、谈话、跳舞、相遇。

学习者语言输出中,有的虽框式结构完整,但框式成分的选择出现错误即框式成分误用。这有两种情况:

(22)*我对父亲的同事很少接触。(日本)〈跟〉
(23)*我的父亲住在美国,和我分手已经五年了。(韩国)〈分开〉

例(22)将单向针对义介词"对"与协同动词"接触"搭配,语义不匹配,属介词误用。语料库中出现介词误用的准二价协同动词有13个:交谈、交往、接触、离婚、聊天、谈话、吻合、无关、无缘、相比、相处、相似、有关。例(23)属动词误用,汉语中的"分手、分开"均对译于韩语中的同一词"헤어지다",可能是受到母语的影响,以韩语为母语的学习者将一般仅用于恋人之间的"分手"用于"我"和"父亲"之间。这种由不同语言间词义上的一对多现象而引发的混淆使用情况在习得中比较常见(张博,2013)。语料库中出现动词误用偏误的准二价协同动词有23个:并排、搏斗、不合、吵、吵架、搭配、打架、打交道、分别、分开、分离、分手、关联、见面、交往、谈心、相比、相称、相处、相配、相同、有关、争论。

(2)准二价协同动词非框偏误
准二价协同动词的非框成分错序如:

(24)*但是,我从来没顶撞过爸爸,也跟爸爸没吵过架。(日本)
〈也没跟爸爸吵过架/跟爸爸也没吵过架〉
(25)*大多数人至少一次跟男女朋友分手过是不是?(韩国)
〈跟男女朋友分过一次手〉

例(24)所表达的是两个否定结构的并列"没 VP$_1$,也没 VP$_2$",句中 VP$_1$ 为"顶撞过爸爸",由于"跟"可为介词和连词,使得 VP$_2$ 存在两种情况:当"跟"为介词时,VP₂为"跟爸爸吵过架",此时协同动词"吵架"实现为框式配位,框式配位具有整体性,附加成分应置于框式结构之外,所以"没"不能置于框式结构之中,破坏其整体性;当"跟"为连词时,VP₂为"吵过架",所以协同动词"吵架"此时实现为NPC配位,NPC为"(我)跟爸爸",所以附加成分"也"不能置于连词"跟"之前。显然学习者混淆了"跟"的两种词性,误置附加成分"也/没",造成偏误。例(25)中时体成分"过"和数量补语"一次"应置于离合词"分手"中,该偏误是由于未掌握离合词用法所致。同时该汉语学习者将数量补语误置于动词之前,这可能是受到了母语负迁移的影响:韩语中数量补语虽然位置灵活,既可置于动词之前也可置于动词之后,但前置情况更常见。语料库中出现非框偏误的准二价协同动词有14个:并肩、吵架、冲突、打架、打交道、分开、分手、隔绝、合作、见面、接触、结婚、倾谈、谈话。

前文对准二价协同动词的偏误情况进行了分类描述,下表是每类偏误的数量分布:

表3-1 准二价协同动词偏误类型分布表

| 类型 | 数量 | 比例(%) | 次类 | 数量 | 比例(%) | 小类 | 数量 |
| --- | --- | --- | --- | --- | --- | --- | --- |
| 框式偏误 | 150 | 89.29 | 配位方式偏误 | 30 | 17.86 | 配位方式选择偏误 | 26 |
| | | | | | | 框式成分错序 | 4 |
| | | | 框式结构残缺 | 65 | 38.69 | 介词缺失 | 53 |
| | | | | | | 对象论元缺失 | 4 |
| | | | | | | 介宾结构缺失 | 8 |
| | | | 框式成分误用 | 55 | 32.74 | 介词误用 | 29 |
| | | | | | | 动词误用 | 26 |
| 非框偏误 | 18 | 10.71 | 非框成分错序 | 18 | 10.71 | — | |

由表3-1可知,框式偏误是主要类型,占89.29%,而非框偏误主要为语序问题。其中框式结构残缺和框式成分误用较为突出。前者主要由于构式意识不完整以及语用策略失误所致,后者主要由于母语负迁移以及易混淆词的影响。具体而言,与介词相关的偏误(介词缺失、介宾结构缺失和介词误用)达90例,占53.57%。这表明介词的使用是协同动词习得中的首要问题。过去研究此类习得偏误时,大多只是就介词本身的句法语义情况做分析,实际上介词使用的偏误只有放到框式结构中才能得到更充分的认识。

**2. 准二价针对动词的误用表现**

语料库中,学习者误用了 89 例准二价针对动词(含其他类准二价动词),偏误率为 15.51%,远远高于准二价协同动词的偏误率。

(1)准二价针对动词框式偏误

准二价针对动词与准二价协同动词在偏误类型上基本一致,框式偏误从大的方面来说同样分为配位方式偏误、框式结构残缺和框式成分误用三类。例如:

(26)*生活既忙碌又紧张,没回家乡问好你们。(韩国)〈向你们问好〉

(27)*还有太温柔的老师不能对发火我们。(日本)〈对我们发火〉

例(26)和例(27)属于配位方式偏误。例(26)为配位方式选择偏误,将"问好"用于二价配位中,可能是由于缺乏框式意识,也可能是由于受到与"问好"义近的二价动词"问候"的影响。方绪军(2001)指出这类义近价异的词是汉语学习者偏误高发地带,在教学中需要特别说明。语料库中准二价针对动词出现配位方式选择偏误的有 11 个:帮忙、报名、搭话、打气、打招呼、道歉、顶嘴、服务、捐款、问好、作对。例(27)则属于框式成分错序,框式结构成分均已出现,但位置安排错误。语料库中出现此类偏误的还有"道歉、屈服"。

(28)*多( )他们问好,不要只顾疼爱自己的孩子而忘记了他们。(澳大利亚)〈向〉

(29)*母亲一直在难受,每次大夫给( )打针,真的太可怜了。(日本)〈母亲〉

(30)*于是他喝完后决定这个事情( )保密。(日本)〈对外〉

例(28)—例(30)均属于框式结构残缺。例(28)缺少介词"向"。同样使用"问好",但例(26)与例(28)中对象论元的不同位置,体现了不同层级的框式意识,是不同偏误原因所致。语料库中准二价针对动词出现介词缺失偏误的有 5 个:辞职、受制、问好、有益、有助;另有其他类的 1 个准二价动词"陶醉"。例(29)误用零形回指省略了前文已出现过的对象论元

"母亲"。孤立地看,"每次大夫给打针"似乎可以接受,但在上下文语境中,对象论元不能省略。例(30)缺少介宾结构,没有了必有的配价成分,句子信息量不足。"辩护、打招呼"的用例中也出现了介宾结构缺失偏误。

(31)* 如果让谁选择的话,大家都会选择<u>跟</u>自己健康<u>有益</u>的"绿色食品"。(韩国)〈对……有益〉

(32)* 换句话说,法律是<u>对人民服务</u>的。(日本)〈为……服务〉

(33)* 请你替我<u>向家人问候</u>。(乌兹别克斯坦)〈向……问好〉

例(31)—例(33)均为框式成分误用,前两例为介词误用。例(31)误用了双向义介词"跟"与针对动词"有益"搭配。由于针对动词与介词的依存度高于协同动词,故针对动词中还有单向义介词内部误用的情况,如例(32)中误用"对"与"服务"搭配。语料库中准二价针对动词出现介词误用偏误的有10个:操心、搭话、打招呼、道歉、发脾气、服务、请假、屈服、效劳、有益。例(33)将"问好"误用为"问候",两者概念结构基本相同,但前者在句法层面以框式结构实现,后者以双及物构式实现(如"请你替我问候你的家人";当然也可采取"请你向家人表达我的问候"之类的表达)。"帮忙、辞职、打招呼、宽容、问候、争光"的用例中也出现了动词误用的情况。

(2)准二价针对动词非框偏误

准二价针对动词非框偏误同样与语序有关,数量不多,语料库中只有5例。例如:

(34)* 我和哥哥已经长大了,以后的日子你们<u>为我们别操心</u>了。(韩国)〈别为我们操心〉

句中将否定副词"别"置于动词"操心"之前,这表明该学习者掌握了汉语的基本语序,但将其置于框式结构之中,影响了"别"的否定辖域的准确表达。这可能是受其母语中否定成分需紧临动词的影响。副词不应置于框式结构之中的偏误还出现在"打针、点头、发脾气"这3个准二价针对动词的用例中。

下表是准二价针对动词各偏误类型的数量分布:

表 3-2 准二价针对动词偏误类型分布表

| 类型 | 数量 | 比例(%) | 次类 | 数量 | 比例(%) | 小类 | 数量 |
|---|---|---|---|---|---|---|---|
| 框式偏误 | 84 | 94.38 | 配位方式偏误 | 20 | 22.47 | 配位方式选择偏误 | 18 |
| | | | | | | 框式成分错序 | 2 |
| | | | 框式结构残缺 | 20 | 22.47 | 介词缺失 | 16 |
| | | | | | | 对象论元缺失 | 1 |
| | | | | | | 介宾结构缺失 | 3 |
| | | | 框式成分误用 | 44 | 49.44 | 介词误用 | 24 |
| | | | | | | 动词误用 | 20 |
| 非框偏误 | 5 | 5.62 | 非框成分错序 | 5 | 5.62 | — | |

与准二价协同动词相同,准二价针对动词中框式偏误占主导,高达 94.38%,这再次表明准二价动词习得中框式配位是习得难点。具体类型中,框式成分误用占 49.44%,超过框式偏误的一半。可见如何选择介词,如何选择义近价异的动词(如"问好"和"问候"),这是习得针对动词的难点所在。针对动词与介词的高依存度是该结构中介词误用偏误率居高的重要原因。

**(二)准三价动词的误用表现**

语料库中出现的准三价动词总体数量不多(40 个)。语料库中共出现了 40 例准三价动词误用情况,偏误率为 5.49%。从偏误率来看,整体习得情况较好。但出现偏误的词语有 15 个(附录二),因此从出现偏误的词率来看,偏误率并不低,为 37.50%,而且偏误的类型也同样复杂多样。

**1. 准三价动词框式偏误**

与准二价动词相同,此类偏误也有配位方式偏误、框式结构残缺以及框式成分误用三类。

(35)* 上次我在电话说,朋友介绍我一份工作。(乌兹别克斯坦)〈给我介绍一份工作〉

(36)* 好像我从小时候一两次写信给你们以后直到现在没有了吧。(韩国)〈给你们写过一两次〉

例(35)和例(36)都为配位方式偏误。例(35)将"介绍"用作一般三价动词,错选了双及物构式,属于配位方式选择偏误。语料库中出现该类偏误的准三价动词还有"表白、推荐、写"。例(36)将本应置于"写"之前的介宾结构"给你们"置于"写"之后,属于框式成分错序,且该句中非框成分"一两次"位置错误,没有置于"写"之后。这与例(25)的偏误在本质上一致。"表示、分隔、商量"的用例中也出现了框式成分错序偏误。

(37)* 经过自己考虑和(　)妻子讨论,我决定写信,想在您公司当导游。(韩国)〈跟〉

(38)* 父母的兴趣爱好在孩子心目中给(　)留下了特别深刻的印象。(印度尼西亚)〈孩子〉

(39)* 大学毕业后,我(　)商量来中国留学的事儿,父亲不太同意。(韩国)〈跟父母〉

例(37)—例(39)均为框式结构残缺。例(37)中"自己考虑"与"和妻子讨论"之间需要连词连接,而"讨论"需要介词,恰好"和"兼有连词和介词双重身份,该学习者将两者混淆,故出现了介词缺失。例(38)对象论元"孩子"在前边已经出现,该学习者输出了介词"给",一方面说明其具有完整的框式意识,另一方面说明该学习者在语篇回指上误用零形回指。①例(39)缺少介宾结构"跟父母",这可能是由于该学习者缺乏框式意识,也可能是由于语篇策略误用所致。介宾结构缺失偏误也出现在"介绍、协商、作为"这3个准三价动词用例中。

(40)* 她对丈夫请求"安乐死"。(日本)〈向……请求〉

(41)* 这是因为我把父亲的三句话成为我的精神支柱。(泰国)〈作为/当作〉

例(40)和例(41)为框式成分误用。例(40)将介词"向"误用为"对",属于单向义介词内部误用。"向"一般用于标记动作对象,"对"既可用于标记动作对象也可标记动作关涉内容(如"他对动画片感兴趣")。这两个介词虽均可标记对象,但"对"标记动作对象时往往含有对其施加某种影

---

① 例(38)这个句子如果直接删除"给",就是个合格的表达;如果用"给孩子",则需要删除"在孩子心目中"。其实,这样的分析是基于偏误修改这一角度而言的,而偏误分析应该基于学习者的表达意愿和产出方式而言,学习者既然使用了介词"给",这已经表明学习者意愿上是试图通过框式结构来输出,所以我们认为从这个角度来分析似乎更加到位。

响的意思(如"对他发火")。崔希亮(2005)指出,对这种语义有关联、分布有差异的介词,学习者容易混用,是习得难点。准三价动词的介词误用还出现在"表白、表示、带、介绍、留、谈、写"的用例中。例(41)把不具有处置义的动词"成为"用于"把"字句中,属于动词误用。准三价动词"当作"的用例中也出现了动词误用情况。同类的还有"表示"被误用为"表明"。

**2. 准三价动词非框偏误**

与准二价动词相同,准三价动词非框偏误仍表现为错序。

(42)* 我从来给爸妈没有写过信。(韩国)〈没有给爸妈〉
(43)* 我给你们几次写过信,但是这事情是很久以前的。(韩国)〈写过几次〉

这种类型的偏误与准二价动词的偏误没有本质上的差别。例(42)的否定成分"没有"误置于框式结构之中,破坏了其整体性。这种类型具有普遍性,在准二价动词两小类中均有出现。与汉语数量补语需置于动词之后不同,韩语的数量补语可前可后,例(43)中该学习者可能受到母语的影响将"几次"误置于动词"写"之前。非框偏误还出现在准三价动词"留"的用例中。

下表是准三价动词各偏误类型的数量分布:

表 3-3 准三价动词偏误类型分布表

| 类型 | 数量 | 比例(%) | 次类 | 数量 | 比例(%) | 小类 | 数量 |
|---|---|---|---|---|---|---|---|
| 框式偏误 | 33 | 82.50 | 配位方式偏误 | 7 | 17.50 | 配位方式选择偏误 | 5 |
|  |  |  |  |  |  | 框式成分错序 | 2 |
|  |  |  | 框式结构残缺 | 7 | 17.50 | 介词缺失 | 1 |
|  |  |  |  |  |  | 对象论元缺失 | 1 |
|  |  |  |  |  |  | 介宾结构缺失 | 5 |
|  |  |  | 框式成分误用 | 19 | 47.50 | 介词误用 | 11 |
|  |  |  |  |  |  | 动词误用 | 8 |
| 非框偏误 | 7 | 17.50 | 非框成分错序 | 7 | 17.50 | — |  |

准三价动词习得中,框式偏误占82.50%。其中框式成分误用最多,尤其是介词误用。虽然准三价动词的用例不多,但偏误倾向还是相当明显的。由此可见,准二价动词和准三价动词偏误类型基本一致,框式偏误始终占主导地位,这表明框式配位是准价动词习得的关键,从框式配位出

发,能挖掘准价动词习得的内在机制,同时进一步说明研究角度的选取需基于研究对象的本质特点。

准三价动词与准二价针对动词相同,其所搭配的介词兼容能力不强,分布规律复杂,故介词的选择成为其习得难点。除此之外,义近价异动词的区分、框式意识的建立以及各成分之间的序列位置安排等也是准三价动词习得的难点所在。

由此我们进一步认识到,准价动词特殊的语义结构/论元结构和句法结构/配位方式之间的互动匹配关系造成了词项和构式互动过程中的特定表现,这种非常规的形义关系是影响准价动词习得表现的关键所在。准价动词习得中,与介词相关的习得偏误类型多样,比例偏高,也正是由此多重互动关系的交错影响所致。准价动词习得中偏误来源多、习得难度大、习得周期长,汉语学习者习得准价动词的具体表现说明,句法配位关系越特殊、越复杂,习得的难度就越大,偏误的情况就越严重。而我们长时期里所进行的语言习得偏误分析,对句法配位关系如何影响词项、句法的习得过程关注得不够充分。

## 三、准价动词习得的内在机制

学习者的语言表现(language performance)由习得的内在机制所决定。前文我们分析了汉语学习者准价动词的习得表现,本部分将对其习得的内在机制进行探讨。准价动词习得的内在机制涉及诸多方面,如词项和句式之间的互动关系,特殊动词的论元结构和配位方式(意义和形式)之间的关系,介词的语义结构及其句法表现,框式结构对配位方式的制约作用和调配功能,框式结构作为一种特殊构式所体现出来的构式性特征,准价动词形义关系所体现出来的句法与语义的界面特征对习得的影响,等等。限于篇幅,基于准价动词的个性特征,本部分将主要围绕汉语学习者框式意识的建构过程及其制约因素,逐层重点探讨三个方面的问题:学习者的语言表现表明框式配位是准价动词习得的关键,而框式配位的习得是学习者框式意识建构的必要条件和基本前提,那么学习者的框式意识是如何建构的呢?准价动词习得过程中特殊的语义结构和句法形式之间的相互制约关系如何?特殊的语义—句法、词项—构式互动的多重界面特征对准价动词习得产生怎样的影响?当然,这些问题涉及很多复杂的语言问题和语言习得问题,下面只是做初步的说明。

### (一) 框式意识及其建构过程的层级性

上文在分析准价动词的习得表现时,多次提到框式意识的问题。我们将学习者对语言系统中框式结构的感知情况称为框式意识,框式意识的外化形式即框式结构的输出表现。通过前文的分析已知,框式结构是准价动词习得的重点和难点,所以框式意识的建立是准价动词习得的关键。对准价动词框式结构输出的分析可探知其框式意识的建构情况,其框式结构输出的不同类型反映了不同层级的框式意识。首先,以正误为界,误用部分分为框式结构误用和非框结构误用。支配框式结构误用输出的框式意识是不完备的,而非框结构误用用例中输出了正确的框式结构,故就框式意识而言已经基本具备了。框式结构误用输出可分为框式结构的零输出和误用输出两类,支配前者输出的框式意识未启动,支配后者输出的框式意识不完整或不准确。而支配框式结构正确输出的框式意识是完备的,根据其输出形式的复杂程度可分为典型的框式意识和拓展的框式意识。由此可见,框式意识的建构过程具有层级性、阶段性。

基于目前的初步分析,根据框式结构的使用与否、完整与否及准确与否,可以将框式意识的构建过程大体划分为以下两个阶段五个层级:[①]

表3-4 准价动词框式意识层级表

| 阶段 | 框式意识的层级 | 表现类型 |
| --- | --- | --- |
| 阶段一 | 框式意识未启动 | 配位方式选择偏误、介宾结构缺失 |
| | 初步的框式意识 | 介词缺失、框式成分错序、介词误用、动词误用 |
| | 基本的框式意识 | 非框成分错序、对象论元缺失 |
| 阶段二 | 典型的框式意识 | (完整、准确的)简单框式结构 |
| | 拓展的框式意识 | 复杂框式结构(如介宾结构重复、双层嵌套) |

---

① "阶段"和"层级"是两个相交叠的概念。"阶段"指"事物发展进程中划分的段落"(《现代汉语词典》第7版660页,商务印书馆,2016年),既体现为一个个时间段落,也体现出不同时间段中某些质的差异,如初级阶段、中级阶段、高级阶段。"层级"即"层次;级别",而"层次"指"同一事物由于大小、高低等不同而形成的区别"(同上,133页),并不必然蕴含着时间性,而主要体现质的差异,如初等、中等、高等。但就语言习得过程而言,质的差异常常跟时间进程呈正相关,所以这种层级有时也可以视为阶段。本章分析的"HSK动态作文语料库"中的用例,虽然在考试操作上属于同一等级(高等),但实际上内部层次差异并不小,因此我们这里根据其语言表现的具体性质差异而对某个语言项目的习得情况做出层级上的划分,同时进一步归纳出大的阶段。当然,这样的层级建构和阶段划分主要还是基于方法论上的考量。

"框式意识未启动"是准价动词习得的最初时期,也是其习得的最低水平,该层级的学习者未识别准价动词的身份,框式意识更无从谈起,故表现为框式结构的零输出,在使用中将准价动词误用作一般二价动词和一般三价动词,出现了配位方式选择偏误(如例(17))和介宾结构缺失(如例(39))。

"初步的框式意识"指的是学习者已能识别准价动词,具有模糊的框式意识,但框式结构输出或者不完整,出现框式成分残缺,如介词缺失(如例(19));或者框式结构输出中虽然各个结构成分都已具备但并不准确。这种输出形式不准确有两种表现:一种是序列不准确,表现为框式成分错序(如例(18));另一种是成分不准确即框式成分选择错误,表现为介词误用(如例(22))和动词误用(如例(23))。本章将这两种情况均归为框式意识形成的初步发展时期,但后一种情况的框式意识水平高于前一种情况,后者框式意识是在前者的基础上发展而来的。这表明每个层级内部还可以根据框式意识发展的逻辑先后做出更为细致的层级划分。下面每个层级都有类似的情况。

"基本的框式意识"指的是学习者已经具备相对完整、正确的框式意识,但是在输出时出现误用。该阶段的误用表现类型分别来自句法和语用两个层面。句法层面,学习者具有基本的框式意识且输出了完整、正确的框式结构,但是其他成分与该结构搭配时出现偏误,表现为非框成分错序。这种情况又可分为两个具体层级:其他成分插入框式结构中(如例(42)),破坏其整体性,表明学习者框式意识已经具备但不完整;另一种是其他成分语序错误,但未破坏框式结构的整体性(如例(25)),体现了学习者完整的框式意识。语用层面,学习者虽具有了正确的框式意识,但由于误用了零形回指,导致未能实际输出完整的框式结构,表现为对象论元缺失。

以上三个层级的框式结构输出的都为误用形式,框式意识从模糊到清晰,框式成分从不完整到逐步完整。这三个层级可以划分为一个大的阶段。基于这样的认知基础,自然会逐步发展出更高层级的框式意识,从而使框式结构的输出既准确又多样。这一阶段的框式意识形成和发展过程大体可以进一步划分为典型呈现时期和拓展使用时期。

"典型的框式意识"指的是学习者具有正确的框式意识且能输出完整、准确的简单框式结构,甚至体现为框式介词选择的多样化(如例(4)),这表明学习者不仅具有正确的框式意识,且能在不同的语用驱动下对框式结构进行微调,以满足交际需要。

"拓展的框式意识"指的是学习者利用已经建立的框式意识和习得的简单框式结构输出更为复杂的框式结构,如介宾结构重复(如例(10))、双层嵌套(如例(7))。这表明学习者不仅具有正确的框式意识,且非常牢固,可灵活输出。

需要说明的是,框式意识的建构仅指在使用准价动词时学习者的框式意识,但能否在框式意识的支配下正确输出则是另一个问题,这属于进一步提高的问题。只有正确地使用框式配位才标志着学习者已经习得了准价动词的句法、语义特征。由此可见,框式意识的构建是一个循序渐进、逐步提升的过程。该过程大体可分为两个阶段五个层级,体现出习得过程的阶段性和层级性特征。而这种阶段性、层级性不仅表现在准价动词上,还体现在其他语言项目中。我们认为,学习者目的语中复杂语言项目的结构意识的建构过程都具有阶段性、层级性,这种阶段性、层级性遵循学习者的认知规律,在习得研究与教学应用中,我们应对此予以充分挖掘和利用。

### (二) 准价动词非常规形义关系对习得的制约作用

准价动词习得过程中框式意识的层级性是由准价动词非常规形义关系(即语义结构和句法形式之间的特殊匹配关系)决定的。在汉语句法系统中,一般二价动词的语义结构和句法配位之间的常规匹配关系是:主体论元＋V＋客体论元;一般三价动词的语义结构和句法配位之间的常规匹配关系是:主体论元＋V＋与事论元＋客体论元。这种对应关系对SVO 型语言来说具有普遍性。也就是说,一般而言,词项的语义结构和句法结构具有一定的对应性,这种对应性在同一语言类型中具有内部的一致性。如"吃"的语义结构成分是{施事($NP_1$),受事($NP_2$),动作行为},其语义结构关系是施事发出某个动作"吃",这个动作施加到受事之上。这种语义结构关系投射到句法结构中,在汉语这种 SVO 型语言中,形成的基本配位方式是 $NP_1＋V＋NP_2$。就一般及物动词而言,根据其语义结构和句法结构之间的对应性及常规句法配置情况,学习者习得其基本的语义结构关系对习得其句法结构关系有一定的预测性。因此在句法配置上的偏误往往并不常见。

就概念结构①而言,部分准价动词的概念结构与学习者的母语中相应表达基本一致。而汉语准价动词的语义结构和句法配位形式在匹配过程中所呈现出来的特殊之处在于,准价动词所支配的主体论元之外的某个论元必须由介词引入,大多数出现在动词之前("NPC+V"实际也属于其变化形式),少数出现在动词之后。这种特殊的形义关系必然对准价动词的习得过程产生不同于一般动词习得的影响。以"结婚/marry"为例:

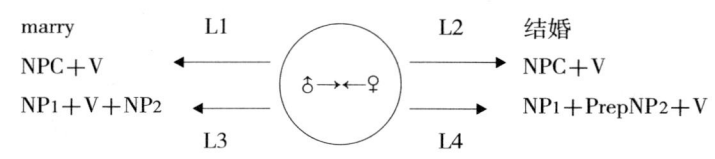

```
marry          L1              L2      结婚
NPC+V       ←———    ♂↔♀   ———→   NPC+V
NP1+V+NP2   ←———            ———→   NP1+PrepNP2+V
               L3              L4
```

**图 3-1** "结婚/marry"概念结构及其在汉英语言中的句法表现

如图 3-1 所示,汉英两种语言中"结婚"的概念结构基本一致:结婚的一方、结婚的另一方、结婚行为。②但两者的句法表现并不相同。这样,仅仅掌握了"结婚"的概念结构,并不意味着掌握了"结婚"的准确用法,还得将这种概念结构和句法结构在特定的语言中分别进行匹配。也就是说,在特定语言的句法系统中,形式和意义之间是受到具体配位方式制约的。什么样的概念内容用什么样的配位形式来包装,什么样的配位形式包装什么样的概念内容,具有语言偏向性(language-preference)和现

---

① "概念结构"和"语义结构"是否有区别,是否需要区别,学界有不同看法。一般而言,概念结构是相对于具体的事件场景来说的,如买卖行为中包含"买者、卖者、商品、钱"等这样一些内容,这些内容及其关系构成了概念结构;而语义结构则是在这个概念结构基础上的进一步抽象,如及物性事件中包含"施事、受事、与事"等这样一些语义角色,这些语义角色及其关系构成了语义结构。在"我买了一本书"和"我卖了一本书"中的"我"都是施事(前者是买者,后者是卖者),"一本书"都是受事。下文为了叙述方便,基本上从概念结构的角度来叙述形义关系中"义"的这个侧面。

② 当然,"marry"和"结婚"的概念结构是否真的一致,也是需要讨论的。北京语言大学研究生陈艺骞(私人通信)指出,"marry sb."的意思是 take sb. as a wife/husband(《牛津现代英汉双解词典》,外语教学与研究出版社,2005 年),相当于汉语的"娶/嫁",因此"He married her"意思应该是"他娶了她"。而"结婚"相当于"get married/married","他和她结婚了",意思是"He and she are married/He got married to her"。如此说来,两者的概念结构并不完全相同。但另一方面,在习得过程中,汉语学习者在心理词典的构建过程中,又往往认为"marry"和"结婚"概念结构相同。基于此,我们这里从习得角度将这两个词的概念结构分析为基本一致。如果强调两个概念结构的差异,就更能说明习得过程中的形义互动关系了。

象偏向性(phenomenon-preference)。而语言习得的难点就常常来自这种特殊的形义关系。准价动词的习得表现在此显得尤为突出。在特殊形义关系方面具有一定共性的准三价动词和准二价针对动词的偏误类型分布基本相同,也是这方面的体现。在词项习得过程中,掌握了词项的基本概念结构,有利于形式上的把握;明确了形式上的结构关系,更加有利于准确地掌握词项的概念结构。而如果我们将语义结构和配位方式有机结合在一起,则更能有效提高习得的效率。就准价动词的框式结构而言,只有当学习者在形式和意义之间建立特定的匹配关系之后,才能逐步建构框式意识,比较好地掌握相关词项的句法表现,正确使用由该词项参与组构的相关句式。也就是说,在习得准价动词时,除了要习得词的概念结构和对应词形(这跟一般词汇习得差异似乎不大),更重要的是要习得该词项语义结构中各个语义成分在句法结构中的配位方式,尤其是不同于一般动词句法表现的配位方式。对汉语准价动词而言,其特殊的形义互动关系是该类词习得的关键之处。

由此我们能够进一步说明,对第二语言学习者来说,仅仅掌握准价动词的词形及大概的概念内容是不够的。常有这样的情况,部分准价动词的概念结构与学习者母语中相应表达虽大致相同,但存在细微差异。如对以韩语为母语的学习者而言,韩语的"헤어지다"与汉语准二价动词"分手"概念结构基本相同:两个人不在一起。但汉语中"分手"所涉及的两个人需为情侣,这就是两词在概念结构上的差异,若没有掌握这种差异则会出现如例(23)中将"分手"用于父女之间的偏误。对于第二语言学习者而言,此种概念结构的细微差异往往是不易察觉的,因此在二语习得中便可能建立不精确的或错误的形义匹配/互动关系。这在准价动词习得中即表现为框式成分误用,该类偏误在针对动词和准三价动词中都占比最大。

再者,准价动词习得中不仅涉及实词的形义互动关系,也包括虚词(此即介词)的形义互动关系。实词激活的是事件结构表征的语义场景,而虚词激活的是这些语义场景之间存在的结构关系。这些结构关系在语义/概念类型上具有跨语言的共性,各语言均有表示原因、结果、并列、递进等的结构关系的类型,但范畴化的结果有同有异。这表现在不同语言中介词的数量、类型、语义关系千差万别。显然,虚词的形义互动关系的习得难度比实词更大,这导致准价动词框式偏误中介词偏误率居高不下。

### (三) 特殊的多重互动界面特征对准价动词习得的影响

由上可知,汉语准价动词的习得情况跟一般动词的习得情况有很大的不同,这既体现了汉语的类型特征差异,也体现为具体动词的个性特征差异。如"见面"的语义结构成分包括{施事($NP_1$),当事($NP_2$),动作行为},但我们不能就此而推导出"见面"的句法结构的配位方式是$NP_1+V+NP_2$。准价动词显示出更特殊的语义和句法、词项和构式(构式在这里指句层面的结构式)之间的界面特征,即两个不同界面相互制约而形成的独有的特征。它既受到语义结构的促动,也受到特定句法形式的制约;既将词项的基本句法语义内容投射到句法结构中,也受到特殊词项对特殊构式的反作用。就此而言,准价动词的习得受到特殊的语义—句法、词项—构式互动的界面特征的多重影响。

这种特殊的多重界面特征形成了准价动词特殊的配位方式,除了$NPC+V$外,还有更为常见的$NP_1+PrepNP_2+V$。这就又引发了习得偏误的几个方面:介词误用、介词缺失、介宾结构缺失;框式成分错序;配位方式选择偏误等。而介词本身的语义内容及其所涉及的结构关系相当复杂,再加上框式结构的选择问题,就更使这类偏误现象容易发生。本章统计的中介语语料来自高等水平的汉语学习者,初等水平和中等水平的相关偏误应更为显著。甚至动词选用上的偏误也与此相关,如用"问候"来代替"问好"。由此可见,准价动词的多重界面特征增加了诱发偏误的因素,必然造成准价动词习得难度的增加和偏误率的提升,从而形成偏误来源多、习得难度大、习得周期长等特点。

## 四、本章小结

具有多重界面特征的准价动词个体性强,语义结构/论元结构和句法结构的对应性较为特殊,因而造成句法表达的可预测度不高,突出表现就是框式配位方式的选择和使用。本章着眼于准价动词这一本质特征,注重从框式结构的构造方式及语义特点来考察汉语准价动词的习得情况,发现准价动词的偏误集中表现在框式配位上,这说明框式配位是准价动词习得的关键和难点。然而,无论是哪种类型的准价动词,其正确输出和误用表现中都呈现出极强的系统性,尤其是偏误类型上表现出高度的一致性和系统性。这就使得框式意识的建构过程具有鲜明的阶段性和层级性特征。由此我们可以在句法、语义的复杂度和习得难度与偏误率之间建立某种联系。

前文反复强调框式意识的建构是具有特殊句法配置方式的准价动词论元结构习得的关键。因此,在准价动词教学中,应采取"打包"教学法(即整体呈现语言项目所在的句法结构),如将准价动词与其搭配的介词整体呈现,让学习者整体感知和习得该结构,形成整体的结构意识并固化下来。具有界面特征的语言项目形义互动关系特殊,受学习者二语水平所限,其对于形式结构的掌握和形义关系的理解是不同步的。而"打包"教学将理解任务推后,先帮助学习者整体掌握形式结构,并对应于具体功能,再运用于典型语境。这种将语言项目的教学内容化一为三,在教学过程中又将结构、功能、语境合三为一的策略,合乎冯胜利、施春宏(2011)所提出的"三一语法"的基本精神——场景驱动、功能呈现、法则匹配,也与构式分析的基本观念相契合(施春宏,2013)。

由于对汉语准价动词习得过程中框式意识建构过程的分析是本章的一个重点,而且这也是本书其他章节讨论框式结构习得过程时所考察的重要方面,这里便试图对准价动词习得过程中构式意识(本项研究的对象具体表现为框式意识)形成过程的层级划分中所体现的方法论原则问题做一特别的说明。本章对构式意识的层级表现及相关语言输出的分析,都基于理论上大体处于同一习得水平的中介语系统中所体现的差异,而不是对语言项习得发展过程的研究。然而,基于当下理论语言学对"动态"研究的认识,所谓的动态研究,实际上可以从两个角度来考察:一是从语言现象的历时发展过程(包括自然语言发展过程和个体语言发展过程)着眼,这是基于本体论的动态分析;二是从语言现象的共时变异(包括自然语言的共时变异和个体语言系统中的共时变异)着眼,这是基于方法论的动态分析。前者就纵向现象说明纵向问题,如历时语法化研究;后者是从横向现象说明纵向问题,如共时语法化研究。本章对构式意识形成过程的分析正类似于共时语法化的研究观念和方法,在共时现象的不同层级中探讨语言习得的发展过程。习得过程的共时化在语言项目的习得等级分析中已经得到了比较充分的研究,但理论上的分析和总结,目前尚未充分展开。本章试图借此做出新的探讨,后面有关章节将对此做进一步探讨。

# 附录一 "HSK 动态作文语料库"中出现的 265 个准二价动词

（画线部分为出现误例的 79 个词项）

### 1. 协同动词（共 171 个，画线词项 50 个）

拜堂　比赛　辩论　并存　并肩　并列　并排　并行　并重　搏斗　不合　不配
吵　吵架　吵嘴　成婚　成亲　冲突　重逢　重复　搭配　打赌　打架　打交道
打牌　打仗　抵触　对话　对换　对抗　对立　对应　恶斗　反目　分别　分工
分家　分居　分开　分离　分手　隔绝　共处　共存　共居　共生　共事　挂钩①
关联　合不来　合得来　合伙　合谋　合拍　合影　合资　合作　互补　互惠
互利　互助　会面　会师　会谈　混合　激战　建交　见面　交涉　交谈　交往
交心　交战　交织　较量　接触　接轨　接吻　结伴　结仇　结婚　竞赛　竞争
聚会　绝交　开战　口角　来往　类似　离婚　恋爱　聊天（应为聊天儿）　轮班
攀谈　配对　碰面　碰头　匹配　媲美　拼命　破裂　齐名　齐心　契合　倾谈
热恋　赛车　赛跑　深谈　谈得来　谈话　谈天　谈心　跳舞　通话　通信
同班　同步　同房　同居　同岁　同心　团聚　团圆　往来　为伍　吻合　握手
无关　无缘　下棋　相爱　相比　相差　相称　相持　相处　相反　相关　相见
相近　相配　相亲　相识　相似　相通　相同　相遇　协力　协调　协作　偕老
携手　叙旧　要好　拥抱　有别　有关　有缘　约会　战斗　争辩　争吵　争持
争斗　争论　争执　作伴（应为做伴）　作战　座谈　做爱

### 2. 针对动词（共 85 个，画线词项 28 个）

拜年　帮忙　保密　报复　报名　报喜　辩护　辩解　表演　补课　操心　冲刺
辞职　搭话　打气　打招呼　打针　导游　道别　道歉　道谢　点头　顶嘴　对抗
发火　发脾气　翻脸　服务　告辞　告状　怪罪　过敏　加油　解忧　进军　敬酒
敬礼　鞠躬　捐款　开枪　开战　看齐　靠拢　宽容　怄气　请假　求爱　求婚
求情　求助　屈服　认错　撒娇　生气　示范　示威　受制　授权　说媒　送行
诉苦　摊牌　讨教　提问　挑战　投降　问安　问好　问候　无益　效劳　效力
效忠　宣战　永别　有益　有意　有助　招手　争光　致敬　致谢　祝福　作保
作对

---

① 袁毓林（1998）中，协同动词和针对动词中都列有"挂钩"一词。这里根据其句法表现，归入协同动词。

**3. 其他(共 9 个,画线词项 1 个)**

矗立　带队　毒打　告终　蔓延　<u>陶醉</u>　执笔　致词(异形词,"致辞"为推荐词形)
自居

# 附录二　"HSK 动态作文语料库"中出现的 40 个准三价动词

（画线部分为出现误例的 15 个词项）

<u>表白</u>　<u>表示</u>　带　当　<u>当作</u>　订购　分隔　互惠　互通　交涉　解释　<u>介绍</u>　接洽
看待　夸耀　联络　<u>留</u>　埋葬　洽谈　倾诉　<u>请求</u>　<u>商量</u>　商谈　商讨　商议　捎
<u>诉说</u>　<u>谈</u>　谈论　坦白　<u>讨论</u>　提名　吐露　透露　<u>推荐</u>　相约　<u>协商</u>　<u>写</u>　征求
<u>作为</u>

# 第四章 汉语二价名词的二语习得研究

本章讨论汉语构式系统中另一类特殊的、具有汉语类型特异性的框架式语块——由二价名词(bivalent noun)构成的特殊词项—语块性构式。"二价名词"是名词的一个下位类型,从大的方面来说,可以从一般的词类习得角度来考察,但与一般名词相比,它在句法配置上具有较强的特殊性,这使其习得过程呈现出较强的特异性。对含有二价名词的特殊语块性构式的习得分析,可以帮助我们进一步探讨语块意识(chunk awareness)这种特殊构式意识形成和发展的过程和层级。[①] 本章主要基于汉语二价名词在二语习得中的整体表现(尤其是偏误现象)来探讨特殊词类现象习得过程中的句法表现及学习者语块意识的形成和发展等相关理论问题。同时对跟二价名词相关的句法现象(如跟"动词+二价名词"意义相近或相关的动词、二价形容词、特殊与格结构)的习得问题做出简要说明,强化对相关构式的系统性认识,探求研究观念拓展的可能空间。

二价名词是指语义结构上关涉两个论元,并要求所支配论元与之共现(co-occurrence)的一类名词(袁毓林,1992)。比如"好感"有"我对他有/产生了好感",其中"我"是主体,对象"他"用介词"对"引导。如果其中一个论元不出现(语境中省略的除外),那么语义和形式就不完整,如"我有/产生了好感"都是语义不充分的句子。袁毓林(1992)用降级述谓结构(downgraded predication)来刻画"好感"的语义结构:

好感:感觉〈某人 对 某人(事)〉

---

[①] 从相关论元在其句法配置过程中的"组块"方式着眼,准价动词和二价名词具有较高的一致性:都呈现出框架性结构。对准价动词而言,组构成分在句型结构上更多地起框架作用;而对二价名词而言,其组构成分的句法表现除了通常的框架功能外,还常表现出话题功能等。因此,就构式意识而言,与准价动词习得相关的构式意识我们称作框式意识,与二价名词习得相关的构式意识我们宽泛地称作语块意识。当然,两者在本质上是相通的,但在具体表现上仍有差异,需要分别探讨。

为了下文论述的方便,我们用 N 来表示"好感"这样的二价名词,它所关联的主体和对象论元分别用 NP$_1$ 和 NP$_2$ 来表示,上述语义结构表达式便可形式化为:N〈NP$_1$ 对 NP$_2$〉。

已有研究主要考察了这类名词的配价能力和要求、句法和语义特点以及与之相关的歧义现象(如"对厂长的意见")等(如袁毓林,1992、1998;张宝胜,2002;耿国锋,2008)。相对于一般名词而言,二价名词的语义结构蕴含两个不同性质的论元,这两个论元有特定句法配置的要求,因此二价名词在形式—意义之间的关系尤其是在句法配位方式上显得相当特殊。进一步考察发现,二价名词的句法表现也是汉语颇具独特类型特征的语言现象。显然,无论是理论上还是实践上,这种名词在习得过程中必然有相当特殊的表现。但针对这种现象的习得研究(包括母语习得研究和二语习得研究,本章只研究汉语作为第二语言的习得情况),目前只是零星举例的分析,几无系统的考察。基于此,本章试图对汉语中介语语料库中二价名词的习得情况做出系统考察:首先描写二价名词习得中正误分布的整体表现,尤其关注其中的偏误类型;然后考察二价名词习得中语块意识的构建过程,在对名词习得难度重新分析的基础上提出相应的教学建议,并探讨其中蕴含的理论问题。

## 一、二价名词习得的正误分布

前文已经指出,考察中介语系统,既要分析偏误情况,也要观察正确输出。只有将两者综合起来考量,才能完整地看到习得过程的结构系统。因此下面先对语料库中出现的二价名词和它的正误总体情况做出说明,以正确的输出为参照,着重关注其偏误表现。

依据袁毓林(1992)的判断标准,我们先从《汉语国际教育用音节汉字词汇等级划分》(教育部、国家语委 2010 年 10 月 19 日发布,2011 年 2 月 1 日实施,简作《等级》)中把二价名词挑出来。袁文主要分析"观念/情感"类二价名词(如"意见、爱心"等),同时涉及其他具有相关句法表现的类型。在此基础上,按语义属性将二价名词大致分为三大类型:

"情感/态度/见解"类(如"恩情、牢骚、看法")
"方针/政策/权利"类(如"对策、办法、权利")

"功效/作用/能力"类(如"功劳、好处、能力")①

然后在北京语言大学开发的"HSK动态作文语料库"中进行全面检索,同时以"中山大学中介语语料库"的语料作为补充和参照。搜索过程中发现了一些《等级》未收录但语料库中出现了的二价名词用例,由于本章考察的是中介语语料库中二价名词的使用情况,因此在考察范围上跟《等级》相比有所拓展。具体情况见表4-1:

表4-1 中介语语料库中二价名词的使用情况

| 语义类型 | 语料库中已出现 | | | | 语料库中未出现但大纲收录 |
|---|---|---|---|---|---|
| | 误用 | | 正用 | | |
| | 大纲词 | 非大纲词 | 大纲词 | 非大纲词 | |
| 情感态度见解 | 恩情、反应、感觉、感受、感想、观点、观念、好感、幻想、见解、距离、看法、乐趣、礼貌、利益、立场、矛盾、耐心、脾气、偏见、歉意、情(有/生情)、情感、情绪、热情、人情、说法、态度、想法、心情、信念、信心、信用、兴趣、野心、意见、意思、印象、勇气、欲望、责任 | 爱心、恩德、恩惠、成见、高见、好奇心、好意、敬意、恐惧感、快感、同感、优越感、责任感 | 爱情、抱负、暴力、诚意、动机、隔阂、积极性、激情、戒心、牢骚、礼节、脸色、良心、念头、趣味、深情、闲话、心得、心思、心意、眼光、眼色、疑心、意图、意向、阴谋、用意、友情、友谊 | 安全感、敌意、苦心、情义、情谊、人情味儿、同情感、同情心、危机感、厌恶感 | 谗言、盛情、威信、嫌疑、心眼儿、悬念、壮志 |
| 方针政策权利 | 标准、措施、对策、方案、方法、方针、分歧、权利、提案、做法 | — | 办法、策略、定论、法规、法则、法子、规矩、特权、政策、准则 | 纷争 | 霸权、草案、纲领、规章、战略、言论、议案、指令、主权、争端、制度、尊称 |
| 功效作用能力 | 弊端、成效、毒(有毒)、毒性、副作用、好处、坏处、效果、益处、用处、作用 | — | 价值、功劳、功效、利弊、利害、疗效、耐力、能力、威力、效力、效益、用途、阻力 | 忍耐力 | 购买力、记性、记忆力、劲头、 |
| 合计 | 62 | 13 | 53 | 12 | 23 |
| | 75 | | 65 | | 23 |

---

① 袁毓林(1992:208)认为能进入"NP₁对NP₂有N"和"NP₁对NP₂的N"而不能进入"NP₁＋N＋NP₂"的为二价名词,如"意见",而"研究"则三种格式均可,因此为名动词。

从检索结果来看,语料库中共出现了 140 个二价名词,无偏误的正用词项 65 个,出现误例的词项 75 个,在数量上,学习者的误用输出大于正确输出。《等级》中收录但语料库中并未出现的词项共 23 个,未出现的二价名词在《等级》中多为三级(高级)词或三级(高级)附录词,甚至未被《等级》收录,如"谗言、霸权、购买力"都未见于《等级》中;而且,相对于已出现的同等类型而言,语义上多属非基本层次范畴,比如"盛情"属于"情感"下面、"草案、议案"属于"政策"下面更为细致的分类等。可见,词语习得的一般倾向是由表达基本层次范畴的词语向表达非基本层次范畴的词语扩展。

语料考察显示,单个二价名词的句法表现主要有三种情况:(1)跟某类特定动词结合来实现句法功能,如"意见",实际打包出现的是"有/产生意见";(2)依托于某个框架,如"$NP_1$ 对 $NP_2$ 有/产生意见、$NP_1$ 对 $NP_2$ 的意见＋VP"等;(3)借助话题式表达,如"关于/至于 $NP_2$,$NP_1$ 的意见是 VP"。无论哪种情况,都呈现为某种特定的结构块,即语块。第一种情况("有/产生意见")可以看作是离合式语块(detachable chunk),"有/产生"和"意见"可离可合,当然从语义表达的充分性来说,对象论元没有出现。第二种和第三种情况则是对离合式表达的扩展或调整,二价名词作为词项填入相应的句法空槽,两部分配合使用。其中,第二种情况形成"对……有/产生……、对……的……"之类的相对固定的框架才能表达完整的语义内容,可以称作框架式语块或框式语块(frame - chunk);第三种情况则是将二价名词涉及的对象用作话题(常用介词标示),可以称作话题式语块(topic chunk)。显然,话题式语块可以看作框架式语块的一种变异形式。其实,由二价名词构成的这种半固定半灵活的语块还具有更丰富的句法表现,这主要由于对象论元呈现方式有差异。比如"我得知贵公司由于业务的需要招聘导游的启事,深感兴趣","感兴趣"的对象"招聘导游"在前一小句中出现。又如"我们要负责任,做一个好人"中,"负责任"的对象泛指人或事,句法上不出现也不影响理解。我们将这种对象论元与二价名词在线性序列上隔开、形式上较为松散的表达式称作隔开式语块(segregational chunk)。隔开式也是在离合式的基础上进一步调整对象论元的出现方式。由此可见,在一定的语境下,二价名词的句法表现具有相当的变异性。如果从信息表达的完整性来看,由二价名词构成的语块都具有框架性。但为了描写方便,我们还是将三者区别开来:框架式语块、话题式语块、隔开式语块,前两者内部还有细节上的差异。离合式则是这三大类语块中被包含的组成部分。具有语块特征的句法结构在习得和教学过程中,往往被视为固定或半固定的结构体而整体打包。

基于此,我们对中介语语料库中二价名词所见用例的正误分布进行了统计和分析说明:

表 4-2  中介语语料库中二价名词的正误分布情况

| 语块类型 | 格式类型 | 例示 | 总句数 | 正用句数 | 偏误句数 | 偏误率(%) | 偏误权重(%) |
|---|---|---|---|---|---|---|---|
| 隔开式 | (…NP…)+V+N | (他来过,)我有印象 | 285 | 260 | 25 | 8.77 | 1.01 |
| 框架式 | NP$_1$ 对 NP$_2$+(Adv)V+N | 我对他有印象 | 1690 | 1479 | 211 | 12.49 | 8.54 |
| | (Subj+V)NP$_1$ 对 NP$_2$+的+N | (我说了/这是)我对他的印象 | 111 | 97 | 14 | 12.61 | 0.57 |
| | NP$_1$ 对 NP$_2$+的+N+VP | 我对他的印象很深 | 134 | 120 | 14 | 10.45 | 0.57 |
| | NP$_2$ 给 NP$_1$+V+N | 他给我留下了印象 | 110 | 95 | 15 | 13.64 | 0.61 |
| | NP$_2$ 给 NP$_1$+的+N+VP | 他给我的印象很深 | 53 | 46 | 7 | 13.21 | 0.28 |
| | (Subj+V)NP$_2$ 给 NP$_1$+的+N | (这是)他给我的印象 | 26 | 21 | 5 | 19.23 | 0.20 |
| | NP$_2$+使/让+NP$_1$+V+N | 他使我留下了印象 | 11 | 10 | 1 | 9.09 | 0.04 |
| | 小计 | | 2135 | 1868 | 267 | 12.51 | 10.81 |
| 话题式 | (对/关于)NP$_2$+NP$_1$+V+N | (对)他/(关于)这件事,我有很深的印象 | 39 | 29 | 10 | 25.64 | 0.41 |
| | (对/关于)NP$_2$+NP$_1$+(的)N+VP | (对)他/(关于)这件事,我(的)印象很深 | 11 | 7 | 4 | 36.36 | 0.16 |
| | 小计 | | 50 | 36 | 14 | 28.00 | 0.57 |
| | 总计 | | 2470 | 2164 | 306 | 12.39 | 12.39 |

值得注意的是,由于每种类型出现的数量在总句数中权重不一样(即分布不一样),所以此处并不能单纯看偏误率的多少,而应该由其所占的相对比例乘以偏误率,才是它的相对偏误值。比如,隔开式共出现了285句,占所有句数的11.54%(285/2470),然后乘以其偏误率8.77%,得出的权重1.01%才是它在整体句数中的相对偏误值。

从上表可以看出:(1)在各种配位方式中,袁毓林(1992)所列举的格式在中介语语料中都出现了,既包括框架式结构"$NP_1$ 对 $NP_2$ + V + N"等,也包括与之对应的话题式结构等变化形式,如"(对)$NP_2$ + $NP_1$ + V + N"等。语料中还出现了袁文没有提到的"给/使/让"字句。(2)共涉及语料 2470 条,误用 306 条,二价名词习得的偏误率较高(12.39%)。就不同的语块类型而言,隔开式绝对数量不少,但偏误相对较少(8.77%),占偏误总数的 1.01%;框架式绝对数量很大,正用、偏误都很多,内部类型多样,相对比重最大(10.81%);话题式的绝对数量少,相对偏误率最低(0.57%),但绝对偏误率又相当高(28.00%),超过隔开式(8.77%)的三倍、框架式(12.51%)的两倍。(3)就偏误比重最高、情况最为复杂的框架式来说,以"$NP_1$ 对 $NP_2$ + (Adv)V + N"的偏误最为突出,其绝对使用数量最多(1690 句),偏误也最多(211 句);而像"$NP_2$ + 使/让 + $NP_1$ + V + N",只出现了 1 例偏误,统计学意义不大。

需要说明的是,我们对定中结构"$NP_1$ 的 N"(比如"提高了我的信心""我的信心很足"中"我的信心"等表达形式)的使用情况统计后发现,这类语料数量庞大但偏误很少,因此本研究最后没有对此进行讨论。这种领属结构之所以偏误很少,是因为它具有语言类型上的共性,句法规则相对简单,只要理解汉语名词进入定中结构的组合方式就基本掌握了此用法,因此基本不会发生负迁移的情况。①

以上厘清了二价名词正用和偏误、显现和未显现的各种情况,并初步指出了偏误的总体分布、哪些类型容易出现偏误等。实际上,既观察已经出现的,又考虑没有出现的,才能观察到二语习得的完整过程,习得研究必须强化学习者相关知识结构的整体性。

## 二、二价名词习得的偏误类型和表现

二价名词句法实现的特殊之处在于语块配位方式。就不同的类型而言,语块特征有强有弱,学习者对其感知和把握能力即语块意识也有不同层级,从而导致习得过程中出现的偏误也有较大差异。因此,从不同程度的语块特征入手应该能比较准确地认清二价名词的习得机制和规律。下面基于语块配位方式将二价名词的偏误分为两类:与二价名词

---

① 其实,就整个偏误系统而言,领属结构的偏误都比较少、偏误率比较低,不管其在学习者母语中是核心在后还是核心在前。

语块表达有关的归为语块偏误(chunk error),其余归为非语块偏误(non-chunk error)。

### (一) 二价名词习得的语块偏误

前面提到了二价名词语块配位方式的三种类型:隔开式、框架式和话题式。无论哪种形式,都有整体打包的特征。如果学习者没有这种整体意识,便容易出现各种偏误。

**1. 隔开式**

隔开式的对象论元在上下文中或已出现或不言而喻,学习者在输出时表达出"V+N"部分即可。隔开式共出现285条,25例偏误中有18例集中在与二价名词搭配的动词身上。① 这类动词比较特殊,具有[±有]的语义特征,常见的如"有、持有、产生、没有、失去"等(袁毓林,1992:211)。学习者常遗漏其中动词,直接将二价名词用作谓词性成分。例如:

(1)* 来中国的时候,我喜欢看中国的电视剧。我觉得<u>很意思</u>,可是来中国以后我常去电影院看电影。(印度尼西亚)〈很有意思〉

(2)* 这时,我后悔自己<u>不责任</u>的同时,也决心以后一定自己承担自己的责任。(日本)〈不负责任〉

这两例是直接将"意思、责任"分别当形容词和动词使用。二价名词这种"〈某人对某人(事)〉"的述谓性语义结构有可能让学习者误认为它可以直接做谓词性成分来用。不过,总体来说,隔开式的习得难度较低,信息的呈现结构相对简单,学习者比较容易掌握。

**2. 框架式**

二价名词偏误主要集中在框架式上,类型多样,情况复杂。我们按框式成分的使用和配置情况将框架式偏误分为配位方式选择偏误、框式结构残缺、框式成分误用、框式成分错序、论元成分缺失、论元成分错序和框式结构混搭杂糅等。首先来看二价名词的配位方式选择偏误:

---

① 还有7例为二价名词近义词之间的混用,如"报答父母的恩惠",将"恩情"误用为"恩惠"。这7例偏误未计入表4-3统计数据中。

(3)*本人身体健康,性格开朗,兴趣读书,嗜好朗诵,汉语及印度尼西亚的发音都很准。(韩国)〈对读书有兴趣〉

例(3)中的"兴趣"被误用作与"喜欢"一样的及物动词,该用框式却没用,选错了配位方式。① 出现这类偏误的还有"爱心、成效、感觉"等 9 个词项,共 17 例。

框式结构具有相对凝固的形式(即"框"),其组成部分不得随意缺失。学习者如果对"框"把握得不够,就会出现框式结构残缺偏误。依据框式结构的成分,又可进一步分为缺少介词、动词或其他必要成分,其用例分别如下:

(4)*以上是我流行歌曲的一些感想。(印度尼西亚)〈对流行歌曲的一些感想〉

(5)*实际上"间接吸烟"也是对健康很大的坏处。(韩国)〈对健康有很大的坏处〉

(6)*老年人也可以清除对年青人成见。(韩国)〈对年轻人的成见〉

在二价名词习得中,框式结构残缺偏误特别突出(107 例),其中介词缺失又数量最多(97 例)。

有时学习者输出的框式结构是完整的,但却误用了框式成分,主要包括介词误用和动词误用两种情况。例如:

(7)*你这么一想,当然心里不平了,跟她有意见,她难道感觉不到你对她的态度吗?(日本)〈对她有意见〉

(8)*每一个思想对这个问题会保持不同的见解。(德国)〈持有不同的见解〉

例(7)的"跟"引进动作行为的参与者,与引进对象论元的"对"是有区别的,不能混用。介词误用的偏误也比较突出(32 例)。例(8)中的误用

---

① 此例不宜看作单纯的框式偏误,其使用动因可能与刻意追求并列成分音节数量的一致有关。

动词与准入动词是近义关系或者说相关联,但学习者混淆了它们语义上的差别,忽略了它们引入二价名词论元能力的不同,因此出现了偏误。

有时学习者选用了正确的框式配位,但误将介词结构放在了二价名词后面,造成框式成分错序。例如:

(9)* 这是<u>我的想法对中国的劳动节</u>。(越南)〈我对中国劳动节的想法〉

除"想法"以外,"感觉、责任、好处"等也出现了此类偏误,共 14 例。就此例而言,其偏误原因或许与学习者母语特点有关(越南语里定语一般位于中心语之后)。当然,这也与学习者对汉语句法系统的相关表达了解不充分、尚未达到程序性知识自动输出有关,汉语除了表示目标、结果或终点的介词性结构外,其他介词性结构都必须出现在核心成分之前。这是汉语很重要的一个类型特征。

框式结构残缺、成分误用和错序,都因对框式结构的"框"把握不到位。语料中有另一类偏误,学习者虽然正确把握了框式的骨架,却没有填入必要论元,造成论元成分的缺失。例如:

(10)* 如果在社会里没有流行音乐的话,那就<u>对生活没有什么兴趣</u>了。(韩国)〈那<u>人们</u>对生活就没什么兴趣了〉
(11)* 我母亲曾经跟我说过:"不是绿色食品的再洗也洗不掉农药,所以<u>没有好处</u>。"(韩国)〈<u>对身体/对健康没有好处</u>〉

例(10)缺少主体,例(11)缺少对象(连同介词"对"),造成语义的模糊和不充分。这类偏误有 23 例。

有时学习者填入了必要论元,但颠倒了位置,造成了论元成分的错序。例如:

(12)* <u>流行歌曲对我的兴趣</u>是无所谓,我可以听的,但不是太喜欢。(泰国)〈我对流行歌曲的兴趣〉

出现此类偏误的还有"感觉、好处"等,共 20 例。这类偏误母语者也经常出现。值得注意的是,它和例(9)的框式成分错序虽然都牵涉到错位问题,但从学习者语块意识(更具体来说是框式意识)的高低程度来看,二者有很大区别。例(9)的框式成分错序是对框式配位中介词性结构的位置安排缺乏意识,框式意识程度较低;而例(12)的论元成分错序则是框式骨架无误,框式意识较高,只是成分错位。二者在不同的层级上,需要区别开来。

以上偏误都发生在单一的语块格式里。语料中还发现一类偏误,学习者将两种或两种以上的格式混搭或杂糅在一起。例如:

(13)* 奥涅金对家庭生活已经<u>有产生意见</u>,拒绝了塔吉雅娜。(俄罗斯)〈有意见/产生意见〉

例(13)属于框式结构混搭。学习者分别掌握了"对……有意见"和"对……产生意见"这两种结构,但将框式中的不同动词混搭在了一起形成了"对……有产生意见"。框式结构混搭的偏误有9例。

(14)* 因为绿色食品<u>给人们的身体有好处</u>。(韩国)〈对人们的身体有好处/给人们的身体带来好处〉

(15)* 如果你生活上遇到挫折,这<u>对你的生活也可以带来好多好处</u>。(希腊)〈可以给你的生活带来好多好处/对你的生活也有好多好处〉

例(14)和(15)属于框式结构杂糅。两例中的偏误刚好互相印证。引导"好处"的框式结构既可为"$NP_1$ 对 $NP_2$ 有好处",也可以用"给"字句"$NP_2$ 给 $NP_1$ 带来好处"。学习者将两种结构糅合在一起,形成偏误。不过,学习者也只有对不同框式具备一定的意识才能杂糅出这样的句子。框式结构杂糅共27例。混搭和杂糅都属于结构混乱型,因此本章将它们归为一类,共36例。在框式结构中,动词前后都有成分(下面的话题式亦然),而相关框式结构之间容易互相干扰,因此出现混搭杂糅式的偏误,这从另一个方面体现了汉语在这类配位方式上的特点。

### 3. 话题式

从表4-2可知,话题式出现的数量不多,偏误主要集中在话题结构和二价名词语块表达之间的纠缠,常表现为语义颠倒和结构杂糅。例如:

(16)* 婚姻这个问题<u>对每个人有每个人的看法</u>。(越南)〈(对

婚姻这个问题,每个人都有每个人的看法〉

(17)* 另外一个地方对我来说很感兴趣是龙柏树熊公园。(泰国)〈我很感兴趣的另外一个地方〉①

例(16)所谈话题是"婚姻这个问题",但作者似乎又想凸显含有二价名词的语块,二者纠缠不清,使得"一方针对另一方"的语义关系在上述句子中颠倒了过来。这种偏误实际上连汉语母语者也经常犯,具有类型学上的共性。例(17)是包括话题结构在内的好几种格式杂糅在一起。学习者把"感兴趣"的对象"另外一个地方"作为话题,但错用了"对我来说",同时又跟"是"字句糅合在一起,偏误就更为复杂。

话题式中的语义颠倒和结构杂糅,看似已在框架式中出现过,但并非单层次的偏误,而是递升地呈现了多因素制约的界面特征。

前面已经指出,话题式的偏误率高达28.00%,超过其他类型的两三倍。这种"扁担式"(动词的两头各挂一物)的配位方式,具有鲜明的汉语类型特征,也正因为如此,话题式的习得难度最大,学习者对这样的表达方式不太熟悉,不用则已,一用就容易出错。

总体而言,二价名词偏误率远高于一般名词,与其配位方式的复杂性和特异性有很大关系。

### (二) 二价名词习得的非语块偏误

以上偏误主要关注二价名词所依托的语块本身(即由二价名词构成的框架式语块)。有时语块结构本身没有偏误,当它与其他成分配合使用时却出现了偏误,我们把语块结构之外的偏误称作非语块偏误(即框式结构之外的句子其他部分的偏误)。非语块偏误主要集中在三个方面:一是语块成分与非语块成分位置错序;二是语块成分与特殊标记(如否定词、体标记)配合偏误;三是语块成分与句中其他成分配合偏误。

语块成分与非语块成分位置错序是指状语成分与带有二价名词的语块发生错位。例如:

(18)* 从那时开始想要去看看中国,我越来越对中国感兴趣。

---

① 当然,这个例句中的偏误所在还可以从其他角度去分析。如将"对我来说很感兴趣"看作插入句中的成分或后置定语成分,这样,整个句子的基本结构就是"另外一个地方……是龙柏树熊公园"。偏误分析常会遭此困境,一般可以从其中的一个认识角度来处理。

(蒙古国)〈对中国越来越感兴趣〉

本该对"V+N"进行修饰或限制的状语性成分却放在了整个语块成分的外面,造成辖域上的偏误。状语位置错序共出现19例,习得情况相对较好。而且如果考虑到类似例(18)这种情况在实际教学中还有相对的可接受度,那么,偏误的比例就更低了。

语块成分与特殊标记配合时也容易出现偏误。如跟否定词共现的偏误:

(19)*本来我对中国没感兴趣。(俄罗斯)〈对中国没(有)兴趣/对中国不感兴趣〉

例(19)为否定成分的选择不当:如果对"兴趣"进行否定须用"没(有)",由此可改为"我对中国没(有)兴趣";如果对"感兴趣"进行否定则用"不",由此还可改为"我对中国不感兴趣"。① 学习者对"没(有)"和"不"的用法不甚明了,所以出现了二者之间的误用,这种偏误是汉语习得中常见而顽固的偏误(王建勤,1997;袁毓林,2005a、2005b)。

跟体标记的配合偏误主要有体标记冗余和体标记缺失两种。体标记冗余是指不该用体标记而用了。例如:

(20)*两年来我没什么病,我对身体有着信心。(越南)〈对身体有信心〉
(21)*我们真的很感兴趣了,照了很多照片。(韩国)〈我们真的很感兴趣〉

体标记缺失是指该用体标记而没用的现象。例如:

(22)*我从小就受父亲的影响,产生对中国历史和文化的兴趣,因为我父亲喜欢中国小说,尤其是《三国志》。(日本)〈产生了对中国历史和文化的兴趣〉

---

① 这个偏误也可能与框式结构混搭有关,如例(13)那样,学习者有可能将"我对中国有兴趣"和"我对中国感兴趣"混搭在一起,因此否定时也出现了将"我对中国没(有)兴趣"和"我对中国不感兴趣"混搭在一起的特殊表现。

体标记的允准条件和出现位置是汉语习得中的难点,跟否定标记一样,这样的偏误常见且顽固。对这些特殊标记的综合运用能力的培养需贯穿整个学习过程。语块成分与特殊标记的配合偏误较为突出,有34例。这实际并非为二价名词所独显,而是跟一般条件下使用否定副词、体标记时出现偏误的情况一致。

还有与句中其他成分配合时的偏误。例如:

(23)* 我并不是十分武断,对古典音乐的好感而厌恶流行歌曲,只不过认为古典音乐是永垂不朽而流行易被岁月所流逝。(印度尼西亚)〈(因为)对古典音乐有好感〉

例(23)在框式结构的使用上本身并没有问题,但要与"厌恶流行歌曲"通过"而"来并列的话,应改用谓词性的状中框式结构"对古典音乐有好感"。这类偏误数量很少,只有3例。

### (三) 二价名词习得的各类偏误统计

上面分析了语块和非语块偏误的各种情况,下面对偏误类型及其所占比例进行统计:

表4-3 中介语语料库中二价名词的偏误类型及其所占比例

| 偏误类型 | | | 次类 | 偏误数 | 比例(%) |
|---|---|---|---|---|---|
| 语块偏误 | 框架式 | 隔开式 | 缺少特定动词 | 18 | 5.07 |
| | | | 配位方式选择偏误 | 17 | 4.79 |
| | | 框式结构残缺 | 介词缺失 | 97 | 27.32 |
| | | | 动词缺失 | 7 | 1.97 |
| | | | 其他成分缺失 | 3 | 0.85 |
| | | | 小计 | 107 | 30.14 |
| | | 框式成分误用 | 介词误用 | 32 | 9.01 |
| | | | 动词误用 | 18 | 5.07 |
| | | | 小计 | 50 | 14.08 |
| | | 框式成分错序 | | 14 | 3.94 |
| | | 论元成分缺失 | | 23 | 6.48 |
| | | 论元成分错序 | | 20 | 5.64 |
| | | 框式结构混搭杂糅 | | 36 | 10.14 |
| | | 小计 | | 267 | 75.21 |
| | 话题式 | 语义颠倒、结构杂糅等 | | 14 | 3.94 |
| | 小计 | | | 299 | 84.22 |

续表

| 偏误类型 | 次类 | 偏误数 | 比例(%) |
|---|---|---|---|
| 非语块偏误 | 语块成分与非语块成分位置错序 | 19 | 5.35 |
| | 语块成分与特殊标记配合偏误 | 34 | 9.58 |
| | 语块成分与句中其他成分配合偏误 | 3 | 0.85 |
| | 小计 | 56 | 15.78 |
| 总计 | | 355 | 100 |

从统计结果来看,语块偏误超过五分之四(84.22%),非语块偏误占15.78%,说明二价名词习得的关键在于对语块配位方式的掌握。语块偏误中,框架式偏误约占四分之三(75.21%),其中框式结构残缺比较显著(30.14%),尤以介词的缺失最为突出(27.32%);框式成分的误用也较高(14.08%),介词的误用占不小比例(9.01%)。框式结构混搭杂糅也相对较高(10.14%)。这表明框架式是二价名词的基本配位方式,也是句法习得的难点。

就语块偏误类型的排列顺序而言,从隔开式到框架式再到话题式,对语块意识(尤其是框式意识)的要求程度从低到高,渐进且有层级。三种类型中的次类,从上到下,语块意识水平也依次递增,比如框式结构残缺比配位方式选择偏误所具有的语块意识水平要高,框式成分误用又比框式结构残缺的语块意识水平要高,等等。后文论述习得过程中语块意识的层级和构建时会着重分析二价名词语块意识的层级和构建问题,此处不再赘述。

## 三、跟二价名词习得相关的其他现象

在汉语句法系统中,像二价名词这样需要通过介词引入相关论元的现象并非个例,动词、形容词也有特殊的次类具有类似的语义关系和句法约束。甚至更高层级的语言单位,如"捣鬼、占便宜、发脾气、说坏话"之类习语性构式,都是如此。这就促使我们将上文的分析思路扩展到更加丰富的语言现象习得过程的考察,从而更系统地拓展问题的现实意义和理论价值。由于篇幅所限,我们仅探讨跟二价名词习得类似的配位方式方面的偏误。[①]

---

[①] 准价动词的习得表现在杨圳、施春宏(2013)已有论述,本书第三章做了更为详细的讨论,此不赘述。

## (一) 跟"动词+二价名词"意义相近或相关的动词习得

有的"动词+二价名词"减缩音节后便是一个新的合成词,如"负+责任→负责任→负责",有的在语义上大致相当于另一个动词,如"有+敌意≈敌视、有+意见/看法/想法≈不满"等(袁毓林,1992:217)。由于此类动词的语义结构中蕴含对象论元,句法上同样需要为其做安排,跟二价名词的句法表现具有一定的平行性,因此习得过程也存在着类似的偏误。

这里仅以"负责"和"不满"为例。"负责、不满"可直接带表内容或事项的受事,如"你负责[后勤工作]、他不满[父母的专横]",但不能带属人的对象论元,如"你负责她、他不满父母"。对象论元如果要出现的话,在基础句中需用介词来引导,如"你要对她负责、我对你不满"。① 部分学习者对限制条件不甚了解,常将对象论元直接放在宾语的位置,出现配位方式选择偏误:

(24)* 我们必须<u>负责自己的孩子</u>,免得以后家庭教育失败。(泰国)〈对自己的孩子负责〉

这也可能来自于"负责这件事"的类推,学习者将对象和受事论元同一看待。

框式结构残缺(介词缺失)的如:

(25)* 到现在我想,<u>我的高中生的生活真不满</u>,因为当时我不知道您的爱情,所以每天去玩。(韩国)〈对我的高中生活真不满〉

框式结构混搭杂糅的如:

(26)* 如果<u>我对父母有不满</u>,那时我直接对父母说话,我父母听以后,我们一起解决问题。(韩国)〈对父母不满〉

这可能是将"对……不满"和"对……有不满的情绪/感觉"两种框式结构

---

① 不过,受事和对象都可用介词"对"来引导,二者在这类动词的句法配置上呈不完全的互补分布。

混搭杂糅后形成的。①

还有框式成分与非框式成分位置错序的。例如：

(27)＊我也往往<u>对我父母非常感到不满</u>。（韩国）〈对我父母感到非常不满〉

还有的例子将几个方面的偏误集于一身。例如：

(28)＊虽然对个人的健康没有好处，但是<u>负责任自己的身体</u>才吸烟的话，我不能勉强想要吸烟的人。（日本）〈对自己的身体负责（任）〉

虽然"负责任≈负责"，但二者并不是处处可替换，"负责任"是动宾短语，后面不能再带宾语，因此"负责任自己的身体"不成立，但即使改用"负责"，此句仍为错句，因为"自己的身体"是"负责"的对象而非受事，须用框式介词"对"引导将之放于"负责"之前。

不过，跟"动词＋二价名词"意义相近或相关的动词内部存在着不同的句法表现。"负责、不满"类动词跟"信任、喜欢"类不同，"信任"类动词既有"我对他很信任"，也有"我很信任你"的表达，这可能与它们是表示心理感觉的动词有关系。其中的内在句法语义关系需要进一步的说明。

### （二）二价形容词的习得问题

二价形容词②和二价名词一样，具有特殊的语义内容和句法表现：语义结构中有两个论元，句法配置上要求所支配的论元与之共现。比如"冷漠"，其对象论元须用介词"对"来引导，如"我对他很冷漠"。不过，有的二价形容词的对象论元也可以经由介词放在后面，如"他绝对忠实于人民"，这样的表达方式具有较强的书面色彩。

二价形容词和二价名词跟准价动词一样，在语义结构和句法配置上

---

① 此例虽有较高的可接受度，但基于我们对学习者这个阶段整个语言表达系统的综合考察，觉得这种情况实际上是一种比较特殊的隐性偏误。学界对隐性偏误的考察往往较少关注（当然这与考察本身难度很大有关）。

② 二价形容词在张国宪（1995）文中被称为"双价形容词"，本章的命名是为了与二价名词一致。

也具有高度一致性,学习者在习得这类形容词时出现了类似的偏误。配位方式选择偏误的如:

(29)*首先香烟内的化学成分<u>不利人的身体健康</u>。(马来西亚)〈不利于人的身体健康/对人的身体健康不利〉

框式结构残缺(介词缺失)的如:

(30)*还有有的人一直追求明星的时尚,他们觉得这也是<u>歌手的忠诚</u>,我对这种事不能了解。(韩国)〈对歌手的忠诚〉

框式成分误用(介词误用)的如:

(31)*但是吸烟还<u>给大家不利</u>。(韩国)〈对大家不利〉

论元成分错序的如:

(32)*<u>我班主任提的名字对我很熟</u>,但我想不起她到底是哪个同学。(印度尼西亚)〈我对班主任提的名字很熟〉

二价形容词习得的句法偏误和语义偏误跟二价名词、准价动词具有相似之处,这再次表明,如何安排对象的这种特殊配位方式是二价名词及相似现象的共同特点,汉语在表达这种配位方式上具有鲜明的系统性特征。

### (三) 特殊与格结构的习得问题

现代汉语中有一类离合性语言单位(离合词和离合短语),如"捣鬼、占便宜、发脾气、说坏话"等,两个组成成分之间可以插入其他句法成分,如"捣你的鬼","你"是"捣鬼"的对象,但在句法结构中做定语。这种语言单位大多有习语性。由这种离合性结构构成的特殊与格结构"V+X+的+O",其形义关系同样很特殊(蔡淑美,2008、2010)。跟二价名词和准价动词、二价形容词一样,它们的语义结构中涉及两个论元,同样面临对象论元如何安排的问题。

通过考察发现,学习者使用特殊与格结构比较少,仅限于几个词项,如"占便宜、发脾气、说坏话"等,而且对象论元多为像"占人便宜"中"人"这样的任指成分,可见学习者在很大程度上是把它们当成比较凝固的语块来整体使用的。跟二价名词的习得一样,由于不清楚怎么安排对象论元,学习者有时直接把对象论元放在离合词的宾语位置。例如:

(33)* 我们艰难的时候,她老是<u>帮忙我们</u>。(印度尼西亚)〈帮我们的忙/给我们帮忙〉

(34)* 最近一般人民可以<u>告状官员</u>,而官员对人民的态度变得亲切一些了,有礼貌一点了。(韩国)〈告官员的状〉

(35)* 他从来没在背后<u>说闲话别人</u>,也是我值得尊敬的。(日本)〈说别人的闲话〉

(36)* 对了,爸爸,最近有一个男生<u>打主意我</u>,是跟我同一个学校不同班,比我大一岁。(韩国)〈打我的主意〉

由此可见,如何安排对象论元,是二价名词、跟"动词+二价名词"意义相近或相关的动词、准价动词、二价形容词、特殊与格结构共同面对的问题,也只有准确地把握了蕴含于其中的语义结构和关系,从而相应地在句法配位上做出正确安排,才能真正习得汉语中这些具有特殊功能和表达效果的语法项目。这些内容有时即便到了高级阶段也仍未能很好掌握,因为它牵涉到句法和语义、词项和构式间的多重互动关系,牵涉到介词的语义个性和特殊句法功能,牵涉到汉语句法系统的特殊类型特征。

## 四、二价名词的习得机制及教学策略

从二价名词习得过程中的偏误类型和情况来看,它需要依托一定的语块结构来实现句法功能,而学习者对语块的感知和把握能力又是有差别的,偏误出现的不同情况,一定程度上反映了语块意识程度不同的习得阶段。下面分析二价名词习得中语块意识的层级和构建过程,由此探讨习得的内在机制和规律,并在对名词习得难度反思和重新认识的基础上提出教学策略。

### (一) 习得过程中语块意识的层级和构建

表4-3按照语块意识由低到高的发展程度对二价名词的偏误做了分类说明。综合考虑误用和正用两个方面,我们从语块配位方式的选用、输出的完整性、表达的准确性和运用的灵活性这四个层级将二价名词习得中语块意识的构建过程分为以下几个阶段:

**表4-4　二价名词语块意识层级表**

| 性质 | 语块意识的层级 | 表现类型 |
| --- | --- | --- |
| 误用 | 语块意识未启动 | 缺少特定动词、配位方式选择偏误 |
| | 初步的语块意识 | 框式结构残缺 |
| | 一定的语块意识 | 框式成分误用、框式成分错序、论元成分缺失和错序、框式结构混搭杂糅、语义颠倒和结构杂糅 |
| | 基本的语块意识 | 非语块偏误 |
| 正用 | 典型的语块意识 | 基础结构(如隔开式、框架式) |
| | 拓展的语块意识 | 复杂结构(如话题式) |

"语块意识未启动"包括隔开式中的缺少特定动词(如例(1))和框架式中的配位方式选择偏误(如例(3))。学习者并不了解二价名词的特殊配位要求,将二价名词直接用作谓词,说明其尚无语块意识,处在最低的层级。"初步的语块意识"是说学习者对二价名词的语块配位表达有初步的意识,但又比较模糊,主要表现为框式成分残缺(如例(4)—例(6)),尚不能输出完整的框式结构。"一定的语块意识"则是指框式结构是完整的,但并不准确,其中既包括框式成分的误用(如例(7)和例(8))、框式成分错序(如例(9))、论元成分的缺失和错序(如例(10)—例(12)),也包括两种及以上的框式结构混搭杂糅(如例(13)—例(15))以及在更复杂句法结构如话题式中的相似表现(如例(16)和例(17))。"基本的语块意识"则是说学习者在使用二价名词时,其语块输出部分是正确的,但与句中其他成分配合时出现了偏误,非语块偏误便处在这种阶段(如例(18)—例(23))。

当学习者逐渐具备完整而又准确的语块意识之后,即形成了"典型的语块意识",自然就有可能输出正确的包含二价名词的基础结构,依据不同语境选用不同表达形式,或隔开式,或框架式。如果还能在此基础上做出进一步的句法变换,那么就可能形成"拓展的语块意识",输出更为复杂的语块形式,如话题式等。

二价名词语块意识的发展层级性跟准价动词习得过程中框式意识的

层级性是基本相似的。我们相信,与它们相关的其他现象的习得,也都具有类似的层级,这种层级具有系统意义。不过,无论是二价名词语块意识的习得还是准价动词的框式意识习得,汉语学习者具备了此种意识,并不一定意味着就必然能正确输出相关表达,这属于更高层级的问题。语块意识或者框式意识是正确输出这些特殊词项的必要条件而非充分条件。

### (二) 对名词习得难度的重新认识

从二价名词语块意识的层级和构建过程来看,它是名词系统中一个颇具特色的次类,在习得难度和复杂程度上跟普通名词差异显著。比如"道理"和"意见"同属一级(初级)词,在中介语语料库中的表现却大不一样:"道理"共出现775条语料,误用23条,偏误率为2.97%,比较低;且偏误类型单一,基本都是"道理"及其近义词之间的混用。例如:

(37)*这就是为什么,不少时下的男女不愿结婚的<u>道理</u>。(新加坡)〈原因〉

"意见"出现了990条,误用76条,偏误率为7.68%,偏误率较"道理"明显偏高;其中只有13例是近义词的混淆。例如:

(38)*但是来中国以后那个我的<u>意见</u>改变了。(日本)〈想法〉

其余63例都与语块配位方式的误用相关。相对于普通名词"道理"而言,二价名词"意见"的偏误表现更为复杂。对此,无论是习得研究、偏误分析还是汉语教学,都没有足够重视。人们更容易将名词看成内部性质比较相似的范畴,将二价名词与普通名词同等对待。

有先生指出,"在对外汉语教学中,汉语名词的习得总的来说不算是难点,多数普通名词与外语对应性较强。但是,因为汉语将方位词划归名词小类,方位词的习得成为名词习得中最大的问题"(卢福波,2010:69)。这也是汉语作为第二语言教学界的基本认识。方位词、处所词和时间词这样的特殊范畴一般虽归入名词,但都是作为名词的特殊附类来处理的。严格说来,从其句法功能着眼,它们跟名词有很大的差异,完全可以当作跟名词平行的独立词类来处理。就此而言,似乎不考虑方位词的习得,名词的习得就是比较容易的事了。然而从上文的分析来看,名词系统内部差异很大,有些名词的句法语义特征相当特殊,对语言习得有很大的影响。像二价名词这样的次类,还不是个别词项的习得问题,它在习得过程中也不只是名词本身的问题,而是牵涉到更多的句法—语义互动的特征。因此,我们认为,即便名词总体而言习得难度较低,也必须看到特殊次类的特殊习得表现。

就既有的习得分析来看,方位词、处所词、时间词的使用很大程度上涉及框式结构的问题(黄理秋、施春宏,2010),而二价名词的习得和使用也同样需要依托语块结构(框式结构是其中最主要的代表),虽然具体的结构形式不一样,但对语块的配位要求是有相通之处的,如都需要通过介词来引入相关语义内容。也就是说,二价名词在语义结构和配位方式上的特殊表现,形成了特殊的形义关系,制约了它的习得和使用。

由于对二价名词这种特殊小类的习得难度和复杂程度没有鲜明意识,多数面向第二语言教学的汉语教材对二价名词并没有做出系统说明。在语法项目的阐释上,多数教材将二价名词和普通名词同等对待,采取简单释义的方式,只在词语例示部分标注词性和对应的英译,如"感情 N: affection"。少数教材在语法释义部分有简单说明,如《桥梁——实用汉语中级教程(上)》(陈灼主编,北京语言文化大学出版社,1996年)对"感受"进行了例示("有/得到/获得～感受"),但对怎么用"感受"、如何安排其对象论元并没有明确指出。比如在说明"我对音乐也有兴趣"时指出,"对"是介词,加上后面的宾语组成介词结构,其功能是引出宾语。这样的说明不容易让人了解这种介词的宾语为什么不能出现在动词之后。可见,目前的教学语法书和教材主要还是基于词类及其线性序列,侧重对表层形式/结构做线性分析,较少深入地探究形式和相应的意义及之间的关系问题。教师如果没有意识到这些现象的特殊性,或受教材影响,在教学过程中就可能对此有所忽视,影响教学效果。

### (三)二价名词的教学策略

以上对二价名词语块意识层级的构建过程和对名词习得难度的重新认识,同样可以扩展到与二价名词有相似表现的动词、形容词或特殊结构方面,基于此,我们认为在教材的编写或教学中应该注意以下三个方面:一是语块意识的建构过程是循序发展的,具有层级性和阶段性,我们应充分尊重学习者的认知和习得规律,在教学时挖掘、利用语块意识的层级性特征,使学习者逐步储存并形成牢固、灵活的语块意识;二是鉴于二价名词及相关现象特殊的形义关系,针对各自的配位特点,构建出具体的配置机制和规则,并在教学时着重针对这些难点问题采取相应的策略,帮助学生建立正确的形义匹配关系;三是二价名词及相关现象在配位方式上具有内在一致性,对象论元在不同词或结构中的实现方式和句法途径具有一致性,由此我们完全可以将这种特殊的配位方式建构成对象论元的类别配置系统,使学习者在习得这一系统时,能有意识并触类旁通地在不同语法项目之间进行有效扩展等。当然,如何在教学中进一步操作还需经过不断的实践,这里主要是从观念角度做些启发性的说明。

## 五、本章小结

偏误分析自 20 世纪 60 年代末 70 年代初兴起,随着该理论被引入到我国的对外汉语教学研究中(如鲁健骥,1992、1993、1994 等),"偏误分析始终是汉语习得研究最密集的领域"(王建勤主编,2006b:12)。这与研究观念、范式调整和研究范围的拓展都有直接关联。而各种类型的大型中介语语料库的建设为偏误考察提供了更加坚实的基础,基于语料库的习得研究成为学科发展的重要推动力。在这样的大背景下,如何突破既有研究主题乃至研究观念,成为学界不断思考和实践的新问题。就语法偏误分析而言,论题长期集中在特定词类和特殊句式上,研究内容需要拓展。就汉语词类偏误分析乃至词类习得研究而言,目前多以动词、形容词、方位词、量词、副词、介词、助词等为主,基于名词的习得研究尚难见到,对二价名词这种具有特殊配位方式的名词更是在理论上和实践上都没怎么关注。本章从二价名词习得中的正误分布情况入手,关注其偏误类型和表现,然后基于不同层级语块意识的构建过程探讨了习得的内在机制和规律,在重新认识名词习得难度的基础上提出相应的教学策略。我们试图结合新的语言学观念和语言习得理论来对这类特殊词项——语块性构式习得现象做出新的探讨,并揭示其理论蕴涵。

从考察的结果来看,二价名词在语义结构和句法结构及其相互关系上具有特殊性,在汉语中颇具类型学特征;由于它牵涉到句法和语义、词项和构式多重互动关系,因此也体现了鲜明的界面特征。这类现象的习得过程和方式所折射出来的丰富理论问题同样很值得思考,比如,如何在类型学的背景下探讨汉语和其他语言在安排对象论元上的差异以及这种句法配置差异所折射出的整个语言系统特征的制约关系;如何基于界面特征对习得过程中的方式和内在机制、各个不同层面之间影响和互动的规律做出更深入的探讨;如何加强对有系统性特征的语言现象的挖掘、描写和解释;如何在继续重视结构主义分析模式的基础上,深化习得研究中描写和解释的广度和深度,等等。只有这样,才能在习得研究中坚持描写和解释相结合、形式和意义相结合、共性和个性相结合的道路。

  需要说明的是,本章主要基于中介语语料考察了二价名词的习得情况,并没有对不同等级情况下的偏误分布和类型做出细分,而较多地在研究层面提出了一些看法,希望为对外汉语教材编写和教学实践提供参考。至于如何在具体的教学实践中选择恰当的教学策略,如何构建具有可操作性的规则,还有待进一步的思考与实践。

# 第五章　汉语介词性框式结构的二语习得研究

　　本章讨论汉语构式系统中一类特殊的、具有鲜明汉语类型特异性的框架式语块"介词性框式结构"（adpositional circum-construction）的习得情况。之前两章在讨论准价动词、二价名词习得时，都涉及用介词来引入相关论元实现特殊句法配置的情况。这里专门讨论由语言类型学上视为广义介词（包括前置词和后置词）构成的框式结构的习得情况。

　　介词性框式结构的概念来自"框式介词"，其调整缘由，下文将有所说明，这里先对语言类型学视野中的"框式介词"的基本内涵及其在汉语研究中的所指做一简单说明。据刘丹青（2002）介绍，"框式介词"这一概念由当代语序类型学创始人 Greenberg（1995）在研究闪语族、伊朗语族部分语言的语序类型演变时提出。起初称之为框缀（circumfix）（Greenberg,1980），之后改称框式介词，这样就与前置词（preposition）、后置词（postposition）形成系列——它们都是介词的一种类型。所谓框式介词，就是指由前置词加后置词配合而成的、使介词支配的成分夹在中间的一种介词类型。汉语词类系统中的介词属于前置词，方位词属于后置词，常常配合使用。当然，前置词并不都是介词，后置词并不都是方位词。刘丹青（2002）认为，现代汉语中类似"在……里、跟……似的、用……来"这样的框架式结构就属于框式介词，同样，近代汉语中类似"因……上、似……也似"这样的框架式结构和古代汉语中类似"以……以、及……而"这样的框架式结构，也都可以归入框式介词。刘文指出，"框式介词在汉语中是一种重要的句法现象，构成了汉语的重要类型特征"。我们可以拿"在桌子上"来说明。在此前的汉语语法分析中，"上"被看作方位词，因此"桌子上"便构成方位短语；"在"是介词，"在/桌子上"便构成介词结构/介词短语。若从框式介词的观念出发，"在……上"被视为框式介词，"桌子"是嵌入框式介词中间的成分。当然，这样的认识并不否认前置词和后置词的句法、语义差异，而是从语言类型学的视野将它们放到更高层次上来认识。

　　"框式介词"这一概念自刘丹青（2002、2003）将其引入汉语研究中后，近年来逐渐受到学界的重视,一些学者还对其做了拓展性研究,将其延伸到各种具有"框式"特征的结构,即框式结构(circum-construction)①,如邓思颖(2006、2009)、邵敬敏(2008、2011)、李红梅和曹志希(2008)、李振中(2008)、蔡淑美(2011)。第二语言教学(外语教学和对外汉语教学)和二语习得研究中广为讨论的语块(也作"构式块、词汇组块"等)理论也往往将框式结构作为重要的研究内容,如刘晓玲和阳志清(2003)、周健(2007a)、钱旭菁(2008)、薛小芳和施春宏(2013)。关于框式结构,指的是"具有特殊的语法意义和特定的语用功能"的框架式结构(邵敬敏,2008)。它由两个前后不连贯但又相互照应的词语构成,就我们观察到的现象而言,它既包括类似于"在……上、为……起见"等由前置词和后置词构成的框式介词,也包括由此观念而延伸出的其他框式结构,如类似于"是……的、连……都/也……"这样的特殊构式、类似于"因为……所以……、如果……就……"这样的句子中前后照应的关联词语、类似于"又……又……、……来……去"这样的固定框架结构等。框式结构在形式上具有"框"的特征,在形式和功能及意义相匹配的关系上则体现出"式"的特征。

  就汉语中介语中框式结构的使用而言,情况比较复杂,偏误率比较高。在当前对汉语中介语的研究中,这个问题虽已得到一定程度的重视,但还没有得到充分而系统的考察。为此,本章以"HSK 动态作文语料库"为基础,系统描写介词性框式结构使用的偏误现象,说明产生偏误的原因。所谓"介词性框式结构",大体相当于刘丹青(2002、2003)论及的框式介词,我们之所以没有选用"框式介词"这一术语,主要有下面几个方面的考虑:一是"介词性框式结构"这一术语可以比较方便地纳入到"框式结构"这个大的系统中,而对框式结构(相关概念包括"构式、语块"等,但它们不完全等同)的研究将成为汉语作为第二语言教学的一个研究热点;二是"介词性框式结构"能够将"框式"的结构特征和"介词性"的功能特征很好地结合在一起;三是"框式介词"这个概念目前还没有被对外汉语教学界广为认知,而"介词性框式结构"这一术语既不失其本质,又便于教师和学生理解。

  与一般非框式结构的习得表现相比较,介词性框式结构句法层面的习得偏误在具体成分的有无及先后方面似也可大体从遗漏、误加、误代、

---

① 本章中我们将"框式结构"的对应英文词写作"circum-construction",而在其他章节中一般译作"frame - construction",因为本章中讨论的框式结构主要跟"介词性框式结构"相关。

错序、杂糅等角度来考虑(鲁健骥,1992、1994;周小兵等,2007;肖奚强等,2009等),但由于介词性框式结构形式和意义及形义关系的特殊性,在偏误表现上有其鲜明的个性,不能为上述分类所完全覆盖,因此在具体分析策略上要结合"框"和"式"及"介词性"的形义关系特征做出调整。而且这种介词性框式结构跟由准价动词、二价名词形成的框式结构在形义关系表现上也不完全相同,尤其是介词性框式结构的后半框部分,表现更加复杂多样,因此在偏误分析策略上也必然有所差异。本章便从句法和语义两个方面来系统分析介词性框式结构的复杂偏误表现。我们会随文说明目的语(即汉语)框式结构本身的语言学特征,而对于汉语学习者使用框式结构过程中产生偏误的原因,我们则会集中讨论。为了便于比较,考察误例的同时,也关注一些正例。

为了叙述的简便,下文内容除小节标题外一般以"框式结构"来称述"介词性框式结构"。实际上,一般框式结构的偏误类型也大体如此,因此这样的表述不会引起误解。但在需要凸显其"介词性"的地方,我们仍以"介词性框式结构"来称述。

# 一、介词性框式结构的句法偏误类型

下面从框式结构不完整、当用框式结构而未用、不当用框式结构而误用和框式结构的句法位置错误等方面来分析介词性框式结构的句法偏误类型。

## (一) 框式结构不完整

如前所述,从结构形式上看,框式结构的关键在于"框",然而,中介语中常常出现"框"不完整的情况,或者缺失了前置部分,或者缺失了后置部分。由于此类偏误涉及的框式结构比较多,这里主要根据常见框式结构的基本语义类别进行分析。

**1. 表方位义的介词性框式结构**

表方位义的框式结构是指"在/从/到……方位词"一类的结构,①本

---

① 由于方位词依然处于语法化过程中,有的方位词其方位义已经很虚,所以此类框式结构有时是表示具体的空间方位义,有时表示的是由此而引申出的意义(如时间义、条件义),但为了行文方便,我们根据其基本意义和形式特征,统一称之为"表方位义的框式结构"。

章以"在……方位词"为讨论对象。语料中,"在……方位词"(中间成分为NP)基本充当状语、补语,在充当这些句法成分时都会出现遗漏前置成分或后置成分的现象。例如:

(1)*比如,我想染我的头发,想<u>在耳朵</u>扎一个耳眼儿。(韩国)〈在耳朵上〉
(2)*我也是一个吸烟者,不过我会自觉地把烟头放在随身携带的小烟灰缸里,当然<u>在马路</u>不会去吸烟。(日本)〈在马路上〉
(3)*从小到大,我一直<u>在一个温暖的家庭的怀抱</u>过生活。(泰国)〈在一个温暖的家庭的怀抱里〉
(4)*子女呆在家里的时候就坐<u>在电脑</u>玩游戏,子女应帮助父母多干家务活,可以减轻父母的负担。(加拿大)〈在电脑前〉
(5)*拜倒<u>在我石榴裙</u>之绅士、富豪不胜枚举,为了学业与锦绣的前途,本姑娘并不为所动。(新加坡)〈在我石榴裙下〉

例(1)—例(5)中的"在+NP"都是表示空间位置,其中 NP 要求是表处所义的。然而,"耳朵、马路、怀抱、电脑、石榴裙"都是普通事物名词,本身不具有处所义,需要语义上的处所化,而汉语的后置方位词的主要语义功能就是"范畴方所化"(储泽祥、彭建平,2006),因此这些普通事物名词的后面需要根据自身的情况带上相应的方位词。如果 NP 本身就是具有处所义的名词性成分,那么它就不需要处所化了,因而也就不需要后置方位词了。例如:

(6)一九七一年我<u>在北京</u>出生,一九七七年上了海淀小学。(日本)

不过,普通事物名词和处所名词的界限依具体名词的语义类别而定,因此 NP 后面是否带方位词,有的具有强制性,如例(1)—例(5)必须带;有的不能带,如例(6)。还有的名词(如"医院")兼有普通事物和处所双重特征,它们后面是否带方位词是两可的。例如:

(7)天有不测风云,一九七二年十月二日爸爸躺到床上,我很深刻地记住,那天爸爸<u>在医院里</u>突然病发。(印度尼西亚)

(8) 记得六岁那年,我发烧,病得很严重,必须<u>在医院</u>住好几天。(新加坡)

例(7)的"医院"后带有"里",例(8)的"医院"后没有方位词,两例都是可以接受的。

其实,对于方位词的遗漏,我们可以从语言共性和差异的角度来看待。尽管方位概念普遍存在于人类思维中,但如何表达却有显著的语言差异。框式结构虽非汉语所独有,但汉语中作用显著的方位词和方位短语在语言类型中并不具有普遍性。从语义方面看,汉语表方位义的框式结构的前置成分只能表示空间关系的类型,而不表示空间关系的具体位置,具体的空间位置要靠"上、下、中、里、外、之间"等方位词来表达;从句法方面看,根据 Dik 的联系项(relator)理论,现代汉语中的方位词常位于联系项的位置上,起着连接前后两个被联系成分的作用,遗漏了方位词,就会留下联系项空缺。① 因为汉语有这样的句法特征,所以在习得过程中常呈现出遗漏后置词(方位词)的情况。

同样地,中介语中"在……方位词"遗漏前置词"在"的现象也会发生在其充当状语和补语的时候。例如:

(9)* 我们<u>火车里</u>,认识了很多中国朋友,他们对我们外国人格外亲切、热情。(日本)〈在火车里〉

(10)* 最后祝你们身体健康,祝你们往后的<u>生活与工作中</u>有更大的成就。(朝鲜)〈在往后的生活与工作中〉

(11)* 可是如果事情发生<u>我身上</u>的话,我会不会帮助我家里人自杀呢?(日本)〈在我身上〉

(12)* 要是我现在还呆<u>乡村里</u>,那将来一定是社会的牺牲品。(泰国)〈在乡村里〉

例(9)和例(10)中"在……方位词"充当状语,它是句中动词所表事件

---

① 本章关于框式结构前后置成分语义结构关系的理解及关于联系项理论的理解,基本依刘丹青(2003)。Dik 的联系项理论揭示了联系项的优先位置:(1)在两个被联系成分之间;(2)如果联系项位于某个被联系成分上,则它会在该被联系成分的边缘位置,即"联系项居中原则"(转自刘丹青,2003:69)。

发生的处所,嵌入框式结构中的成分可以看作是这个框式结构的论元。然而表示具体空间位置的方位词并没有赋元作用,具有赋元功能的是语义抽象度相对较高的"基本关系介词",因而不能缺失,必须把表示"静态处所或时间"的基本关系介词"在"补上。例(11)和例(12)中"在……方位词"在谓语动词后做补语,此时"在"位于联系项的中介位置,不能省略,否则会违背联系项居中原则;此外,此时的"在"受其前面动词的重读影响读成轻声,在韵律上会黏附到前面的动词中去,而跟它直接支配的成分(即"NP+方位词")在韵律上脱节,发生句法和韵律的错配(mismatch)现象,从而使"V 在"在句法上词化了,如例(11)和例(12)中的"发生在、呆在"。①

**2. 表时间点的介词性框式结构**

表示时间点的框式结构指的是"当……时/的时候/之际"和"在……时/的时候"等结构。这类结构大都是利用一个事件来确定一个时点,为后续句中另一事件的发生提供一个时间背景或给其在时间上定位。

这类结构在很多语言中往往只用一个前置成分(如印欧语言)或后置成分(如日韩语言)来表示(如英语中的"when/while…")。汉语学习者在使用汉语这类框式结构时,常常遗漏后置部分。例如:

(13)*<u>在高三期中考试</u>,我取得了很好的成绩。(韩国)〈在高三期中考试时〉

(14)*他不仅具有科学家的冷静气质,更具有完美的小提琴技艺,他总是<u>在夜深人静</u>,拉琴娱己及思考错综复杂的案情。(新加坡)〈在夜深人静时〉

例(13)和例(14)的"在……时"说明某事件发生的特定时间,这时候"时"基本上还具有名词的功能,仍具有中心语的特征,不可以省略。

**3. 表时空范围的介词性框式结构**

表时空范围的框式结构主要有"从……到……、自从/自打……到……、自/自从……以来、自/从……起、到……为止"。

---

① 在口头语中,处于补语位置的"在……方位词"中的"在"有时可以省略,如"茶杯搁桌上了"。因此,例(11)和例(12)的口头表达形式是可以不出现"在"的,但该语料中的语境是书面表达,一般不能省去。

"从……到……"可以表示时空、事物或数量的范围(如"从小孩到大人")、事物的发展变化(如"从无到有")。其中"到"既标示终点,又处在联系项中介位置,它一般不能省略;"从"能否省略视情况而定。当表示时间、空间的起点和终点或者事物的发展变化时,"从……到……"一般不可以省略"从";如果只是表示事物、数量的范围,"从"可以省略,如"北京,32℃到38℃"。当它位于主语位置上时,"从"也可以省略;当它位于状语和谓语位置上时,"从"倾向于不省略。此外,如果填入中间的是动词性成分,"从"也不能省略。这种复杂的句法语用关系自然会使汉语学习者容易出现使用上的偏误。例如:

(15)在日本,(　)四月底到五月初有很多节日,很多单位放七天到十天的假,我们叫它"黄金周"。(日本)

(16)*一个孩子一出生到成年之前,接触最多的就是他的父母。(加拿大)〈从一出生到成年之前〉

(17)*他从什么都没有能取得今时今日的成就……(荷兰)〈从什么都没有到能取得今时今日的成就〉

例(15)的"从……到……"框式结构做主语,表示范围,所以有没有"从"关系不大;例(16)的"从……到……"框式结构做状语,且"从"后面是动词性成分,用一个事件指称一个时点,故标示时间起点的"从"不可以省去;例(17)的"从……到……"表示事物的发展变化,"从"介引初始状态,"到"介引终点状态,它们在任何条件下都不能省略。

"自/从……起"只标示时空的起点,这在印欧语言和日韩语言中通常用一个成分来表达,如英语的"from..."。而 from 之类的成分在语义上跟"自/从"相应,因此,中介语中常出现遗漏"起"的情况。例如:

(18)*从他们生命开始的第一天,父母的责任是非常重大的。(加拿大)〈从他们生命开始的第一天起〉

(19)*对孩子来说,从他生活的第一天父母是最亲的最重要的人。(俄罗斯)〈从他生活的第一天起〉

(20)*从那时,我的妈妈开始展现自己的伟大。(韩国)〈从那时起〉

"起"一方面位于联系项中介位置;另一方面,根据刘丹青(2002),后置成分"起"总是能够与其前面的名词组成一个后置词短语,而前置成分"从"却未必能跟其后面的名词组合,即在"从……起"内部,"起"处在内层,"从"处在外层,被填入的成分只有先跟"起"发生关系然后才能跟"从"发生关系。因此,上面三例中的"起"不能省略。①

"到……为止"的情况有些特殊。例如:

(21)* 可是<u>目前为止</u>,身体没有什么问题,所以我认为吃被污染的食物也没有问题。(日本)〈到目前为止〉

(22) 我来中国已经两年多了,但<u>到现在</u>(　)连一封信都没有给你们写,这点我真对不起你们。(韩国)

根据《现代汉语八百词(增订本)》(吕叔湘主编,商务印书馆,1999年),"为止"必须与"到……"配合使用,所以例(21)里的"到"不能省略。但是反过来,"到"可以单独使用,当中间的成分比较简单时,"为止"是可以省略的,例(22)中的"为止"省掉以后也说得通。

**4. 表喻体或等比基准的介词性框式结构**

此类框式结构是指形如"像/跟……一样/似的"这样的结构。这一框式结构既可以充当谓语,也可以充当状语、定语,还可以充当补语。由于它们所处的句法位置及所起的语义作用不一样,所以前置部分或后置部分是强制性出现还是选择性出现便有所不同。例如:

(23)* 妻子不能<u>正常人一样</u>生活下去。(韩国)〈像正常人一样〉

(24)* 我将来当母亲的话,一定营造<u>我父亲的一样</u>的美满的家庭。(日本)〈跟我父亲的一样〉

(25)* 爸爸,您现在身体怎么样,还是<u>以前一样</u>好吧。(韩国)〈跟以前一样〉

(26)* 可惜,我们的下一代就没<u>像我们童年时代</u>的情趣。(印度

---

① 当然,不用"起"而用"开始"之类的词,性质上是一致的。如例(18)也可以说:"从他们生命的第一天开始,父母就担负起了很大的责任。"(后半句略有调整)另,"从那时"在母语语料库中也有所见,如北京大学中国语言学研究中心 CCL 语料库中有这样的句子:"刘永坦从那时便萌发了一定要为祖国研制雷达的心愿。""从那时,辩论便集中于如何更精确制定米的定义。"但总的语感没有带上"起"自然。而且,这两句中的"从"实际都可以略而不显。其中的使用条件还需要进一步说明。

尼西亚）〈像我们童年时代一样〉

(27)*那就遭糕了,爸去上班,妈住医院,我就<u>一匹无缰的野马一样</u>,无人管束,就跟那些野孩子开始打交道。(印度尼西亚)〈像一匹无缰的野马(一样)〉

(28)我们打算不带那么多钱,背着一个大旅行包,打扮得(　)<u>贫穷学生一样</u>。(韩国)

例(23)—例(26)中的"像/跟……一样/似的"充当状语或定语,"像/跟"标示比较基准,"一样/似的"位于联系项的中介位置,它们都不可以省略。例(27)中的"像……一样"做谓语,"像"既标示喻体,又是谓语动词,不能省略;而"一样"既不标示喻体又不处在联系项中介位置,所以它的去留不影响句子的合法性。例(28)中的框式结构"像……一样"充当黏合式补语,由于"得"的存在,"像"的联系项中介角色被淡化,而"一样"又处在非联系项中介位置,故它们都可以分别自由地去留;当然,它们不能同时省略。

**5. 表据引义的介词性框式结构**

此类框式结构主要包括:标示判断依据、来源的"从……来看/来说",标示某种看法或判断所针对的人或物的"对(于)……来说/来讲/而言",标示认知判断主体的"在……看来",标示某种论说对象的"拿……来说/来讲"和"就……来说/而言"等。这类框式结构的后置部分大致相同,不同的是前置部分,但两部分需要在句法中共现。中介语中遗漏前置部分概率大,遗漏后置部分的概率相对较小。例如:

(29)*<u>你们公司的要求来看</u>,我的条件不错。(韩国)〈从你们公司的要求来看〉

(30)*但是<u>另一角度来看</u>,在世界上还有几亿人因连基本粮食都不够而挨饿。(韩国)〈从另一角度来看〉

(31)*当年,<u>沉溺在玩乐中的我而言</u>,是一句很有哲理,可是不能领会的"禅语"。(马来西亚)〈对于沉溺在玩乐中的我而言〉

(32)*另外,<u>对公众利益的影响来说</u>,吸烟对公众利益也没有好处。(韩国)〈拿对公众利益的影响来说〉

(33)*她的意思是汉语具有的特点太多,<u>对一个外国人</u>确实很难学,所以有那么多的人会放弃。(俄罗斯)〈对一个外国

人来说〉

(34)* 我是还年轻人,<u>我看来</u>还是"绿色食品"更重要。(韩国)
〈在我看来〉

(35)* 学习汉语,首先<u>汉语的声调来说</u>吧,汉语的声调<u>对外国学生</u>最难掌握的,因为我们国语里没有声调。(韩国)〈拿汉语的声调来说〉〈对外国学生来说〉

(36)* 可能<u>对我影响的时间来说</u>,朋友们的影响要最大才对。(韩国)〈就对我影响的时间来说〉

虽然这类框式结构的表层结构分析性较强,其前置部分在别的场合也可以单用,但在意义上却有着很强的综合性,如果出现遗漏将会影响句子意思的表达。它们更加接近一个词汇单位,可以看作"词汇性框式介词"(刘丹青,2003:312)。

## (二)当用框式结构而未用①

这类偏误也属于遗漏型偏误,和"框式结构不完整"的偏误不同的是,此类偏误是对框式结构的整体遗漏。相对于"框式结构不完整"的偏误类型,此类偏误比较少。例如:

(37)* 首先从文字着手,跟小孩子一样的,照着样子<u>练习本</u>一笔一划地写出来。(中国)〈在练习本上〉

(38)* <u>喝咖啡、喝酒、吃蛋糕等</u>,吸烟也是爱好的一种,但在这些爱好当中,好像只有吸烟往往让提出话题。(日本)〈跟喝咖啡、喝酒、吃蛋糕等一样〉

例(37)的偏误是显性偏误,从该句内部就可以看出来:它需要一个处所状语来说明动作"写"发生的处所,处所状语一般由"在 NP"来担任,又因为"练习本"是普通事物名词,所以其后面还要带上方位词"上"。例(38)是隐性偏误,"也"提示我们,"喝咖啡、喝酒、吃蛋糕"和"吸烟"具有

---

① 由于在讨论"框式结构不完整"偏误时我们已经给各框式结构分了类,加上所有其他类型的偏误都没有第一类偏误那么多,所以在讨论其他类型的偏误时我们不再一类一类地分开叙述,而是放在一起谈。

"是爱好的一种"的特点,它们之间具有类比关系,要体现这种类比关系,就得带上具有类比义的框式结构"像/和/跟……一样"。

**(三) 不当用框式结构而误用**

这一类偏误包括三种情况:只需要前置部分却把后置部分也带上了;只需要后置部分却把前置部分带上了;前置部分与后置部分都不需要却用了。这类偏误属于误加偏误。先看前两种情况:

(39)* 这样可以使人们<u>在街上或者公共场合上</u>受到的不良影响能够受到控制。(韩国)〈在街上或者公共场合〉

(40)* 比如<u>在人口密集的商业中心里</u>吸烟的话,周围的人也会受到一定的影响。(韩国)〈在人口密集的商业中心〉

(41)* <u>在中国里</u>居住三年多了,已具有较高的汉语水平,并已<u>在北京语言学院里</u>得到学士学位。(英国)〈在中国〉〈在北京语言学院〉

(42)* <u>在世界上</u>没有一个人不愿意享受轻松的生活。(韩国)〈世界上〉

如前所述,"在+NP"中的 NP 要具有处所义,由普通事物名词充当的宾语需要借助后置方位词实现处所化,由处所名词充当的宾语由于本身已经具有处所义,因此不需要再借助后置方位词处所化了。例(39)的"公共场合"和例(40)的"商业中心"在句中都具有处所义,它们后面都不需要方位词了。例(41)的"中国"和"北京语言学院"凸显的都是处所义,后面都不用方位词。例(42)"世界上"做句子的主语,前面一般不能加"在"。

第三种情况的偏误表现为将框式结构误用为名词性成分:

(43)* 要是怀孕的时候还吸烟就完蛋了,对自己的孩子会造成畸型的,还有对皮肤不好,容易干,容易出现<u>像青春痘似的</u>。(韩国)〈青春痘〉

(44)* <u>从"和尚挑水……"一文中</u>,让我联想到凡事别期望任何人来帮你做你应做的事,想喝水就去挑、去扛、去提,何必假手于人,贻人笑柄。(新加坡)〈"和尚挑水……"一文〉

(45)* <u>从"三个和尚没水喝"的故事里</u>,令我联想到人类自私的

一面。(新加坡)〈"三个和尚没水喝"的故事〉①

(46)* 我用从国家领导人的行为中举了一个例子。(韩国)〈国家领导人的行为〉②

(47)* 吸烟是对<u>在人的生命上</u>有着非常不好的影响。(韩国)〈人的生命〉

"像……似的"可以充当状语、定语、补语和谓语,但不可以充当宾语,所以例(43)中不该用"像……似的",如果要表达类比义,可以在其后面加上"的东西"使其充当定语。"从……中/里"充当状语,例(44)和例(45)缺少主语,所以应该去掉"从……中、从……里",让它中间的名词性成分做主语。例(46)的"用"后边的成分是宾语,"从……中"不能充当宾语,故应去掉。例(47)中做介词"对"宾语的不可以是介词性短语,所以应把"在……上"去掉。

### (四) 框式结构的句法位置错误

此类偏误是指框式结构出现在了不该出现的位置,属于错序偏误。例如:

(48)* 她想,如果住院的话,我得花很多钱,就<u>照顾我在她的家里</u>。(日本)〈在她的家里照顾我〉

(49)* 当人们不断地<u>浪费钱在吸烟上</u>,就会令外汇流失,直接地支持进口货了。(马来西亚)〈在吸烟上浪费钱〉

(50)* 我<u>是在家里最年纪小的</u>,因此我父亲非常疼爱我。(韩国)〈在家里是年纪最小的〉

在现代汉语中,语序受象似性原则和抽象原则的双重制约,表示动作的起点、发生的场所、存在的场所、经过的场所的介词词组一般位于所修

---

① 从修改的角度来看,这个句子删掉"令",也就合格了。但从篇章所表达的语义重点来看,则不宜做此分析。就学界关于中介语偏误分析的实践来看,对偏误表现和修改可能性之间关系的认识,我们关注得还不够充分。

② 例(46)也可以分析为杂糅,即这个句子是由"我用国家领导人的行为举了一个例子"和"我从国家领导人的行为中举了一个例子"混杂而成的。

饰的成分前,表示动作的终点的介词词组一般位于所修饰的成分后,表示滞留的场所的介词词组则可位于所修饰的成分前或后,但所修饰的动词带宾语或补语时介词词组只能前置(蒋绍愚,1999;张赪,2000等)。例(48)表示具体处所的"在她的家里"和例(49)表示抽象处所的"在吸烟上"应移到动词"照顾"和"浪费"的前面;①例(49)还可以用"把"将"钱"提到动词之前。例(50)"在家里"是"年纪最小的"状态的存在场所,所以应该放在"是"的前面或者主语"我"的前面。

现代汉语的状语成分一般都位于谓语动词之前。而"对(于)……来说"引介一个谈论的对象或话题时,常常位于句首,做整个句子的状语;有时也可以位于主语和谓语动词之间;一般不可以放在谓语动词后面,否则会使句子不太自然。例如:

(51)？我认为贵公司是比较先进的、有前途的、很好的公司,我觉得我这次选择你们公司是对我来说迫切很希望的。(韩国)

(52)？我长大了以后他还是对我来说我生活中一个特别的人物。(南斯拉夫)

(53)？这些人全都是对我来说,值得一提的。(日本)

例(51)的"对我来说"应该放在它所在句的句首或者谓语动词"是"的前面。如果谓语动词前面有多重状语,"对(于)……来说"一般要移至最外层,所以,例(52)和例(53)中的"对我来说"要分别移到"还"的前面和"全"的前面。

## 二、介词性框式结构的语义偏误类型

这里讲的语义,是指框式结构的整体结构及其前后置成分的语法意义。框式结构的语义偏误主要表现为:框式结构的前置部分和后置部分配合错误、框式结构出现冗余成分、框式结构的误代、框内成分的句法语义错误等。

---

① 这两句话也可以看作是韵律的限制,"照顾"和"浪费"带了宾语,后边就不能再带补语成分。

### (一) 框式结构的前置部分和后置部分配合错误

虽然框式结构的固化程度不一,但前置部分和后置部分的搭配习惯一般都是比较固定的。如果对这种相对固化的关系不清楚,就容易出现偏误。例如:

  (54)* <u>在这种角度来讲</u>,我是对安乐死这一问题赞同的。(韩国)〈从这种角度讲〉

例(54)中的"这种角度"提示我们这里是要标示判断的依据、来源,所以应将"在"改为"从",构成标示判断的依据、来源的框式结构"从……(来)讲"。再如:

  (55)* <u>对人们的精神来看</u>,(这是)很好的建议之一。(韩国)〈对人们的精神来说/对人们的精神而言〉
  (56)* <u>对我说</u>,这样也是一种挫折。(日本)〈对我来说/对我而言〉

### (二) 框式结构出现冗余成分

此类偏误主要指的是框式结构选择正确了,但往框中填入了冗余成分,这些冗余成分大多和框式结构所表达的意思相近。例如:

  (57)* <u>在随着今日香烟广告之高密度的宣传攻势下</u>,人们已在潜意识中,把吸烟当成是生活的一部分,就如每天洗脸刷牙一般,没什么了不起。(马来西亚)〈在今日香烟广告之高密度的宣传攻势下〉
  (58)* 不过,<u>在我本人的观点看来</u>,一个人在合理的情况下,出于同情及怜爱之心,使一个站于死亡边缘的人快速地死去,终止了长期的痛苦。(中国)〈在我本人看来〉
  (59)* <u>据我看来的想法</u>,晚辈不是不听话,但他们有他们自己的想法来解决一件事。(印度尼西亚)〈在我看来〉

"在……下"中间插入的应该是名词性成分,而例(57)的"在……下"

中间是一个介宾("随着"为介词)短语,所以应将"随着"删去。"在……看来"本身已含有"……的观点/看法"的意思,所以,如果例(58)的"在……看来"中还含有近义表达"的观点"就显得累赘了,因此"的观点"应删掉。同样,"据……看来"介引观点、认识等的由来,而这里是要表达自己的观点,所以例(59)"据……看来"要改为"在……看来",再接"的想法"就显得累赘了,或者将"看来"删掉,变成"据我的想法"。

### (三) 框式结构的误代

这类偏误是指,偏误用例中的框式结构本身在汉语中是存在的,但不符合句子要表达的意思,所以需要用别的框式结构来替换。例如:

(60)* 所以<u>从我们年轻的部下们来看</u>,他是不易接近的人物。(新加坡)〈在我们年轻的部下们看来〉

(61)* 我想"安乐死"是解决问题的唯一方法。<u>在法律观点上</u>,应该留下一点儿空间。(英国)〈从法律(观点)来看〉

(62)* <u>在人道立场上</u>,这位警察可以拔出配枪把这狗射杀,免得它再痛苦下去,这是完全合法的。(英国)〈从人道立场来说〉

(63)* 因为他是<u>从困难的环境中</u>长大的。(日本)〈在困难的环境中〉

"从……来看"标示判断的依据,例(60)的"他是不易接近的人物"是"我们年轻的部下们"的观点,而不是根据"我们年轻的部下们"得出的看法,所以这里应该用"用来强调后面的主观看法是谁的"的"在……看来"。例(61)和例(62)的情况刚好和例(60)相反,"法律观点"和"人道立场"都是其后面观点的依据或来源,应该把表"在……方面"义的"在……上"改为"从……来看/来说"。"从……中"一般表示来源或动作的依据,例(63)是要表达事件发生的场所,而不是着眼于变化,所以应把"从……中"改为"在……中"。若凸显事件发生的动态性,也可用"从……中",如"他是从困难的环境中成长起来的"。

### (四) 框内成分的句法语义错误

框式结构对于填入框中的成分在句法语义上一般都有特定的要求,

违背要求就会导致句子不合法。其实,此类偏误在前面讨论"不当用框式结构而误用"一类偏误时已经提到,如果换一个角度来看的话,它就属于"框内成分的句法语义错误"偏误,例如,像"北京、中国"这类典型的处所义名词就不能填入到"在……方位词"中间。再如:

(64)* 我<u>在学习汉语上</u>,最困难的是这个问题。(日本)〈在汉语学习上/学习汉语〉

(65)* 人,除非<u>在没有其他选择下</u>,才必须靠自己做事,才会认真地做。(新加坡)〈在没有其他选择的情况下/没有其他选择〉

例(64)"在……上"表示"在……方面",填入其间的成分必须是一个名词性成分,动词性成分要进入这个结构必须要名物化,所以应将"学习汉语"名物化为"汉语学习"。①例(65)"在……下"表示条件,填入其间的成分必须也是一个名词性成分,可以在"没有其他选择"后加上"的情况",或者干脆不用框式结构。

## 三、介词性框式结构偏误产生的原因

上面我们在描写框式结构的偏误类型和用例时,从目的语(汉语)的角度对产生偏误的框式结构的句法语义特点做了初步说明,以此来解释偏误产生的原因。然而,对二语学习者语言系统的研究,只关注目的语规则的描写是远远不够的,光依靠对目的语知识的了解并不能完全避免偏误的产生。偏误的产生除了与学习者目的语知识匮乏有关外,还与学习者自身特点、学习者的学习策略、中介语本身的特点以及教学上的失误有关;并且,有的偏误不是某一个原因造成的,而是多个原因共同作用的结果。

### (一) 对"框"的结构特征了解不充分

框式结构在框式化的过程中形成了相对比较固定的表层形式,其组

---

① 这个例子的偏误表现也可归入"不当用框式结构而误用",若此,合格的句子是将"在……上"直接去掉。

成部分一般不得任意删除或替换,它自身特定的意义和功能也并非其前置部分或后置部分所能单独承载的,前置部分和后置部分通常须前后相互照应才能发挥作用。①此外,框式结构在框式化的过程中常常伴随着语法化过程,前置部分或后置部分的具体意义会有所损耗而趋向虚化。汉语学习者对此的认识有个逐步发展的过程,在使用框式结构时常常会将框式结构去框式化、"移花接木"。上述所有偏误都或多或少与此有关。这里以"在……方位词"为例来说明。

如前所述,"在……方位词"中,"在"只能表示空间关系的类型,具体的空间位置类型要靠"上、下"等方位词来表达,舍弃它们中的任何一个都会导致不能很好地承载框式结构的意义和功能;而表示具体空间位置的方位词没有赋元功能,能够承担赋元功能的是语义抽象度相对较高的基本关系介词。例如:

(66)*犹记得小时候最爱坐<u>在外公的大腿</u>,聆听他在中国的一切经历。(马来西亚)〈在外公的大腿上〉

(67)*因为每个人都<u>不一样的环境下</u>生长,所以每个人性格特征都不一样,对应困难的方式也不一样。(韩国)〈在不一样的环境下/在不一样的环境中〉

"在"和方位词作为"在……方位词"这个整体的两个部分,常常需要同现。当然,在特定条件下"在……方位词"中的前置框式成分"在"也可省略。例如:

(68)*我<u>在工作</u>并没让她失望。(新加坡)〈在工作上/工作上〉

其中的条件是,"并没让她失望"的可以是"我",也可以是"我工作上"的情况。这些条件都还需要具体分析。

框式结构的"框"的特征不仅体现在其自身程度不同的不可分割性上,还体现在其组成成分的不可替换性上,前者保证了该结构在形式上的

---

① 有的框式结构在一定条件下可以只用部分框式成分,如"像……一样、为……起见",前文也有所说明。很多时候,框式结构的后置成分所起的作用更加显著。这种情况还需要系统而深入的研究。

完整性,后者则保证了该结构在意义上的完整性。不适当地替换框式结构的组成成分必然造成词不达意或不符合汉语的表达习惯。例如:

(69)* <u>对我成长过程中</u>,给我影响的人不计其数,包括父母,兄弟姐妹,从小学到大学的老师,都属于给我影响的人。(马来西亚)〈在我成长过程中〉

(70)* <u>在目前为止</u>,我认为对我影响最大的那个人,就是扶我踩上这块踏板的那位先生。(葡萄牙)〈到目前为止〉

这两例中学习者分别对"在……中、到……为止"的前置部分进行了不适当的替换。

### (二) 对框式结构"式"的特征把握不到位

在框式结构框式化的过程中,随着其表层形式的固化,其意义和功能也逐渐固定下来,对于要填充其间的成分的句法语义性质也有较为严格的要求,它们在某种程度上已经具备了一个形式—意义对的资格,即作为一个构式而存在。我们将这种形义配对体称作"式"。式,不仅关注结构,更关注形义配合的情况。框式结构中的两部分及其构成的整体,在发展过程中,可分析性逐步减弱,词汇性逐步增强,大多数框式结构已经具有不可分析的语义及形式特点。这种词汇性强的框式结构需要一一习得,汉语学习者学习起来都有相当的难度。这里以"在……下"为例来说明:

(71)* <u>在长时间吸烟下</u>,人们会得各种各样的病。(日本)〈在长时间吸烟后〉

(72)* 所以父母们应该<u>在孩子的立场下</u>,了解子女们,子女们也要有这样的态度。(韩国)〈在孩子的立场上〉

(73)* <u>在培养独立性的基础下</u>,和别人一起生活,互相帮助。(韩国)〈在培养独立性的基础上〉

(74)* <u>在一个角落下</u>,便能看到一辆自配自行车。(菲律宾)〈在一个角落里〉

"在……下"一般表示二维的空间位置关系,进一步引申表示条件,但它不可以用来表示时间的先后关系。例(71)"长时间吸烟"和"会得各种各样的病"之间的关系是时间性的,不能用"在……下"表示,应改为"在……后",或者干脆拿掉此框式结构。抽象名词"立场"和"基础"后面的方位词一般是"上",构成固定组合"在……的立场上、在……的基础上",故例(72)和例(73)中的"下"都应改为"上"。"角落"是三维空间名词,它后面应该带表三维空间位置关系的方位词"里",故例(74)的"下"应改为"里"。

当"在……下"表示条件时,"式"的特征更加凸显,填入其间的成分必须是以双音节动词为中心语、以结构助词"的"为黏合剂的组合式定中短语(当然也可以是普通名词性短语),并且定语和中心语常常具有"施事—动作"的语义关系,即"NP$_{施事}$的 V$_{双}$"。①例如:

(75)一年后在朋友的介绍下,进入另一较有规模的广告公司。(新加坡)
(76)在老师的热心帮助下,我对学习有了很大的兴趣。(韩国)
(77)在她的鼓舞下我学到好多东西。(印度尼西亚)

如果填入其间的成分不符合上述句法、语义要求,就会产生偏误。例如:

(78)*我觉得在生病的人自己和家人同意下,实行安乐死是最好的办法。(日本)〈在生病的人自己和家人的同意下〉
(79)*在老师们的耐心下,有今天了。(日本)〈在老师们的(耐心)帮助下〉

例(78)"生病的人自己和家人"和"同意"之间缺乏黏合剂——结构助词"的",例(79)"老师们"和"耐心"之间不具有"施事—动作"语义关系。

### (三) 中介语可渗透性特点的影响

对中介语现象的表现、特征及生成过程,Adjemian(1976)从渗透(permeability)的角度给出了一种解释模式。中介语渗透模式是双向的,既有来自母语的渗透——所谓的正负迁移(语际迁移),也有来自目的语

---

① 该框式中的"条件"如果是一个主谓式动词性短语,必须关系化为"的"字名词性短语。

的渗透——对已学过的目的语规则和形式的过度泛化(语内迁移)。这对框式结构如何合用或单用、如何掌握不同框式结构形式和/或意义上的关联与差别、如何掌握框式结构中框内成分的句法语义限制条件等都有影响。

母语负迁移对偏误的产生影响非常广泛,上面绝大部分的偏误都与此有关。再如:

(80)? 今年一、二月,我在$_1$北京服装公司工作过,我在$_2$国内广告部工作,我们在$_3$这时候的广告是夏天女款的衣服,我们在$_4$北晚报发表了广告。(加拿大)

"在$_1$"和"在$_2$"后面的"服装公司"和"广告部"都是普通事物名词兼处所名词,它们后面有无方位词皆可,但常不用方位词;此时不用方位词就跟英语的表达习惯一样。然而,"这时候"可以直接做定语,前面不需要加上"在",所以"在$_3$"没有必要用,而英语中必须要在"this moment"前加上"at"。不难看出,"在$_1$"和"在$_2$"受母语正迁移的影响没有用错;"在$_3$"受母语负迁移影响用错了,至少用得不自然。"在$_4$"的情况有些特殊,"北晚报"后用不用"上"都很自然(但"HSK动态作文语料库"中标记为必须用"上"),所以也看不出作者使用情况的实质。但从原文全篇来看,该作者在所有表示时间、处所、单位的名词前都用了"在",其后都未用方位词,说明该作者并不了解框式结构的使用特征,因而还处于比较初级的阶段,受母语迁移的影响很大(这种情况下,甚至可以说正迁移带有某种偶然性)。

其实,母语负迁移导致的最典型的偏误还属语序偏误,如上文讨论的"框式结构的句法位置错误",这里不再赘述。

语内迁移主要是因受汉语中相似结构的干扰。例如:

(81)* 对我的感情上来说,我不想承认安乐死,因为我脑子里有宗教观念。(日本)〈从我的感情上来说〉

(82)* 对我来说,我的父母60岁,而且他们是农民,跟在大城市生活的20岁的我各个方面存在差异。(日本)〈拿我来说〉

(83)? 对我们国家来说,在每个商店里,可以买到新鲜的绿色食品。(韩国)〈(在)我们国家〉

这三例偏误的出现,除了与汉语学习者没有完全掌握这些框式结构的用法有关外,更主要的是因为这些框式结构的后置部分形式相同或相近(都是"来说"),学习者感到混乱,为了减少错误,他们就采取简化策略,用某一个框式结构(如这里的"对……来说")表达多种语义关系,造成该框式结构("对……来说")用法泛化。这是语言中显赫范畴(mighty category)(刘丹青,2011、2012)所表现出来的显著形式对二语习得过度泛化影响的体现(李昱,2014)。① 当然,还有可能与日韩语的话题特征有关。日韩语的话题标记形式单一且使用广泛,学习者有可能是把汉语在一定条件下可以标记话题的"对……来说"简单对应于其母语中的话题标记,做了过度的类推。这便是母语的负迁移。

**(四)中介语发生的认知基础**

根据第二语言习得的研究,第二语言学习者获得语言能力的心理学基础与母语习得的心理学基础是不同的,或者说,习得机制是不同的。第二语言学习者大多是成人,学习第二语言时已经过了关键期,而在关键期之后,"原有的习得机制已经退化,第二语言学习者所依据的是一种完全不同的机制,证据就是第二语言学习者语言能力获得的僵化现象"(王建勤,2000)。② 而且他们都有比较强的类比推理、演绎推理和归纳推理等逻辑思维能力。在学习第二语言时,学习者由于错过了关键期而无法激活习得母语时所采用的语言习得机制,他们所求助的只有人类一般的认知能力,他们常常会自觉不自觉地通过各种逻辑思维在母语规则和目的语规则之间、目的语各规则之间建立起联系。然而,这种主观能动性往往伴随着见同不见异、以相似代替相同、只看到联系而忽视区别等认知缺陷,从而导致了诸如目的语规则泛化、简化目的语规则以及负迁移等后果,而这些都是偏误产生的主要原因。

**(五)教学材料和教学过程中语言知识的说明不够精准**

教学材料的编写、安排与教学的安排息息相关,教学材料对语法项

---

① 关于语言中显赫范畴的显著形式对语言习得的影响,参见第六章在分析双及物式的习得变异现象时的说明。

② 当然,关于成人二语习得是否存在关键期,学界存在一定的争论,参见 Gass & Selinker(2008:405—416)。我们的研究是赞同关键期假说(Critical Period Hypothesis)的,虽然同时也认识到年龄问题对语言习得的影响实际上因语言要素不同、语言习得阶段不同而有种种差异。

目的描写和解释是否精准到位直接影响着教学的成败。如框式结构"像/跟……一样/似的",其前置部分和后置部分都可以有条件地省略掉,但是,根据我们对《对外汉语教学实用语法》(卢福波,北京语言文化大学出版社,1996年)、《现代汉语实用语法分析(上册)》(朱庆明编著,清华大学出版社,2005年)和综合课教材《桥梁——实用汉语中级教程(上)》(陈灼主编,北京语言文化大学出版社,1996年)这三本书的考察,它们对具体什么条件下可以省、省掉哪个并没有做出详细的说明。教学过程中,有的教师或者受教材的影响,或者自身没有意识到该语言点在类型学上的特异性,往往也不对此提出解释。如此一来,汉语学习者很可能会以为这种省略是不受规则约束的,从而导致在使用时产生偏误。

当然,教学材料是如何影响习得的,这方面的研究目前尚处于举例状态,并没有系统的探究。而且某项偏误的出现是否就是受某个教学材料的影响,至今尚未有充分的证据来说明。因此,我们只能说教学材料和教学过程对语言习得有影响,至于如何影响、于哪些方面影响,还需要进一步探讨。

## 四、本章小结

基于语言类型学关于框式结构的分析和构式语法关于形义配对关系的认识,本章从句法和语义两个方面分析了特定语料库中框式结构的偏误情况,分别归纳了偏误的类型,并初步分析了产生偏误的内外部原因。由于框式结构句法、语义、语用上的特殊性,在汉语作为第二语言的教学中,只有既注意到"框"的结构性特征,又注意到"式"的形义配合关系,才能有效提高框式结构的教学效果。而目前,在对外汉语教学界,无论是教学大纲的编制、教学材料的编写、教学内容的选择还是教学过程的安排,都没有对此予以充分的重视。如果缺乏"框式"意识,就有可能忽视框式结构"框"和"式"的本质特征,将框式结构简单地看作一个可分析的组合表达去教学,而不进行有效的教学设计和干预,这必然会妨碍教学效果。这里结合上文的论述,仅就本体层面尝试提出一些教学建议以供参考。

首先,在一定的可分析性基础上,突出框式结构作为一个语块/构式的整体性特征,即"框"和"式"的双重特征。对外汉语教学的主要目标是培养汉语学习者的汉语语感,而不是重点分析结构内部的句法、语义关系。近年来,学界已经逐步认识到语块教学在汉语学习者语感培养中的重要作用(如周健,2007a),框式结构是语块的一个重要类型,其整体性特征和一定程度上的分析性特点都很突出,因此其教学内容和教学策略都应与一般性语块有所不同。我们既要认识到很多框式结构有一定的可分析性,在造句构篇时有一定的类推性,更要认识到框式结构的"框"和"式"具有整体性,是特定的形式—意义配对体。习得这些框式结构时往往具有习得词汇性成分的特征,学习者可将它们作为一个整体储存于心理词库中,以方便即时性提取、加工和使用。加强框式结构的整体学习和记忆,是培养语感和提高生成正确句子能力的有效途径。

其次,加强语内和语际对比分析。对于汉语中形式或意义上比较接近的框式结构,要深刻挖掘它们之间的不同之处,这些不同之处包括语义、语用、句法功能以及对填入其中成分的句法、语义要求及限制等方面,要找出它们存在差异的原因,从而减少对目的语规则的泛化和简化。同时,由于框式结构的汉语类型特征比较显著,对比分析可以在汉语学习者母语和汉语之间进行,当然这主要是针对两种语言之间意义相近的结构,找出相同点和不同点,促进母语特征对学习某种汉语现象的积极影响,减少母语对汉语学习的负迁移。

# 第六章　汉语双及物式的二语习得研究

　　本章和随后的两章讨论汉语双及物式、动结式、重动式这三类句式性构式的习得问题。由于句式一般由动词及其论元结构构造而成,因此构式语法常称这类构式为论元结构构式。在分析特殊论元结构构式时,我们都以语言类型学关于语言共性和语言类型的认识为参照,同时根据特定构式的形义特征,从不同角度、采用不同的研究方法来探讨每类论元结构构式形义关系习得过程的共同性和特异性。本章结合语言类型学和社会语言学的研究观念,尤其是借助语言库藏类型学的基本观念和研究路径来探讨汉语双及物式这类特殊论元结构构式习得过程中的语言变异现象及其机制。①

　　语言习得中的语言变异(linguistic variation)现象通常是指"说话者的语言表达系统由于社会因素(社会等级、职业等)、社会心理因素、心理语言因素而产生的语言变化形式"(王建勤主编,2009:128—129)。对于语言变异现象的研究,最早起源于社会语言学研究,后被引入语言习得理论。在中介语语法系统中,学习者在学习时常常会出现几种语言形式交互使用、表达相同意义的现象,这几种语言形式在中介语中或作为自由变体存在,或受到语境等因素的制约而体现出一定的系统性特征。本章将从语言类型学尤其是语言库藏类型学的角度对中介语中的部分语言变异现象进行解释。

　　我们以下列汉语中介语语料②中双及物式的典型偏误,作为本研究的出发点:

(1)*我还记得她多么认真、多么热心地<u>教给</u>我们英语。(韩国)〈教〉

---

　　① "双及物式"一般也称作"双宾句、双宾结构式、双宾语构造"等。但考虑到汉语文献尤其是结构主义语言学文献中对"双宾"的理解比较宽泛(只要动词后带两个 NP,一般都归入"双宾句"),而本章重在考察该构式的特殊论元结构特征及其句法配置在句法习得中的表现,因此基于构式语法理念以"双及物式"称之。

　　② 本章中专题测试之外的全部语料均来自北京语言大学所建的"HSK 动态作文语料库"。

(2)* 他们会在我迷失的时候,指条明路给我,希望能帮我每次人生的关卡。(澳大利亚)〈帮我渡过每次人生的关卡〉

(3)* 我们在日常生活当中常常听到的歌曲从各个方面向人们给很大的影响。(韩国)〈给人们很大的影响〉

　　这些双及物偏误在高级阶段汉语学习者的中介语中有较强的共性,同时跟三类句法形式有关:与格标记、兼语构式和介词结构。例(1)跟与格标记"给"的使用环境有关。双及物动词在跟某些宾语搭配的时候不能在动词后附加"给"(如例(1)),而在另一些句法环境中,"给"则必须出现。对例(2)来说,本该用兼语构式却误用为双宾语,属于双宾语构式的泛化。例(3)是介词结构偏误,在应该使用双及物式的情况下误用了介词结构。

　　上述偏误在不同程度上都和双及物式有关,本章从语言变异的角度对这些现象进行分析,认为这些偏误形式都是双及物式的变异形式。我们将语言变异定义为:在第二语言学习过程中出现的临时变动现象。既然中介语被假设为一个完整的语言系统,那么标准的目的语形式也应成为系统中的一个组成部分。本章所研究的变异形式(variant)主要指中介语中可以自由交替使用的几种语言形式,即非系统变异,这些语言形式之间的交替一般不受语境等因素的控制,但是学习者母语背景等因素又对中介语变异形式的出现频率产生一定的影响。①这些变异形式中既包括标准的目的语形式,本章定义为标准形式,也包括在不同程度上偏离目的语形式的所谓的偏误,本章称之为非标准形式。当中介语系统无限接近标准形式时,便到达了第二语言习得的理想状态。非标准形式也可以分为不同的层次,有的非标准形式在语义上可理解,但是在语法上可接受度低;有的尽管可理解,但是会造成歧解;有的则不仅在语义上不可理解,在语法上也不合法。通过对几类汉语双及物式变异形式的分析,我们可以为汉语中介语中相关变异形式的产生和发展提供解释。②

---

① 根据语言变异理论对"系统变异"和"非系统变异"的定义,"系统变异"指的是受到学习者心理语境、上下文语境和社会语境制约的变异形式,"非系统变异"则不受上述语境制约。本章所研究的变异形式尽管在出现频率和学习者母语背景上呈现相关性,但是并无明显的因果联系,因此将它们视为"非系统变异"较为恰当。

② 显然,中介语理论对变异的理解跟社会语言学对变异的理解有所不同,前者强调二语习得动态发展阶段所表现出的临时现象,后者重在非语言因素对语言交际所产生的社会差异。但两者在观念上有本质的相通之处,即都是基于对语言生成过程中的偏离现象及其成因的认识。

选择双及物式作为研究对象,是因为双及物式是一类具有跨语言共性(universal across languages)的构式,它指的是一种论元结构,即由双及物(三价)动词构成的,由施事主语外带一个客体和一个与事的结构(刘丹青,2001)。不同语言在双及物式的论元配位方式、标记模式和构式意义上有共性也有差异,双及物式所表达的语义范畴也和其他构式有交集。因此双及物式在不同语言间以及相关构式之间产生互动的可能性非常大,变异形式就是这种互动在中介语中的表现,而偏误的发生与学习者母语和目的语的语言类型有很大关系,不同变异形式之间的交替,在很大程度上是学习者母语和目的语中的相关语言形式之间互动的结果。

本章首先梳理语言类型学对双及物式的分类,然后通过专题测试分析高级阶段汉语第二语言学习者中介语中的双及物变异形式及其特点,最后结合语言类型学尤其是语言库藏类型学的相关理论,对汉语双及物式的变异空间和变异机制做出相关理论说明。我们认为,中介语的发展是在变异形式的更替中实现的,变异现象是中介语发展的重要动力。

# 一、基于双及物式的语言类型

本章对双及物式的分类主要基于语言类型学对双及物式,尤其是双及物式中论元标记模式的研究。双及物式是一类具有跨语言共性的结构,其对应的事件结构是一个转移(transfer)事件。该事件通常包含三个事件参与者:动作发出者、转移的目标和转移物。它们在构式中的语义角色分别对应于施事 A(agent)、与事 R(recipient)以及客体 T(theme)。类型学对双及物的分类主要基于 R、T 以及单及物受事论元 P(patient)的标记模式。Dryer(1986)就区分了主宾语(primary object)和次宾语(secondary object)两类宾语,并根据不同语言在标记宾语上的差别,区分了直接宾语语言(direct object language)和主宾语语言(primary object language)。前者是指双及物间接宾语有特殊标记的语言,后者指双及物直接宾语有特殊标记的语言。在 Dryer(1986)研究的基础上,Heine & König(2010)基于大规模语料调查,依据与事论元和客体论元的语序和标记模式总结出其所调查的语言中双及物式的几种基本类型,其中 IOC(indirect-object construction)型双及物和 DOC(double-object construction)型双及物是世界语言中最普遍的两种双及物类型。前者指 T 跟 R 标记不同,而与 P 标记相同的标记类型,即只有与格标记和分别使用与格和宾格标记的双及物式;后者指 T、R 和 P 的标记都相同的标记类型,即无与格标记和 T/R 有着相同标记的双及物式。IOC 相对于 DOC 来说,是无标记构式,在世界语言范围内是更普遍的双及物类型(Harley,1995;刘丹青,2001)。

基于不同语言中所采用的双及物类型,Heine & König(2010)将世界语言划分为 IOC、IOC/DOC、DOC 等多种模式。IOC/DOC 模式有英语、瑞典语、冰岛语、印度尼西亚语等语言;IOC 模式则覆盖了欧洲大陆的大部分语言以及日语、韩语等语言;DOC 模式属于劣势分布,仅存于越南语、美洲和非洲的少部分语言中。从语言库藏类型学的角度来看,不同语言之间首先在语法形式的库藏(inventory)上就有显著的差别。在一些语言中可以使用 DOC 构式来编码的语义内容在 IOC 型语言中只能通过 IOC 型构式来表达;而对 DOC 型语言来说,IOC 型双及物式所传递的全部语义信息必须通过 DOC 构式进行重新编码,才能被 DOC 母语者所理解。因此在学习第二语言的过程中,这种语际之间的形式转换给中介语变异形式的产生提供了空间,从而也提供了偏误发生的背景。所以接下来的讨论主要基于这种对语言类型的分类。

IOC 和 DOC 这两种标记模式在汉语中都存在。"他给了我一本书"是典型的无标记 DOC 式,而汉语中同样有"他送了一本书给我"的句式,这里与事宾语"我"必须附加介词"给"才合法,本章将"给"视为与格标记,[①]这是典型的带与格标记的 IOC 式。因此本章用"双宾语构式"来指称汉语中的 DOC 型双及物式,即一个动词带两个宾语的 VRT 式结构;用"与格构式"来指称汉语中的 IOC 型双及物式,即通过介词引出与事论元的三论元结构。汉语中与格标记主要由介词"给"来充当,因此与格构

---

[①] 介词属于一种典型的标记形式,词缀(affix)是另一种主要的论元标记形式。尽管有的学者并不承认介词作为与格标记的身份(Rappaport & Levin,2008),但是由于它们在论元结构和语义上与有形态变化的与格语言存在高度的一致性,我们可以将"to"一类介词看成一种特殊的与格标记。汉语中也是如此。赵元任(1968)、朱德熙(1979)、袁毓林(1998)已经认识到汉语中的"给"和与格构式的密切联系,在语言类型学的背景下,考虑到它的句法位置总是紧贴与事之前,用于区分与事和客体,所以将其看成与格标记是没有问题的。因此汉语中的部分"给"字句也属于与格构式,其功能是标记与事论元 R。另,这里的"给"是介词还是动词,学界有不同认识。这里从角色标记的性质着眼,将其看作介词。

式在汉语中主要表现为带介词"给"的相关句式,包括三个基本句式:V 给 RT、VT 给 R、把 TV 给 R。①

## 二、汉语双及物式的变异形式

前文在语料库中发现的几类典型中介语偏误跟与格标记、兼语构式和介词结构等相关,为了更精确地考察这些非标准形式是否真正具有共性,以及它们在特定语义场景中的其他变异形式及变异特点,我们以问卷形式进行了专题测试,要求被试对给定的句子判断正误并改错,从而测试不同的被试在同样的语境下会产出怎样的变异形式。所有的实验材料都是根据"HSK 动态作文语料库"中的偏误实例改编而成的,也加入了一些作者自编的例句以及干扰句,共计 20 个题目,其中考察与格标记的共有 4 个题目,兼语构式共 2 个题目,介词结构共 5 个题目,其余 9 个均为干扰句。②

参与任务的被试共 40 名,为留学北京高校并且学习汉语平均时间为 4 年的高级水平汉语学习者。③ 根据被试母语中双及物式所属的类型共分两组,即 IOC 和 IOC/DOC 两种语言类型的学习者各 20 名。其中,IOC 型语言包括日语(7 名)、韩语(7 名)、哈萨克语(2 名)、西班牙语(2 名)、葡萄牙语(1 名)、俄语(1 名);IOC/DOC 型语言包括泰语(12 名)、印度尼西亚语(4 名)、英语(3 名)、菲律宾语(1 名)。

### (一)与与格标记相关的双及物变异形式

我们讨论的第一项是跟与格标记相关的变异形式,所使用的实验句共有 4 个,分别是:

(a)*小明问了三个问题给老师。

---

① 本章参考了朱德熙(1979)对"给"字句的分析,朱文认为有四种与"给"相关的句式都能用来表示与汉语双及物式相同的"给予"义:(1)A+V+R+T;(2)A+V+给 R+T;(3)A+V+T+给 R;(4)A+给 R+V+T。但是本章认为(4)中 R 的语义角色与其他三类有差别,因此未将其纳入与格范围,而增加了"把 TV 给 R"。

② 本研究所使用的测试可视为一项预备研究(pilot study),因此实验材料仅侧重于少数几个典型构式,可能无法完全反映双及物式的全部变异形式。同时,限于篇幅,本章仅对测试材料做了频次统计和描述性分析,得出了一些倾向性结论,如果要做出更精确的统计推断,还需要进一步的统计检验和分析。

③ 高级水平汉语学习者内部可能存在水平差异,这些差异在中介语中的反映还有待进一步考察。

(b)* 警察罚给了刘先生 200 元钱。
(c)* 我还记得他非常认真、非常热心地教给我们汉语。
(d)* 父母要把所有的事情教孩子们。

以上四个句子在 40 份问卷中所出现的变异形式具体列表如下:①

表 6-1　(a)* 小明问了三个问题给老师。

| 语言类型 | 问 XY | *给 X 问 Y | 向 X 问 Y | ?跟 X 问 Y | ?对 X 问 Y | 问 X 问了 | *问 Y 对 X |
|---|---|---|---|---|---|---|---|
| IOC/DOC | 14 | 3 | 2 | — | — | 1 | — |
| IOC | 11 | 1 | 5 | 1 | 1 | — | 1 |

表 6-2　(b)* 警察罚给了刘先生 200 元钱。

| 语言类型 | *罚给 XY | 罚了 XY | *给 X 罚了 Y | X 被 A 罚了 Y | 罚 XVY | *给 XY | *罚 XY 给 |
|---|---|---|---|---|---|---|---|
| IOC/DOC | 2 | 16 | 1 | 1 | — | — | — |
| IOC | 7 | 5 | 3 | 1 | 2 | 1 | 1 |

表 6-3　(c)* 我还记得他非常认真、非常热心地教给我们汉语。

| 语言类型 | *教给 XY | 教 XY | ?给 X 教 Y | *教 Y 给 X |
|---|---|---|---|---|
| IOC/DOC | 5 | 14 | 1 | — |
| IOC | 7 | 7 | 5 | 1 |

表 6-4　(d)* 父母要把所有的事情教孩子们。

| 语言类型 | *把 Y 教 X | 把 Y 教给 X | 把 Y 告诉 X | 教 XY | *教 X |
|---|---|---|---|---|---|
| IOC/DOC | 6 | 11 | 2 | 1 | — |
| IOC | 5 | 12 | — | 2 | 1 |

实验句(a)—(d)所对应的变异形式数量分别是 7、7、4、5。其中,对 IOC 和 IOC/DOC 两种类型的母语背景来说,(b)在变异形式的数量上反差较大,(c)在变异形式的数量上也有差异,这体现的是学习者母语对目的语习得在语言形式上的影响。这一点我们将在下文详细讨论。就各个变异形式之间的关系来看,由于这一类变异都与汉语的与格标记"给"相关,所以在语义上均是表"给予物有意识的转移",只不过由于动词的不同,转移的方向有所差别。(a)(c)(d)均表"正向传递"义,(b)则表"负向传递"义。题目中给出的句子都是非标准形式的双及物式,但是学习者所产出的变异形式大部分都在几类双及物式范围内,包括双宾语构式。例

---

① 受到测试题型的限制,本章所用的全部实验句及相应变异形式有共同的事件语义结构。

如(a)包括"VRT",(c)包括"VRT、V 给 RT、VT 给 R",(d)包括"VRT、把 TV 给 R"。与格的变异形式包括介词结构"Prep＋$O_1$＋V＋$O_2$",在这三题中均有一定数量分布。可见,就双及物式来说,除了双宾语和与格构式的几种句式,介词结构是最容易与双及物式形成交替的变异形式。反观表"取得"义的(b),尽管构式语义是"取得",但是仍有相当数量的被试(尤其是母语为 IOC 型语言的被试)会将与格标记"给"与构式的"取得"语义错误地匹配起来,采用"V 给 RT"的形式。被试在表达"取得"义时,除了使用介词结构,还启用了比"给予"类更多的变异形式,如被动构式和连动构式等:

(4)刘先生被警察罚了 200 元钱。(日本,IOC,北京语言大学速成学院 E 班,学习 4 年,新 HSK5 级)

(5)*警察罚了刘先生付 200 元钱。(日本,IOC,北京语言大学速成学院 E 班,学习 1 年,HSK7 级)

由与格或双宾语构式表"取得"的语义,这样的形义匹配关系并不是在所有语言中都存在,因此这一现象在某种程度上反映了被试在面对陌生的形义关系时反而会撇开构式形式之间的联系,完全依照语义启动更广泛的形式手段。

### (二)与兼语构式相关的双及物变异形式

我们讨论的第二项是兼语构式,所用的实验句共有 2 个,分别是:

(e)*在我迷失的时候,他们希望能帮我每次人生的关卡。

(f)同学们都称她为王老师。

以上两个句子在 40 份问卷中所出现的变异形式具体列表如下:

表 6-5 (e)*在我迷失的时候,他们希望能帮我每次人生的关卡。

| 语言类型 | *帮 XY | 帮 XVY | *帮 Xposs① | *给 XY |
|---|---|---|---|---|
| IOC/DOC | 10 | 8 | 2 | — |
| IOC | 15 | 4 | — | 1 |

---

① Xposs 在这里指代汉语领属结构。

表 6-6　(f)同学们都称她为王老师。

| 语言类型 | 称 XY | 称 XVY | 把 X 称 VY | Y 被称 VX |
|---|---|---|---|---|
| IOC/DOC | 5 | 14 | 1 | — |
| IOC | 3 | 15 | 1 | 1 |

实验句(e)和实验句(f)都有 4 个变异形式,双及物式,尤其是双宾语构式是兼语构式最主要的一种变异形式:

(6)* 在我迷失的时候,他们希望能帮我每次人生的关卡。(泰国,IOC/DOC,北京语言大学汉语进修学院高级,学习 4 年,无 HSK)〈渡过每次人生的关卡〉

(7) 同学们都称她王老师。(哈萨克斯坦,IOC,北京语言大学汉语学院 4 年级,学习 4 年,HSK5 级)

IOC 和 IOC/DOC 这两种类型语言的差异对习得汉语兼语构式并没有显著影响。但是,兼语构式在语义上和双及物式有交叠,都有"给予 X 一个抽象转移物 Y"的语义结构,"Y"在(e)中表现为"渡过人生关卡的帮助",在(f)中表现为"王老师这个名称"。所以(e)甚至会出现"给 XY"这样的典型双及物变异形式。此外,与兼语构式相关的变异形式还包括"把"字句、"被"字句、单及物构式等。

### (三) 与介词结构相关的双及物变异形式

我们讨论的第三项是双及物式在汉语中介语中的另一类主要变异形式——介词结构。所用的实验句共有 5 个,分别是:

(g)? 我根本不记得自己两三岁的时候,父母给我教了什么。

(h)* 流行歌曲从各个方面向人们给很大的影响。

(i)* 我逛完以后又去了一趟刚才给我卖一个钱包的商店。

(j)* 我能对孩子告诉为什么要学习。

(k)? 一个人吸烟会给其他人不好的影响。

以上 5 个句子在 40 份问卷中所出现的变异形式具体列表如下:

表 6-7　(g)? 我根本不记得自己两三岁的时候，父母给我教了什么。

| 语言类型 | ?给 X 教 Y | 教给 XY | 教 XY | *教的是 Y① | 教过了 Y | *X 教了 Y |
|---|---|---|---|---|---|---|
| IOC/DOC | 7 | 5 | 6 | 1 | 1 | — |
| IOC | 9 | 3 | 7 | — | — | 1 |

表 6-8　(h)* 流行歌曲从各个方面向人们给很大的影响。

| 语言类型 | *向 X 给 Y | 给 XY | 向/对 XVY | 给 XVY | *向 XY | *X 给 Y | *V 人们 | *向 X 的 Y 很大 | *使 X 受到 Y 很大 |
|---|---|---|---|---|---|---|---|---|---|
| IOC/DOC | 5 | 10 | 1 | 3 | — | — | 1 | — | — |
| IOC | 7 | 8 | 1 | — | 1 | 1 | — | 1 | 1 |

表 6-9　(i)* 我逛完以后又去了一趟刚才给我卖一个钱包的商店。

| 语言类型 | *给 X 卖 Y | 卖给 XY | *卖 Y②/买 Y |
|---|---|---|---|
| IOC/DOC | 7 | 10 | 3 |
| IOC | 14 | 3 | 3 |

表 6-10　(j)* 我能对孩子告诉为什么要学习。

| 语言类型 | *对 X 告诉 Y | 告诉 XY | 对 X 说 Y |
|---|---|---|---|
| IOC/DOC | 4 | 15 | 1 |
| IOC | 4 | 14 | 2 |

表 6-11　(k)? 一个人吸烟会给其他人不好的影响。

| 语言类型 | ?给 XY | 给 XVY | V 给 XY | VX | *对 XY |
|---|---|---|---|---|---|
| IOC/DOC | 11 | 3 | 2 | 2 | 2 |
| IOC | 16 | 2 | 1 | — | 1 |

实验句(g)—(k)在变异形式的数量上差别较大，分别有 6、9、3、3、5 个变异形式。上述五个题目在语义结构上都是表"给予"，共有的变异形式包括介词结构和双及物结构，并且双及物结构（"VRT"式和"V 给 RT"式）在数量上占优：双及物变异形式（114 例）总体上要高于介词结构（70 例）。其中，IOC/DOC 母语背景的双及物变异形式（61 例）要略多于 IOC 型母语（53 例），而介词结构方面 IOC 型母语的变异形式数量（39 例）要多于 IOC/DOC 型母语（31 例）。但是其中(i)在母语类型上的反差特别

---

① "教的是 Y"虽然语法正确，但和原句要表达的意思出入较大，故加了*。
② "卖 Y"是非标准的变异形式（如例(10)），故加了*。

大:在"卖给"这一构式中,IOC/DOC 型母语的学习者较多使用双及物与格构式,而 IOC 型母语的学习者则较多使用介词结构。这一数据表明母语为 IOC/DOC 型语言的学习者在汉语中介语中表达"给予"义时更容易产出双及物式,而 IOC 型母语背景的学习者更倾向使用介词结构。这也在一定程度上反映出学习者母语对中介语变异形式的影响。但是,无论从总体数量还是各个构式所对应的变异形式数量来看,双及物式在表"给予"的事件结构中都是主要的语言形式。

### (四) 其他变异形式

在我们收集到的数据中,还有一些变异现象值得注意:一是被试会过度扩展介词的语法功能,有一些非标准形式都是因介词误用为动词而造成的。例如:

(8)*流行歌曲从各个方面向人们很大的影响。(韩国,IOC,北京语言大学博士研究生,学习 6.5 年,无 HSK)〈给人们〉

(9)*一个人吸烟对其他人不好的影响。(印度尼西亚,IOC/DOC,北京语言大学汉语学院 3 年级,学习 3 年,HSK5 级)〈给其他人带来不好的影响〉

以上两例把汉语中的高频介词"向、对"误用为动词而带上了双宾语,介词作为动词的变异形式出现在中介语中。

二是被试有时会误用单及物构式来表达双及物的"给予"义。例如:

(10)*我逛完以后又去了一趟刚才卖钱包的商店。(印度尼西亚,IOC/DOC,北京语言大学硕士研究生,学习 6.5 年,HSK8 级)〈卖给我钱包〉

例(10)使用了单及物构式"卖钱包"来表示包含了三个事件参与者的双及物事件"商店卖给我一个钱包"。可见,当学习者在他们的语言形式库藏中找不到合适的语言形式来包装语义内容时,就会采取删减语义信息的办法,使用结构较为简单的构式形式,形成变异形式。

## 三、汉语中介语双及物式的变异特点

根据对上述三类变异形式的问卷测试和分析,在控制了学习者母语背景、规定了语义场景的前提下,我们至少可以总结出以下几点有关双及物式的变异特点:

第一,同一语义范畴所对应的变异形式的数量是有限的,语义上有联系的构式会产生相似甚至同样的变异形式。在专题测试所考察的三类变异形式中,共有两种语义范畴。第一类和第三类都表示"正向传递"义,由一个转移事件组成;第二类兼语构式包含两个事件:对对象 X 做某事,导致 X 产生某种结果。因此,第一类和第三类在变异形式的类型和数量上有很高的一致性,基本上在四种双及物式和介词结构之间交替。第二类兼语构式虽然事件结构和其他两类有差异,但是两者语义仍有一定的交叠,因此也会共享部分变异形式,例如双宾语构式便是三类中共有的变异形式。这些变异形式之所以数量有限,跟它们的源头有关。中介语中所使用的语言形式主要有两个源头:学习者的母语和目的语。① 因此,中介语中具体的变异形式或者是学习者母语中独有的语言形式,或者是目的语中独有的语言形式,也可以是属于母语和目的语中共性的部分。② 这样一来,由于语言形式库藏的限制,使得变异形式只能在有限的空间内发生交替。

第二,不同类型的母语在其对应的中介语变异形式上既有共性的一面,又有个性的一面。

首先,应该看到 IOC/DOC 和 IOC 两种类型的语言在汉语中介语变异形式上所体现出的共性。这两种类型的语言在不同构式中都会使用相同的变异形式,例如"?给 X 教 Y、*向 X 给 Y、*对 X 告诉 Y"。甚至这些非标准形式在两组被试中产生的数量也相差无几。这至少能够说明尽管被试的母语与目的语的近似程度不同(IOC/DOC 语言所拥有的双及物形式手段与汉语更接近),但是有一部分变异形式,是所有二语学习者共有的。不同类型的语言之所以会产生相同的变异形式,一方面是由于这些变异形式的来源恰好是属于语言共性的部分,另一方面也可能和学习

---

① 有的可能还受到学习者在学习或已掌握的其他外语的影响。
② 当然,从理论上讲,甚至也有可能是两种语言中都没有的形式。

者在二语学习中共有的认知模式有关。

其次,就中介语变异形式在不同母语背景下体现的个性来看,多少还是反映出母语类型的影响。最明显的就是例率①上的差异。就第一、三类结构反映的双及物式数据来看,IOC/DOC 母语背景下的双宾语 VRT 式(89 例)要多于 IOC 型母语背景下所产出的 VRT 式(72 例),而跟与格标记相关(包括介词及其他各种介词构式的变异形式)的变异形式数量在 IOC 型母语下(89 例)要多于 IOC/DOC 型母语(75 例)。汉语属于 IOC/DOC 型语言,因此如果学习者母语中有 DOC 式,那么中介语中的 DOC 式数量将会高于母语中没有 DOC 式的 IOC 型语言;反之,如果学习者母语是一种格标记系统发达的语言,如日、韩语等典型的 IOC 型语言,所有论元必须带上相应的格标记,那么这种语言形式也会迁移到中介语中,致使变异形式多为带与格或介词标记的构式,如"V 给 XY",甚至非标准与格形式"*给 XVY"。以介词结构"*给 XVY"为例,学习者之所以容易用介词结构来表示"给予"义,是因为其母语中论元 X 必须有格标记以区分 X 和 Y 的语义角色,学习者很容易将这里的介词"给"分析为与格标记。这说明母语中是否存在某一构式形式的确可以影响同样的构式在中介语中的使用频率。此外,不同母语背景在具体构式上的变异形式也有差异。例如实验句(b)和实验句(i)所产出的变异形式就充分体现了母语类型的影响。实验句(b)代表的"罚"类"取得"义双及物式主要有两类变异形式:非标准形式"*罚给 XY"和标准形式"罚了 XY"。而两类母语背景的学习者在这两个变异形式上的数量分布正好对立:IOC/DOC 型语言以"罚了 XY"(16 例)为主,而 IOC 型语言则以"*罚给 XY"(7 例)为主。这个例子表明,即使与格标记在语义上与构式义冲突,IOC 型母语的被试仍然倾向于在中介语中使用与格标记,"给"对 IOC 型语言的学习者来说,似乎已经是一个完全语法化了的标记,只有标记与事的功能,本身并不携带语义信息;而对于 IOC/DOC 型语言的学习者来说,"给"的语义并未完全虚化,仍然保留了其自身的"给予"义,所以这一类母语的大部分被试都能将

---

① Goldberg(1995)和 Croft & Cruse(2004)都提到型率(type frequency)和例率(token frequency)的差别,前者指的是一个具体实例在一个具体构式中使用的次数,后者指的是在一个具体构式中出现的不同的词的数量。这两个概念的区分对我们分析语料有着重要的指导意义。在表 6-12 中,不同构式实际产出的全部用例即为该构式的例率;而型率则只考虑构式的有无,不考虑构式的出现频率。

"*罚给 XY"改正。实验句(i)则代表了"卖"类"给予"义双及物式。相比采用 R—V—T 语序的介词结构"*给 X 卖 Y"(7 例),IOC/DOC 型母语背景的学习者更倾向于使用语序近似 DOC 式的与格"卖给 XY"(V—R—T)(10 例);而 IOC 背景下的变异形式则正好相反,更容易使用介词结构(14 例),而相应的与格构式只有 3 例。上述对比表明,不同类型的语言在与格标记、语序上的差异都会造成中介语中不同的变异形式。

第三,不同变异形式在显赫程度上有显著差别。刘丹青(2011、2012)在语言库藏类型学的基础上提出了"显赫"和"显赫范畴"的概念。刘丹青(2011)提出,"一种语言手段的语法性或语法化程度越高、使用频率越高、能产性和强制性越大,其扩张力和适用域就越广,它就越有资格成为显赫库藏"。刘文对"显赫"的定义是跨构式的,一种显赫的语言手段通常可以扩张到不同的语义范畴。我们借用"显赫"这一概念来说明同一语义范畴内部,不同变异形式在能产性和扩张能力上的差异。我们统计了表"正向传递"义范畴的全部实验句,共计 16 个变异形式,其中 3 个在汉语形式库藏中不存在,明显是非标准形式。我们分母语类型统计了这 16 个变异形式在"正向传递"义范围内的例率和型率:

表 6-12 "正向传递"范畴变异形式在专项测试中的频率分布

| 变异形式 | 例率 | | 型率 | | 例率总数 |
| --- | --- | --- | --- | --- | --- |
| | IOC/DOC | IOC | IOC/DOC | IOC | |
| VRT | 89 | 72 | 8 | 8 | 161 |
| 给 RVT | 25 | 34 | 7 | 6 | 59 |
| V 给 RT | 24 | 21 | 5 | 5 | 45 |
| 跟/向/对 RVT | 13 | 21 | 3 | 3 | 34 |
| 把 TV 给 R | 11 | 12 | 1 | 1 | 23 |
| 把 TVR | 8 | 5 | 1 | 1 | 13 |
| VT | 3 | 3 | 1 | 1 | 6 |
| VR | 4 | 1 | 3 | 1 | 5 |
| *对 RT | 2 | 1 | 1 | 1 | 3 |
| R 被 AVT | 1 | 1 | 1 | 1 | 2 |
| $V_1 RV_2 T$ | 0 | 2 | 0 | 1 | 2 |
| *VT 对 R | 0 | 1 | 0 | 1 | 1 |
| VT 给 R | 0 | 1 | 0 | 1 | 1 |
| *VRT 给 | 0 | 1 | 0 | 1 | 1 |
| VRV 了 | 1 | 0 | 1 | 0 | 1 |
| RVT | 0 | 1 | 0 | 1 | 1 |

上表反映的是"正向传递"范畴下 16 个变异形式的例率和型率。数据表明,各个变异形式在出现频率上的确有很大差异。其中无标记双宾语构式"VRT"式无论在用例的数量还是覆盖的构式类型上都是最多的,在全部的 11 个实验句中有 10 个句子都出现了"VRT"式,说明其有极强的能产性和扩展能力。其次是介词结构"给 RVT"、与格式"V 给 RT"、介词结构"跟/向/对 RVT"和与格构式"把 TV 给 R",而汉语与格构式的另一种形式"VT 给 R"则在测试中非常少见,仅有 1 例。因此,就包括"给予"和"称说"义在内的"正向传递"语义范畴来说,虽然不同母语类型下变异形式会有差异,但是与同一语义范畴的其他形式相比,"VRT"式对任何一种母语的被试来说,都是最显赫的形式手段。介词结构在汉语中也是一种非常显赫的形式手段,覆盖的语义范围非常广泛,因此才会在习得中出现过度泛化的问题。在上表中,尽管介词结构在例率上要比双宾语少很多,但是型率却很高,说明其在中介语中的构式扩展能力非常强。中介语与汉语本族语的重要差别在于,汉语本族语中介词结构"给 RVT"和"跟/向/对 RVT"在"正向传递"的语义范畴内并没有像在中介语中这么显赫。也就是说,二语学习者常常会将目的语中的显赫形式进行语义上的过度扩展,成为大量非标准形式的来源之一。

中介语中还有一些变异形式,是汉语句法库藏中不存在的,例如"*对 RT、*VT 对 R、*VRT 给"。这些形式在任何情况下都不符合汉语的语法规则,因此我们推测,这些形式的构造一方面是受到学习者母语的影响,可能来自学习者母语的语言形式库藏。如"*VRT 给"可能来自韩语背景学习者,被试受到了母语中格标记后置语序的影响。另一方面,也是更重要的方面,这些非常规的变异形式可能是学习者对目的语语言形式进行重新分析和类推的结果,如"*对 RT"很有可能就是学习者将介词"对"重新分析为动词所致。

当然,除了显赫形式和非常规的变异形式,更多的变异形式是借用了其他语义范畴内的语言形式。例如,单及物构式"VT"和"VR"、"被"字句"R 被 AVT"、连动式"$V_1RV_2T$"、动词拷贝式"VRV 了"等形式手段通常都不能作为表"给予"义或"称说"义的手段,其中一部分构式在任何语言中都具有显赫性(如单及物构式),学习者一方面会将其他语义范畴内的显赫形式做语义上的过度扩展,另一方面他们为了追求形式上的正确会采取减损部分语义的策略,于是便产出了这样一些变异形式。

## 四、汉语中介语中双及物式的变异空间和变异机制

在第二语言习得中,学习者所使用的语言形式通常有两个来源:母语和目的语。这里的语言形式并不是指具体的成分序列,而是指抽象的句法角色(syntactic role)和句法关系(syntactic relation),因而不同语言间才具有可比性。中介语中的变异形式一方面可以来自学习者母语中的语言形式库藏,也就是母语迁移;另一方面,也是更主要的一个来源,就是目的语的语言形式库藏。变异形式的交替,在很大程度上就是这两处语言形式库藏之间的互动。

首先,我们认为在中介语系统中存在一个"变异空间",即变异形式有其特定的变化范围,并不是所有的库藏手段都能成为中介语的变异形式,变异形式的选择和组合必然有内在规律可循,研究变异空间就是要找到变异形式的来源。我们认为,变异空间为学习者母语和目的语中某一语义范畴及相关范畴的形式手段所框定,其产生至少要满足两个条件:一是语言库藏(linguistic inventory)的可及性;①二是变异形式的语义可分析性。第一点说的是变异形式必须是学习者语言形式库藏中可以并且相对容易被激活的部分,通常这些库藏来自学习者在母语和第二语言习得中所学会的语言形式。一般来说,一个二语学习者使用的全部语言形式都不会超出其母语和目的语中所蕴藏的语言形式,由于对不同语言和构式的掌握程度不同,学习者或者较多依赖某一种语言,或者将两种语言的语言形式进行混搭。第二点是指学习者所产出的变异形式对学习者本人来说必须是可理解的,其语义可以通过分析得到,可以用规则进行解释,一旦学习者认为一种语言形式已经达到了可以用于表意的目的,他便会将该语言形式用于交际。有了这两个条件,中介语中变异形式的构造和来源便可以获得解释。

而在变异空间所限定的全部语言形式库藏中,有一些形式容易成为变异形式,另一些形式在变异中不容易显现,这些则需要变异机制来调节。那些容易成为变异形式的语言形式通常都是学习者母语或者目的语中的显赫形式,变异形式通常满足语义可分析的特点,学习者所使

---

① 刘丹青(2012)指出,语言库藏的"可及性"即指语言形式在心理层面被激活的难度。可及性高的成分通常容易被激活。

用的语言形式都是他们认为语义明确的构造。变异形式一旦在使用中不能被理解，无法使交际顺利进行，该变异形式很快就会被其他形式取代。

变异空间和变异机制可以用来对一些变异形式的产生做出相应的说明。以双及物相关的非标准形式为例，从变异空间和机制的角度来分析，有一些形式的泛化是由于缺乏某些形式手段造成的。最典型的是汉语关系化手段的缺乏导致学习者过度使用了双及物式：

(11)* 他特别地指出，只要有中华血统的人就要了解学习《易经》，这是祖先<u>遗留给我们财产</u>。（马来西亚，IOC/DOC）
〈遗留给我们的财产〉

该例本来应该用"的"字结构将"财产"变成关系从句的核心，但是却错误使用了双及物式。这样的变异是由于学习者语言形式库藏中缺乏汉语"的"字结构，导致他们只能用形式上比较相近的双及物式来替换，而学习者也并未意识到两种形式在语义上的差别。类似的偏误还有兼语构式误用为双及物式的例子。兼语构式在汉语的库藏中并不显赫，其语义结构中有两个地位相同的事件，然而学习者很难在库藏中找到合适的结构包装这样的语义，因此只能使用语义上相近、地位上显赫的双及物式。这一类问题都是由于非标准形式在显赫程度上超过了标准形式，甚至标准形式在学习者的语言形式库藏中根本不存在，于是只能使用特殊的学习策略，用非标准形式来替代标准形式。

还有一些泛化问题是由于某些形式手段在目的语或学习者母语中过于显赫造成的。例如上文已经提到的介词结构"给 RVT"和"跟/向/对 RVT"、单及物构式"VT"和"VR"等，都是具有语言共性的显赫形式，因此才会在中介语中大量出现，甚至过度扩展到周边语义范畴。汉语"给"是一个语义十分复杂的词，既可以单独做动词表示"给予"义，也可以用作介词引出与事论元，甚至经过语法化而成为助词：

(12)小敏被爸爸<u>给</u>打了一顿。

一种语言内部与双及物式相关的多种形式之间往往存在内在联系，这种联系可能是语法化造成的，也可能来自共时的引申关系：

(13)我<u>给</u>她买了一条围巾。

　　这里的介词"给"表示"向、替",引出的是受益者论元,在语义上尽管不完全等同于与格标记"给",但是却非常接近。像"给"这类显赫形式经常会扩散到其他的语义范畴内部,由于它占据的语义空间较广,因此在特定语义框架下,当两种或几种语言形式在语义上相近时,学习者更容易采用显赫形式来进行表达。对第二语言习得来说,不同语言形式语义相近而显赫程度不同,会增加形义关系匹配的难度。有的构式尽管包含"给",却不是双及物式,因此不能用来表"给予"义,如例(13)。学习者如果没有这一知识,单纯从形式入手学习双及物式,便容易误将所有带有"给"的结构都用来表示"给予"义。此外,在双及物式的宾语偏误中,有一类偏误十分典型,即间接宾语 R 的遗漏:

(14)*有一个孩子,他的父母<u>给</u>压力太重,孩子受不了自杀了。
　　　(韩国,IOC)〈给他压力太重〉

　　这里学习者用单及物构式"VT"来表示双及物语义。我们不能认为学习者缺乏表达双及物事件的形式手段,只能认为单及物构式在任何语言中都过于显赫,其辐射的语义范围相当广泛,因此非常容易渗透到其他语义中去。在例(14)中,即使与事论元并未出现,但是整个句子的语义仍然是可以理解的。所以这一类的变异形式在中介语中反复出现。

　　变异形式在有限的变异空间内受到变异机制的调节,总是处在一种相互替换、相互竞争的状态中。标准形式如果在目的语中是非显赫形式,那么在中介语中很容易被其他显赫形式所取代,这些形式或者来自母语(如 IOC 型母语的学习者偏向使用介词结构),或者来自目的语中的其他语义范畴(如单及物构式);标准形式如果在学习者母语和目的语中都是显赫形式,那么习得效果通常比较理想,例如双宾语"VRT"式对 IOC/DOC 母语的学习者来说是一种显赫形式,其使用频率要高于 IOC 母语的学习者。非标准形式尽管是形义的错配,但是只要在语义上能够分析、被听话人所理解,就仍能作为一个变异形式存在于中介语中。直到那些标准形式在显赫程度上超过非标准形式,这些非标准形式才会慢慢淡出中介语系统,而那些在表意上不能被理解的形式则会很快被剔除出中介语系统。随着变异形式的不断更替,学习者水平的不断提高,中介语会越来越向目的语靠近。可以说，变异形式的更替是推动中介语发展的一个重要动力。

## 五、本章小结

本章在语言类型学对双及物式分类的基础上，基于二语学习者语言系统变异理论的基本理念，结合了语言库藏类型学的相关概念，对汉语双及物式在不同母语背景下的中介语现象进行了分析。在以往的研究中，非标准形式通常被看作中介语中的偏误，与标准形式处于不同的习得地位。但我们将目的语的标准形式和非标准形式视作中介语习得过程中的变异形式，在中介语中具有相同的地位。如果单纯从使用的角度观察汉语学习者对构式的选择，我们发现标准形式和非标准形式都受到构式在学习者母语和目的语中显赫程度的控制，显赫形式更容易出现在中介语中。二语习得中的非标准形式有其特定来源和价值。与标准形式相同，非标准形式也来自目的语和母语的语言形式库藏，尤其是库藏中的显赫形式；非标准形式的价值在于，它是标准形式的替换形式，也是二语习得过程中特定阶段的产物。学习者二语水平的提高，与其说是偏误得到了纠正，不如说是非标准形式逐渐在交际中为相应的标准形式所替代，是两者的显赫性发生了置换。

通过对不同母语背景学习者中介语的研究，我们也发现了语言类型对变异形式选择的影响。不同母语背景的学习者在学习 IOC/DOC 型汉语双及物式时，既体现出共性的一面，又体现出不同类型母语对中介语的迁移。有一些语言库藏形式具有跨语言的普遍性，如单及物构式，因此虽然学习者母语类型不同，仍会产出具有共性的变异形式；有一些语言库藏形式虽然共性不强，但是由于其在目的语以及和目的语属于同一类型的语言中格外显赫，因此在中介语中仍具有跨母语背景的共性，如汉语双宾语"VRT"式，甚至可以扩展到兼语构式的语义范畴。如果学习者母语中有与目的语相同类型的构式，那么这种一致性会反映在中介语变异形式的频率上。当然，若学习者母语与汉语分属不同的语言类型，那么语言间的差异对变异形式的影响也是显著的，如 IOC/DOC 型母语的学习者产出的双宾语构式要多于 IOC 型母语的学习者，IOC 型母语学习者在与格构式和介词结构的使用频率上也显著高于 IOC/DOC 型母语背景者。可见，语言类型上的分立，也会在中介语变异形式的数量和类型上有所体现。

与偏误分析的基本认识不同,目前学界已经将中介语看作一个高度结构化的系统(Selinker,1972),有其内在的构造规则和使用规则。变异形式作为中介语系统中的基本构造,不仅可以反映语言习得的动态过程,也体现出语言共性和个性对第二语言习得的影响。但如何认识、分析和构建这种"高度结构化的系统",还没有多少成熟的理论。本章即是通过对特定论元结构构式习得过程中变异现象的分析,以对此做出新的探索。

当然,语言变异现象不仅仅存在于中介语中,变异理论也可以用于分析其他语言系统。从语言库藏的角度来看,一个语言系统中的每一个语义范畴都是由一系列变异形式组成的,各个变异形式在显赫程度上都有差别。从共时的角度看,不同变异形式的使用受到构式显赫程度的影响;从历时的角度看,不同变异形式的显赫性会发生更替,这种更替的结果可能是一种形式取代了另一种形式,也可能是二者在使用条件上发生了变化。语言变异现象是对语言系统和语言使用的一种动态观察,也是包括中介语在内的语言系统发展和变化的动力。

# 附录一　泰、印(度尼西亚)、韩、越四语中双及物动词的分布

### 表1　"给予"类动词

| 动词 | 泰语 | 印度尼西亚语 | 韩语 | 越南语 |
| --- | --- | --- | --- | --- |
| 给 | + | + | + | + |
| 教 | + | + | + | + |
| 帮 | + | — | — | + |
| 送 | + | + | + | + |
| 添 | — | — | ? | + |
| 供 | + | + | + | + |
| 借 | — | + | + | + |
| 安排 | — | — | — | + |
| 推荐 | — | + | + | — |
| 补充 | — | + | + | + |
| 传 | — | — | + | + |
| 找 | + | + | — | — |
| 卖 | — | — | + | + |
| 喂 | + | + | + | — |

续表

| 动词 | 泰语 | 印度尼西亚语 | 韩语 | 越南语 |
|---|---|---|---|---|
| 支援 | — | + | + | + |
| 交 | + | — | + | + |
| 递 | — | — | + | + |
| 分配 | — | — | ? | — |
| 考 | + | + | + | + |
| 贴 | — | — | + | + |

表 2 "取得"类动词

| 动词 | 泰语 | 印度尼西亚语 | 韩语 | 越南语 |
|---|---|---|---|---|
| 占 | + | — | + | — |
| 浪费 | — | + | + | + |
| 买 | — | — | + | — |
| 求 | + | + | + | + |
| 罚 | + | — | + | + |
| 收 | + | + | + | — |
| 选 | — | + | ? | — |

表 3 "称说"类动词

| 动词 | 泰语 | 印度尼西亚语 | 韩语 | 越南语 |
|---|---|---|---|---|
| 告诉 | + | + | + | + |
| 问 | + | + | + | + |
| 叫 | — | + | + | + |
| 提醒 | + | + | + | + |
| 骂 | — | + | + | + |
| 称 | — | + | + | + |
| 介绍 | — | + | + | — |
| 安慰 | — | — | + | — |
| 称呼 | — | + | — | + |
| 答应 | + | — | + | — |
| 通知 | + | + | + | + |
| 吩咐 | — | — | + | + |
| 转告 | — | — | + | + |
| 定 | — | — | ? | ? |
| 赞扬 | — | + | ? | ? |
| 警告 | + | + | + | + |

## 附录二 汉语双及物式的变异形式——专题测试问卷

性别：_____

年龄：_____

是否华裔：_____

学校：_____

学院和年级（例如：汉语学院 4 年级）：_____

母语：_____

在中国学习汉语的时间：_____

在其他地方学习汉语的时间：_____

是否参加过 HSK 考试？_____ 如果参加过，所获证书级别：_____

联系方式：_____

**判断下列句子的正误（如果有错，请将错误句子改正过来）：**
1. 我根本不记得自己两三岁的时候，父母给我教了什么。
2. 父亲气得不得了，打我真厉害。
3. 小明问了三个问题给老师。
4. 警察罚给了刘先生 200 元钱。
5. 因为我是独生子，所以他把全部的希望寄托在我身上。
6. 一个人吸烟会给其他人不好的影响。
7. 我正好要找跟旅游关系的工作。
8. 在我迷失的时候，他们希望能帮我每次人生的关卡。
9. 流行歌曲从各个方面向人们给很大的影响。
10. 我现在在中国上大学，毕业后我打算回国。
11. 超市免费送学校四十箱牛奶。
12. 我逛完以后又去了一趟刚才给我卖一个钱包的商店。
13. 我能对孩子告诉为什么要学习。
14. 同学们都称她为王老师。
15. 这次考试我没考好，她让我别伤心、别放弃，再考了就是了。
16. 我还记得他非常认真、非常热心地教给我们汉语。
17. 组长布置给每个人那项翻译任务。
18. 我非常喜欢这份工作，于是向贵公司写了这封求职信。
19. 父母要把所有的事情教孩子们。
20. 李老师在课堂上考了同学们数学题。

# 第七章 汉语动结式的二语习得研究

本章以母语为英语的汉语学习者习得汉语动结式这一特殊论元结构构式的过程为考察对象,通过实验研究来探讨汉语学习者句法系统中动结式构式的形成和发展,尤其是动结式的形式和意义及其互动关系对汉语动结式习得的影响,进而探讨汉语动结式习得的不同阶段所呈现出来的形式效应、意义效应以及形式和意义互动的组合效应,揭示构式意识形成的阶段性特征和层级性特征。

在与留学生的交谈和对外汉语教学中,我们经常能发现这样一些表达形式:

(1)* 铁链捆小猫了。
(2)* 反正迟早会死的,干脆杀他好了。
(3)* 弟弟破窗户。

例(1)中的动词"捆"缺少补语"住";例(2)中的动词"杀"缺少补语"死";例(3)中"破"的前面缺少动词,需要添加"打、捅、砸"等动词(同时在"破"后加上"了")。

以上误用表明,对汉语学习者来说,汉语动结式的使用存在一些问题,从构式意识的形成过程来看,学习者的动结构式的意识还很薄弱,甚至可以说还没有建立起来。即使到了高级阶段,学习者在交谈、作文中,仍会出现大量的像"一定能看光明"和"小心,不要破玻璃"("HSK动态作文语料库"例)等缺少补语或动词的偏误。由此可见,汉语动结式是学习者习得的一大难题,对外汉语教学中也长期将它作为一项重要的教学内容来教授。

"动结式"这一术语最早见于《现代汉语八百词》(吕叔湘主编,商务印书馆,1980年)一书,但这一语言现象,学界其实早有关注。如吕叔湘(1942)在论及文言中的"致使"时就提到了它跟白话里的"抬高物价、把馒头蒸熟"等现象相关联;王力(1943)则对动结式的内涵做了明确的界定,称之为使成式。此后,结构主义语言学背景下的现代汉语语法学界对这一关系汉语句法系统的特殊结构式做了广泛而又深入的探讨,如李临定(1980、1986)、范晓(1985、1987)、徐枢(1985)、陆俭明(1990)、马真、陆俭明(1997)等对动结式的语法性质、句法核心、语义指向等方面进行了研究。每有新的句法理论,就会出现新的动结式分析思路,如基于韵律句法的(如冯胜利,1997、2000;董秀芳,1998)、基于配价结构和论元整合的(如郭锐,1995;王红旗,1995;袁毓林,2001;施春宏,2008)、基于生成语法的(如王玲玲、何元建,2002;熊仲儒,2004;彭国珍,2011)和基于认知语言学的(如宋文辉,2007;周红,2005;石慧敏,2010)研究。随着语言学理论的发展,学界将动结式的研究逐步置于语言对比、语言类型学的背景下考察,以解释汉语补语系统的特殊性及与其他语言的共性(如林宝煊,1979;牛顺心,2004;邹香娜,2006;殷红伶,2011)。其中,有很多研究是将动结式放入语言类型学的致使结构系统中来考察的。这些关于动结式语义结构及句法表现的系统分析为我们展开汉语动结式的教学和习得研究打下了很好的基础。

一般而言,现代汉语语法学界对"动结式"的理解有广义和狭义之分。就广义的动结式而言,凡是黏合式述补结构都看作动结式(如宋文辉,2007;施春宏,2008),即其中的动词和补语之间并不仅仅表示动作和结果的关系(如补语说明动作的程度、趋向、可能、状态、数量等),且在句法结构的构造原则上具有高度的一致性。就狭义的动结式而言,动结式只是指表示动作和结果(有研究将趋向也看作一种特殊的结果)这一语义关系的黏合式述补结构,这是比较典型的动结式(相关概述和分析参见施春宏,2008:4—28)。为了集中论题,本项研究中的"动结式"特指狭义动结式,而且其中的补语只包含结果义,不包含趋向义,如"看到、喝醉、做完"等。

对外汉语教学领域也较早关注动结式,其焦点集中在结果补语的教学上。研究内容主要体现在两个方面。一是在教学过程中发现和整理结果补语使用方面存在的问题。如通过收集外国人学汉语的病句并分类,概括出偏误类型,主要包括结果补语成分缺失、谓语成分缺失、结果补语成分冗余和补语位置错误等(佟慧君,1986),其中前两种错误是学习者最容易犯的错误(李大忠,1996;全裕慧,1999)。二是结果补语系统在不同教学阶段的划分。如初级阶段学习常用的结果补语,中级阶段学习虚化的补语成分以及表意复杂的补语成分,高级阶段学习习惯性的组合做结果补语(吕文华,1994、2001)。已有的动结式或结果补语的对外汉语教学研究多基于以上两个方面,且多为通过积累教学经验总结出的规律和特点,迫切需要习得研究的成果为对外汉语教学提供基础和参考。

动结式的第二语言习得研究吸收了本体和教学领域的研究成果,目前的研究主要是基于对比分析理论和中介语理论,侧重于偏误类型的归纳和偏误原因的探讨。有面向留学生的结果补语习得偏误的共性研究(沈红红,2006;孙冬惠、张恒军,2008),这类研究能看到学习者第二语言发展中的共同特点,但由于母语背景、语言水平等因素失于观察而导致无法确认偏误原因,且这类研究对偏误原因的解释力不够。此外还有针对某一母语背景的留学生的动结式偏误分析,其中以英语、韩语、东南亚语言等母语背景的学习者为主(金宗燮,2006;张娜,2006;格萨茹拉,2007;王娇娇,2010;武雄胜,2012),此类研究多建立在语言描写与对比的基础上,无法解释偏误的深层原因。可见,虽然已有的动结式偏误分析对我们了解动结式的习得概况起到一定的作用,但在理论基础和研究方法上有一定的局限,需要我们寻找更具解释力的理论和方法对动结式习得机制进行探索。

基于偏误分析的动结式教学和习得研究大多偏重对形式结构的分析,对形式和意义的关系关注较少。又由于传统语法对结果补语的分析,或仅从形式层面出发,或仅从语义层面出发,分类依据大相径庭,分类变量错综繁复,使得实验研究缺乏可靠的标准,因而有关动结式的实验研究也非常少。[①] 而构式语法的兴起,使人们对形式和意义相结合的观念有了新的认识。构式语法将构式作为认知和习得的基本单位,认为语言的结构受到语言使用的影响,语言学习的本质并非依赖于先天的语言习得机制,而是和学习其他知识一样,要借助一般的认知机制(Goldberg,1995、2006;Croft,2001;王寅,2011;Hoffman & Trousdale,2013)。这一语言认知观对语言习得有很大的启示。注重考察学习者对语言结构形义关系的理解,以及构式的整体意义和功能的习得,特别是"构式意识"的形成和发展(施春宏,2011a),成为语法结构习得研究的新认识和新拓展。而且,构式语法作为一种认知理论,能够为动结式分类提供新的考察角度,在此基础上结合实验研究可以更准确地描写和解释动结式的习得过

---

[①] 仅袁博平(2010)以教授汉语结果补语为例,将汉语二语习得与对外汉语教学结合起来进行过研究。

程和习得机制。

然而,就目前已有的汉语习得研究而言,对构式意识的实证性研究还很少,具体到从构式的角度进行汉语动结式习得的研究也比较少见。陆燕萍(2012)通过测试,归纳出英语母语者习得汉语动结式的过程中出现的偏误类型,并借助构式语法观念分析了偏误出现的两个主要原因,即母语迁移的影响和语内干扰。这种研究从认知角度为动结式的习得研究提供了新的视角。但由于受到偏误分析研究方法的局限,该文以描写为主,对动结式偏误原因的解释不够充分,也未能深入考察动结式的习得机制。因此,在本章中我们将借鉴构式理论的基本观念,对比汉语动结式和英语结果构式(reslutative construction),通过实验研究的方法,探讨第二语言学习者汉语动结式构式的习得过程,发掘影响动结式构式习得的因素。这在汉语语法习得研究的研究视角和研究方法上都将是一次新的尝试和突破。

# 一、动结式的构式语法分析

## (一) 动结式的构式性

作为一种图式性构式(schematic construction),动结式形义关系的特点具体表现为:(1)形式由谓语动词和结果补语两部分组成;(2)语义关系明确,前一个成分表示动作或变化,后一个成分表示动作或变化的结果;(3)形式和意义的匹配有非完全预测性,即动结式的整体意义不能完全从动词和补语的意义加和中推测出来,动词和补语常隐存着一种因果关系,由前面的"因"导致后面"果"的产生(宋文辉,2007;施春宏,2008;石慧敏,2010)。根据以上特点,典型动结式的构式意义表现为致使义,其基本成分及关系是:

X CAUSE Y BECOME B (by V-ing Z)

这种表致使义的构式是最具动结式原型性特征的基本格式,也是最为典型的动结式。

动结式的构式性有助于我们进一步理解动结式的语法性质。学界关于动结式语义结构的理解较为一致,即因某一动作而引发某种结果;而对动结式的句法核心是动词还是结果补语则有很多讨论,有的认为动结式的句法核心是动词(如张志公,1952;吕叔湘主编,1980;朱德熙,1982;范晓,1985;袁毓林,2001;沈家煊,2004),有的则认为是后面的补语(如李临定,1984;詹人凤,1989;马希文,1987)。在构式语法理论框架下,不管动词和结果补语哪个是核心,动结式构式就是一个完型(gestalt),是一个形式和意义配对体:某一实体因动词受到所代表的动作的影响而发生了状态的改变。其基础结构的句法形式有两种(不含带有重动式的动结式):

  Sub V Comp Obj
  Sub V Comp

  因此通过构式语法分析,我们不仅可以重新审视动结式的形式和意义,而且可以看到其形式和意义之间关系的特异性,这种构式性使得我们可以从整体的角度来认知和研究动结式。这不仅有助于深入理解动结式本身,也为语言的习得和教学研究提供了可考察的基本单位,使应用研究更具有可操作性。

### (二) 汉英动结构式对比

  汉语(典型)动结式和英语结果构式的构式义基本一致,但是在形式和意义匹配(Goldberg & Jackendoff,2004)上有所不同。朱旻文(2010)根据认知语法学对事件结构的分析,将与动结致使关系表达有关的语义结构成分分析为五个语义因子:凸体(figure)、衬体(ground)、动作(action)、结果(result)和方式(manner)。"凸体"和"衬体"是同一认知结构中两样相对的事物,一般来说,衬体较大而凸体较小,衬体相对固定而凸体较容易改变位置;"动作"指运动本身;"结果"是动作引起的状态变化;"方式"指产生行为的工具、形式等。其中,凸体、衬体一般在句子中位置固定(衬体在普遍知悉的情况下有时可省);动作、结果、方式则是造成句子结构不同的主要原因。动作和结果在汉语和英语表达致使因果关系认知时必须有,方式在汉语致使因果关系的认知中是必须存在的,在英语中则是可选择的,可以有,也可以省略。根据结果因子和方式因子的不同组合形式,英语可以形成四种结构形式:

形式一:动词包含动作、结果和方式

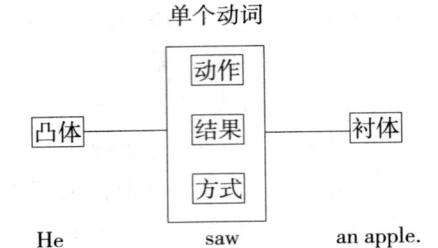

单个动词

凸体 —— [动作 / 结果 / 方式] —— 衬体

He　　　　saw　　　　an apple.

形式二:动词包含动作和结果,不包含方式

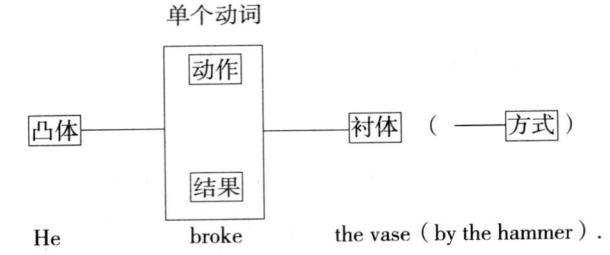

单个动词

凸体 —— [动作 / 结果] —— 衬体（——方式）

He　　　　broke　　　　the vase（by the hammer）.

形式三:动词包含动作和方式,不包含结果

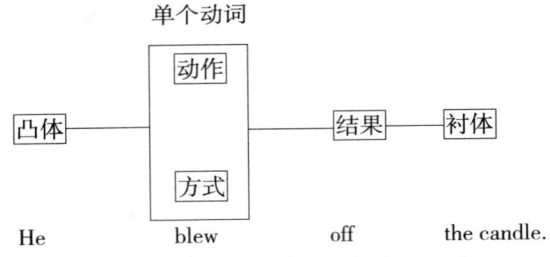

单个动词

凸体 —— [动作 / 方式] —— 结果 —— 衬体

He　　　　blew　　　　off　　　　the candle.

形式四:动词只包含动作,不包含结果和方式

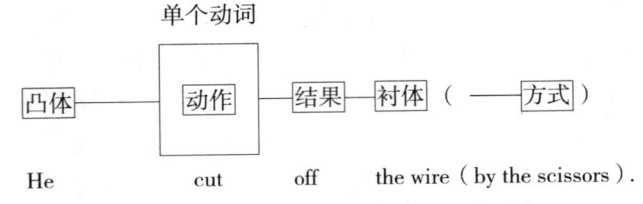

单个动词

凸体 —— [动作] —— 结果 —— 衬体（——方式）

He　　　　cut　　　　off　　　　the wire（by the scissors）.

图 7-1　动结致使关系表达的四种形式

根据上图动作、结果和方式因子的组合,英语结果构式的形式和意义匹配比较多样,可以分为四种:(1)形式上表现为"单个动词",谓语动词既包含方式,也包含结果,如"see"(用眼睛看到的);(2)形式上表现为"单个动词",谓语动词只包含结果,不包含方式,如"break"(怎么弄破的不知

道);(3)形式上表现为"动词＋附加成分",谓语动词包含方式,附加成分表达结果,如"blow off"(用吹的方式熄灭的);(4)形式上表现为"动词＋附加成分",动词不包含方式,附加成分表达结果,如"cut off"(怎么弄断的不知道)。其中,"see"和"blow off"的表达和汉语动结式"看到"和"吹灭"是对应的,也是唯一的;而"break"和"cut off"在汉语动结式中则对应多个表达,"break"可对应"打破、敲破、戳破"等,"cut off"可对应"剪断、砍断、切断"等,因为"break、cut"本身只有动作义,不包含方式义。

汉语动结式的形式和意义匹配则比较稳定,形式表现为"谓语动词＋补语",意义表现为一个动作导致了一个结果,动词常常包含方式,补语表达结果,如"剪破",指的是用剪刀把一个东西弄破,"剪"这个动词包含了用剪刀这个方式,"破"包含了结果义。

构式由形式和意义匹配而成,动结构式中不同意义因子的组合虽然表达的是同一个构式意义,但是这些因子的不同组合对构式意义的体现程度是不同的,这就涉及透明度的问题。我们借鉴心理语言学对"语义透明度"①的理解,指出构式中同样存在"构式透明度"(transparency of construction)的问题,即一个结构整体特征能从其构成成分及其关系特征中推导出来的程度,换句话说,就是从一个构式的形式和意义中推测出整体构式义的程度。构式透明度包括形式透明度、语义透明度和形义关系透明度(施春宏,2013)。形式透明度的操作定义为整体结构与其成分形式的相关程度。语义透明度的操作定义为整体意义与其成分语义的相关程度(需要说明的是,这里的"语义透明度"其实指的是动词是否包含方式意义,与心理学上所指的意义虚化程度的概念不同,下文将会论及)。

同一构式在不同语言中有不同的形式透明度和语义透明度。通过上述对汉语和英语的动结构式/结果构式的比较可见,有的英语结果构式和汉语动结式的形式一致,有的则不一致;有的英语结果构式意义在汉语中只对应一个动结式,而有的则可以对应多个动结式。相对于英语而言,汉语动结式形式和语义的透明度都较高。而英语中,有的结构形式和语义的透明度都高,如"blow off"(和"吹灭"的形式一致,意义也一致,都包含动作、结果和方式);有的形式透明度和语义透明度中的一个较低或两个都很低,如"cut off"(形式透明度高,语义透明度低)、"see"(形式透明度

---

① 语义透明度指的是复合词的语义可从组成复合词的各个词素的语义推知的程度,其操作定义为整词与其词素的语义相关程度(王春茂、彭聃龄,1999)。

低,语义透明度高)和"break"(形式透明度低,语义透明度也低)。对母语为英语的汉语学习者来说,他们在习得汉语动结式的过程中,会碰到对应的英语(母语)中形式和语义透明度都高的动结式,也会碰到对应的英语中形式或语义透明度低或两者都低的动结式。

因此,从构式语法的角度看,留学生汉语动结式的习得过程可以理解为动结式构式形式和意义匹配学习的发展过程,即从母语结果构式形义的匹配方式转到第二语言(汉语)动结构式形义的匹配方式。那么,学习者是怎样学会这个复杂转化的?动结式的构式意识是在何时形成、如何发展的?母语构式的透明度对汉语动结式的习得有怎样的影响?我们尝试通过实验研究来做出回答。

## 二、实验研究

### (一) 实验目的

本项实验的研究目的主要有两个:

第一,考察母语为英语的汉语学习者习得与英语结果构式对应的汉语动结式的过程,即学习者汉语动结式构式形义匹配关系的形成和发展。

第二,重点考察形式透明度和语义透明度对汉语动结式习得的影响,即考察学习者习得汉语动结式的形式效应、意义效应以及形式和意义的组合效应。

### (二) 实验假设

基于本项研究的实验目的,我们提出如下实验假设:

第一,如果与形式透明度高的英语结果构式对应的汉语动结式习得要好于与形式透明度低的英语结果构式对应的汉语动结式习得,就表明形式透明度高低是影响学习者习得汉语动结式的一个重要因素。

第二,如果与语义透明度高的英语结果构式对应的汉语动结式习得要好于与语义透明度低的英语结果构式对应的汉语动结式习得,就表明语义透明度高低也是影响学习者习得汉语动结式的一个重要因素。

### (三) 实验方法

**1. 实验设计**

本实验采用 $2\times2\times3$ 三因素混合实验设计:

自变量一:形式透明度,为被试内变量,分为 2 个水平,即对应英语形式透明度高的动结式与对应英语形式透明度低的动结式;

自变量二:语义透明度,为被试内变量,分为 2 个水平,即对应英语语义透明度高的动结式与对应英语语义透明度低的动结式;

因素三:被试汉语水平,为被试间变量,分为 3 个水平,即初级、中级、高级;

因变量:每份测试卷实验题中每类动结式[①]的正确率;

控制变量:国籍(英语母语国家)、性别(每组男女比例相等)、年龄(青年)。

### 2. 被试

被试均为母语为英语的汉语学习者,来自北京语言大学汉语速成学院,初、中、高级水平各 20 人。根据郭志良、杨惠元主编的教材《速成汉语基础教程·综合课本》(北京大学出版社,2007 年)中结果补语的教学情况,结合教学进度,各水平被试的学习时间为:初级水平学习者学习汉语时间为 6 个月(刚学习结果补语),中级水平学习者学习汉语时间为 8 个月到 1 年(学习结果补语的时间较短),高级水平学习者学习汉语时间为 2 年(学习结果补语的时间较长)。

### 3. 实验材料

本实验通过以下三个数据库选取动结式:CCRL 语料库[②]、HSK 动态作文语料库和中山大学中介语语料库。我们从"CCRL 语料库"2003 年《人民日报》子库中选取母语者常用的动结式。我们先提取了所有"单音节动词+单音节动词"和"单音节动词+单音节形容词"的语料,共 492 264 条。再从中随机抽取 5%,得到 24 613 条语料,在这些语料中选出所有的动结式,共 1733 个;最后将这些语料按结果补语个数的顺序排列,选取四种动结式类型,每种类型选取前 10 个,共 40 个。同样,从"HSK 动态作文语料库"和"中介语语料库"中选取留学生常用和常错的结果补语,选取四种动结式类型,每种类型选取前 10 个,共 40 个。

将三个语料库中选出的 120 个动结式进行配对,复现率高的为常用动结式。根据与汉语动结式对应的英语结果构式的透明度,将汉语动结式分为四类,每类选取 6 个常用动结式,共选取 24 个动结式(附录一)。

---

[①] 各类动结式和实验题详见附录一和附录二。
[②] 北京语言大学研发的面向语言教学研究的汉语语料检索系统。

这 24 个动结式在汉语母语者语料库和留学生使用的教材中出现的频率都较高,词频基本一致。选取的动结式和对应的英语结果构式样例如表 7-1 所示:

表 7-1 实验材料中的动结式和对应的英语结果构式分类样例

| 动结式 | | 形式透明度 | |
|---|---|---|---|
| | | 透明度高 | 透明度低 |
| 语义透明度 | 透明度高 | 如:吃光(eat up)<br>吹灭(blow off) | 如:看到(see)<br>记住(remember) |
| | 透明度低 | 如:剪断/砍断/切断(cut off)<br>系紧/勒紧/捆紧(make tight) | 如:打破/敲破/戳破(break)<br>做完/吃完/看完(finish) |

表 7-1 中,形式透明度有"透明度高"和"透明度低"两个水平。这两个水平具体表现为:透明度高,即英语结构和汉语结构都由"动词+补足语"组成;透明度低,即汉语结构为"动词+补足语",英语结构为"单个动词"。

语义透明度也有"透明度高"和"透明度低"两个水平。这两个水平具体表现为:透明度高,即"谓语语义透明度高"的英语结构翻译成汉语时,只对应一个汉语翻译,如"eat up——吃光、see——看到";透明度低,即"谓语语义透明度低"的英语结构因谓语缺少方式因子,翻译成汉语时必须在动词中加入方式意义,因此对应多个汉语翻译,如"cut off"可对应"剪断/砍断/切断"等多个汉语翻译,"break"可对应"打破/敲破/戳破"等多个汉语翻译。

**4. 实验程序**

本实验采用纸笔测试任务。每个被试都须完成任务一和任务二,两个任务均为选择题,但选项设置不同。两种任务中,四种类型的动结式各 3 题,每个任务 12 题,共 24 题(附录二)。样题如下:

任务一:根据英语翻译选择正确选项。
　　我妹妹_____了花瓶。My sister broke the vase.
　A. 打　B. 破　C. 打破　D. 打打
目的:考察学习者对动结式形式的习得

任务二:根据英语翻译选择正确选项。
　　我妹妹_____了花瓶。My sister broke the vase.

A. 打死　B. 打破　C. 打飞　D. 打完

目的:考察学习者对动结式结果补语意义的习得

每题中四个选项采用随机的方法平衡呈现顺序。被试先完成任务一,再完成任务二。为确保生词不影响测试成绩,测试卷配有生词翻译卷,生词翻译卷中列出了题干中和选项中可能影响被试理解的生词。生词预先让3名初级水平的学习者挑选,然后由另外3名母语者校对翻译。

计算分数时,正确得1分,错误得0分。分别统计每位被试两个任务中四类动结式的正确率,进行方差分析。

### (四) 实验结果

#### 1. 任务一结果

任务一考察的是英语母语学习者对动结式形式的习得,结果如表7-2所示:

表7-2 形式透明度和语义透明度组合的动结式形式习得的正确率(%)

| 汉语水平 | 与英语结果构式对应的汉语动结式 | | | |
|---|---|---|---|---|
| | 形式透明度高 语义透明度高 | 形式透明度高 语义透明度低 | 形式透明度低 语义透明度高 | 形式透明度低 语义透明度低 |
| 初级 | 65.00 | 55.00 | 36.25 | 62.50 |
| 中级 | 85.00 | 70.00 | 71.25 | 77.50 |
| 高级 | 88.35 | 81.65 | 85.00 | 82.50 |

运用SPSS对任务一的数据进行混合多因素方差分析,结果显示:

(1)汉语水平的主效应显著($F_{(2,57)}=27.07, p<0.01$),说明不同汉语水平的学习者的动结式形式习得有明显差异。事后多重比较表明,初级和中级差异显著($p=0.01$),但中级和高级差异不显著($p>0.05$)。说明中高级学习者的动结式形式习得效果明显好于初级学习者,但中级以后,学习者动结式形式的习得没有随着汉语水平的提高而提高。

(2)形式透明度的主效应显著($F_{(1,57)}=27.68, p<0.01$),说明母语结构的形式透明度高低对学习者汉语动结式形式的整体习得有影响,表现为与英语中形式透明度高的结果构式对应的动结式形式的习得明显好于与英语中形式透明度低的结果构式对应的动结式形式的习得。

(3)语义透明度的主效应显著($F_{(1,57)}=38.26, p<0.01$),说明母语结

构的语义透明度高低对学习者汉语动结式形式的整体习得有影响,表现为与英语中语义透明度高的结果构式对应的动结式形式的习得明显好于与英语中语义透明度低的结果构式对应的动结式形式的习得。

(4)形式透明度和语义透明度的交互作用显著($F_{(2,57)}=8.21$,$p<0.01$),汉语水平和语义透明度的交互作用显著($F_{(2,57)}=6.95$,$p<0.01$),汉语水平、形式透明度和语义透明度的三重交互作用显著($F_{(2,57)}=6.33$,$p<0.01$)。简单效应检验和简单交互作用检验表明(图7-2),形式透明度和语义透明度的两次交互作用在初级水平上显著($F_{(1,19)}=16.63$,$p<0.01$),即当英语结果构式形式透明度高时,英语结构语义透明度高低对汉语动结式形式习得的影响无明显差异($p>0.05$),而当英语结构的形式透明度低时,英语结构语义透明度高低对汉语动结式形式习得的影响有明显差异($p<0.01$),表现为与语义透明度低的英语结构对应的汉语动结式形式的习得好于与语义透明度高的英语结构对应的汉语动结式形式的习得。形式透明度和语义透明度的两次交互作用在中级水平上也显著($F_{(1,19)}=4.89$,$p<0.05$),即当英语结果构式的形式透明度高时,英语结构的语义透明度高底对汉语动结式形式习得的影响有明显差异($p<0.05$),表现为与语义透明度高的英语结构对应的动结式形式的习得好于与语义透明度低的英语结构对应的动结式形式的习得,而当英语结构的形式透明度低时,语义透明度高低对动结式形式习得的影响没有明显差异($p>0.05$)。形式透明度和语义透明度的交互作用在高级水平上不显著($F_{(1,19)}=0.14$,$p>0.05$),说明形式透明度和语义透明度对高级学习者动结式形式习得的影响不大。

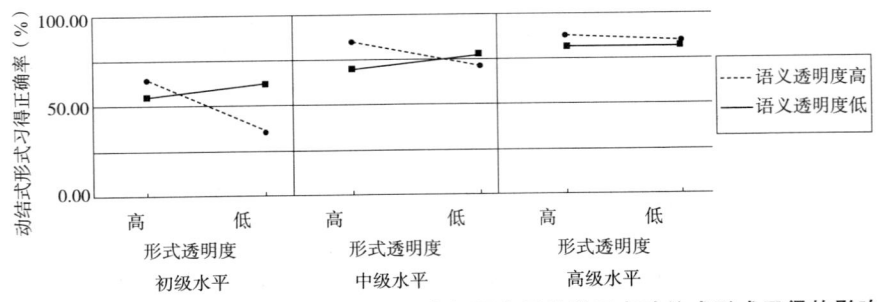

图7-2 形式透明度和语义透明度对三个汉语水平的学习者动结式形式习得的影响

**2. 任务二结果**

任务二考察的是英语母语学习者对动结式意义的习得,结果如表7-3所示:

表7-3 形式透明度和语义透明度组合的动结式补语意义习得的正确率(%)

| 汉语水平 | 动结式的组合形式 | | | |
|---|---|---|---|---|
| | 形式透明度高 语义透明度高 | 形式透明度高 语义透明度低 | 形式透明度低 语义透明度高 | 形式透明度低 语义透明度低 |
| 初级 | 40.00 | 50.15 | 47.50 | 65.00 |
| 中级 | 55.00 | 86.65 | 90.00 | 95.00 |
| 高级 | 82.50 | 90.00 | 90.00 | 92.50 |

运用SPSS对任务二的实验数据进行方差分析,结果显示:

(1)汉语水平的主效应显著($F_{(2,57)}=13.03, p<0.01$),说明不同汉语水平学习者的动结式意义习得水平有明显差异。事后多重比较表明,初级和中级差异显著($p=0.01$),中级和高级差异不显著($p>0.05$),说明中级和高级学习者的动结式意义习得明显好于初级学习者,而中级以后学习者动结式意义的习得没有随着汉语水平的提高而提高。

(2)形式透明度的主效应不显著($F_{(1,57)}=1.28, p>0.05$),说明不同的形式透明度对学习者动结式意义整体习得的影响没有明显差异。

(3)语义透明度的主效应不显著($F_{(1,57)}=0.10, p>0.05$),说明语义透明度高低对学习者动结式意义整体习得没有明显差异。

(4)汉语水平、形式透明度和语义透明度的三次交互作用显著($F_{(2,57)}=0.79, p<0.05$),经简单效应检验和简单交互作用检验后发现(图7-3),形式透明度和语义透明度的两次交互作用在初级水平上显著($F_{(1,19)}=0.84, p>0.05$),即当汉语动结式对应的英语结构形式透明度高时,语义透明度高低对汉语动结式意义习得的影响没有明显差异($p>0.05$),而当汉语动结式对应的英语结构形式透明度低时,语义透明度高低对汉语动结式意义习得的影响有明显差异($p<0.05$),表现为语义透明度低的动结式意义习得好于语义透明度高的动结式意义习得。

形式透明度和语义透明度的两次交互作用在中级水平上显著($F_{(1,19)}=24.14, p<0.001$),表现为当汉语动结式对应的英语结构形式透明度高时,语义透明度高低对汉语动结式意义习得的影响有明显差异($p<0.001$),即语义透明度低的动结式意义习得好于语义透明度高的动结式意义习得,而当汉语动结式对应的英语结构形式透明度低时,语义透明度高低对汉语动结式意义习得没有明显差异($p>0.05$)。

形式透明度和语义透明度的交互作用在高级水平上不显著($F_{(1,19)}=2.05, p>0.05$),说明形式透明度和语义透明度对高级学习者动结式意义习得影响不大。

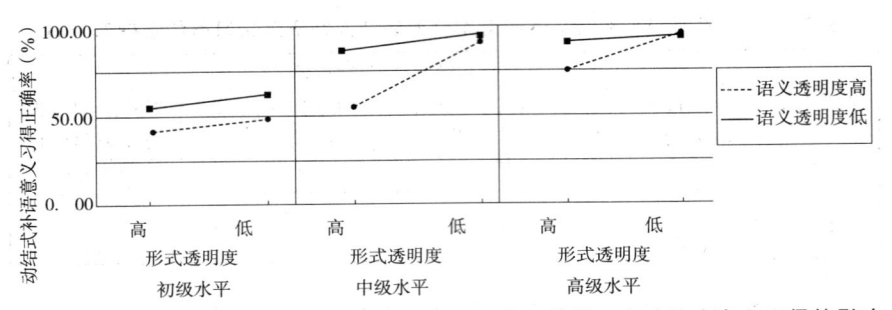

图 7-3 形式透明度和语义透明度对三个汉语水平的学习者动结式意义习得的影响

# 三、讨论

一个构式包括形式和意义两方面,动结式的形式是"动词+补语",意义是表示动作、变化及结果。本实验的任务一和任务二从动结式形式和意义习得的角度,考察了汉语学习者动结式构式的习得过程,以及学习者母语结构中形式透明度和语义透明度对其习得汉语动结式的影响。实验表明,形式透明度和语义透明度这两个因素在不同语言水平阶段对动结式的形式习得产生了重要的影响,但对动结式补语意义的习得影响不大。

## (一) 动结式形式的习得

根据任务一的实验结果,动结式形式的习得既受到形式透明度的影响,也受到语义透明度的影响,且在不同汉语水平阶段有不同的表现。

第一,汉语学习者母语形式的透明度对汉语动结式的形式习得产生了影响。实验结果表明,形式透明度在动结式形式习得上主效应显著,说明形式透明度在动结式形式习得上产生了形式效应,也就是说,英语结果构式形式透明度与汉语动结式的形式透明度是否一致的确是影响学习者习得动结式形式的一个重要因素。两者一致时,汉语动结式习得效果就好,两者不一致时,汉语动结式的习得效果就比较差。

根据本章对透明度的定义,形式透明度高低是根据英语和汉语的比较得出的。汉语动结式作为一个固定的、句法分析性高的语法结构,相对于英语的结果构式,形式透明度较高,在汉语表层语言结构上表现为"动词+补语"的结构,动词为中心语,补语为补足成分。而相对应的英语结果构式表现手段不固定,由多种结构形式来实现:形式透明度高的英语结果构式,表层结构上表现为"动词+补足词";形式透明度低的,则仅表现为一个动词。前者和汉语的动结式一致,后者与汉语动结式不一致,因此英语母语学习者在习得动结式形式时,在汉英形式透明度一致的动结式上产生母语正迁移,成绩较好;在汉英形式透明度不一致的动结式上产生母语负迁移,成绩较差。拼接效应由此产生,表现为对应于英语结构形式透明度高的汉语动结式习得要明显好于对应于英语结构形式透明度低的汉语动结式。

第二,汉语学习者母语语义透明度对汉语动结式的形式习得也产生了影响。实验结果表明,语义透明度在动结式形式习得上主效应显著,说明语义透明度对动结式的形式习得产生了语义效应,也就是说,汉英动结构式/结果构式语义透明度是否一致是影响学习者习得汉语动结式形式的另一个重要因素。

汉语动结式作为句法分析性强的固定表达式,关注动作,也关注结果,在表达动作导致的结果时一般要说明是用什么工具或方法引起的,表现为谓语动词包含方式。英语结果构式中,有的关注动作以何种方式引起结果,在形式上表现为动词包含方式;而有的只关注结果,不关注如何引起,表现为动词不包含方式。前者的结构和汉语的动结式结构一致,后者和汉语动结式不一致,因此英语母语学习者习得动结式形式时,在汉英语义透明度一致的动结式上产生母语正迁移,正确率较高;在汉英语义透明度不一致的动结式上产生母语负迁移,正确率较低。语义效应由此产生,表现为英语结构中语义透明度低的动结式形式习得好于语义透明度高的动结式。

第三,形式透明度和语义透明度在初级阶段和中级阶段影响较大,在高级阶段影响不大。实验结果表明,任务一中汉语水平、形式透明度和语义透明度三次交互作用显著,说明在动结式形式习得中,形式透明度和语义透明度在汉语水平上产生了组合效应。

初级阶段,对应于英语形式透明度高的汉语动结式形式习得好于对应于英语形式透明度低的汉语动结式。这是因为在形式透明度和语义透明度这两个变量中,形式透明度有语序这样的形式标记,更易被学习者注意到,因此容易习得,而语义透明度没有特定的标记方式,往往不容易习得。因而,初级学习者由于目的语知识的不足,更多地依赖母语和目的语形式表达的一致性来习得汉语。

这里我们观察到一个有趣的现象,学习者在习得与英语形式透明度低对应的动结式时,英语语义透明度低的动结式反而好于英语语义透明度高的动结式。这一结果似乎与语义透明度主效应显著的结果矛盾,其原因可能与学习者的习得策略有关。学习者在习得汉语动结式时,主要遵循母语结构和目的语结构的一致性原则(principle of unification)来加工汉语动结式;如果出现不一致的情况,他们可能采取两种策略:一是母语策略,即根据母语结构加工汉语动结式;二是目的语策略,即根据目的语提供的可利用的线索加工汉语动结式。之所以在形式透明度低的条件下,初级学习者对英语语义透明度低的动结式习得反而好于语义透明度高的动结式,是因为当母语和目的语形式透明度和语义透明度都不一致时,学习者可利用的策略只能是目的语策略,即根据目的语提供的形式线索来加工,如"打破"。而如"see——看见",由于英语形式透明度低,形式上只表现为一个动词,因此初级学习者在学习汉语动结式时也只用一个词;但由于英语结构中语义透明度高,因此初级学习者误以为使用一个字对应即可,便出现了"看"的错误。错误的原因是这一动词仅包含方式,不包含结果。从这一现象中可以看到,形式透明度和语义透明度并不是分别对动结式的习得起作用,而是共同对习得起作用,这很好地体现了形式和语义透明度的组合效应。

中级阶段四类动结式的习得水平差距在逐渐缩小。中级阶段在形式透明度高时,英语动词语义透明度高的动结式习得好于英语动词语义透明度低的动结式,这符合前面所说的一致性原则。在形式透明度低时,英语动词语义透明度高的动结式和英语动词语义透明度低的动结式的习得没有明显差异。从数据中可以看到,语义透明度高的两类动结式的进步速度要快于语义透明度低的两类,可见,中级阶段的学习者在语义的习得上有很大的发展,甚至比形式的习得发展更快。另外,"see——看见"类动结式的正确率在中级阶段仍较低,说明这类动结式的发展相对滞后。但与初级阶段相比,这类动结式的提高速度却很快(提高了45%),明显快于其他三类动结式,原因一可能是语义透明度有助于习得,原因二可能是"看见"类动结式的搭配较少,呈现形式较为固定,所以学习者对这类动结式采取了整体记忆的方法,从而能迅速提高正确率。

到高级水平时,四类动结式成绩都很好,习得水平上没有表现出差异,形式透明度和语义透明度对高级水平的学习者习得动结式影响不大。

综上所述,英语母语结构的形式透明度和语义透明度对汉语动结式形式习得产生了影响,这种影响主要发生在初级阶段和中级阶段。母语结构的形式透明度和语义透明度对初级阶段动结式形式习得的影响最大,随着学习者汉语水平的提高,这两个因素的影响逐渐减小,直至不产生影响。

## (二) 动结式意义的习得

这部分主要考察补语意义的习得,因为在已有的偏误分析和数据库分析中,结果补语的错用是一个较大的问题。根据任务二的实验结果,形式透明度和语义透明度对动结式补语意义的习得影响较小,补语意义的习得主要受到语义虚化程度的影响。

第一,学习者母语结构的形式透明度和语义透明度对动结式补语语义习得的影响不大。实验结果表明,形式透明度和语义透明度在动结式意义习得上主效应都不显著,说明形式和语义透明度在动结式意义习得上没有产生形式效应,也没有产生语义效应。

形式透明度和语义透明度的主效应不显著,是因为在动结式补语意义的习得上,学习者更多采取词汇启动策略(根据字词习得),而不是所谓句法启动策略(根据句法成分的需要添加谓语或补语),因而对形式透明度和语义透明度这些线索不敏感。另外,任务二中涉及的动结式意义,考察的是补语的语义及与动词的搭配,不涉及形式和意义的匹配问题,因此在考察动结式语义习得时形式透明度和语义透明度不起作用。这一结果也进一步说明母语的透明度对汉语动结式的形式习得有较大的影响,也就是说,透明度对动结式成分缺失问题有较大的解释力,而动结式具体意义的习得则受到其他因素的影响。

第二,动结式补语意义的习得可能和结果补语的语义虚化有关。任务二的结果虽然发现了汉语水平、形式透明度和语义透明度的三重交互作用,但其实际原因可能是受到了结果补语的语义虚化的影响。

三个汉语水平阶段中,英语结构中形式透明度高、语义透明度高对应的汉语动结式意义习得相对于其他三类都较差。分析实验材料发现,学习者对其中的"推开"一词的动结式意义习得存在很大的问题,这使该组动结式的平均正确率大大降低。有80%的被试选择"推出"为正确答案。这可能是"推开"的"开"的意义不是本义,而是引申义,有一定的虚化,加工上存在难度。"开"的意义虚化是学习者错误选择的原因。

在初级阶段,英语结构中形式透明度低、语义透明度高对应的汉语动结式意义习得较差,如"see——看到、remember——记住、hear——听见"等,可能是受到"到、住、见"等较高语义虚化程度的影响。VanPatten(2003)认为,学习者学习新的知识时,先加工实义,再加工虚义,虚化的补语成分在初级阶段往往很难习得。因此"到、住、见"等意义虚化的补语加工靠后,不容易习得。而英语结构中形式透明度低、语义透明度低对应的汉语动结式,如"break——打破、dry——烘干"中的"破、干"等都有实在意义,因此容易习得。

到了高级阶段,"看到、听见、抓住"类动结式语义习得反而最好,原因在于这一类动结式多是感官类动结式,其谓语动词和补语的搭配很稳定,和其他补语搭配的频率很低,更具有构式的特点,因此,这类动结式的加工可能以整词的方式记忆,学习的效果比其他动结式要好。值得注意的是,形式和语义透明度的组合可能对动结式的搭配频率起了一定的聚类作用,这在我们的实验设计和实验材料中没有被考虑。

### (三) 汉语水平的制约

汉语水平是制约动结式形式和意义习得的重要因素。实验结果表明,汉语水平在动结式形式和意义习得中主效应都显著,表现为中级和高级学习者的动结式形式和意义习得水平都优于初级学习者。随着学习者语言水平的进步,高水平学习者比低水平学习者具备更多的目的语知识和学习经验,通过其他语法知识和大量词汇知识的学习,高级学习者对动结式形式和意义的习得更为深入,有较强的构式意识。

此外,实验还发现,高级学习者的动结式正确率较高,形式透明度和语义透明度的影响不显著。可见,动结式构式意识的建立主要在初级到中级的学习阶段,中级以后形式上的错误已较少,到高级阶段动结式的构式意识就很强了,学习者母语结构的形式透明度和语义透明度不再成为影响汉语动结式习得的主要因素。

## 四、本章小结

根据上述分析和讨论,基于构式观念的英语母语学习者汉语动结式习得研究发现:在习得汉语动结式这样的特殊论元结构构式的过程中,语言水平是制约学习者习得动结式过程中构式意识形成和发展的一个重要原因,学习者对动结式的掌握主要发生在初级到中级水平的学习阶段,这一阶段是学习者动结式构式意识形成的关键时期;母语的形式透明度和语义透明度是影响汉语动结式形式习得的主要因素,在初级阶段影响较大,随着汉语水平的提高,影响逐渐减小;汉语动结式意义习得受母语的形式透明度和语义透明度影响较小,主要受到语义虚化程度的影响。这鲜明地体现出构式意识形成的阶段性特征。同时,由于汉语动结式和英语结果构式在形式和意义上对应关系复杂,所以学习者构式意识形成的每个阶段内部还存在着一定的层级差异,体现出构式意识形成的层级性特征。

这种认识对对外汉语的动结式教学有一定的启示。在教授英语为母语的学习者汉语动结式时,初级阶段是建立动结式构式意识的阶段,是学习者掌握这一构式的关键时期。教师应注重动词和补语成分的内在关系,强调汉语的动词在单用时一般只表示动作方式而不表示结果,因此动作产生某种结果是不能只用单个动词或单个结果表示的,一定要由动词和结果两个部分组成,缺一不可。考虑到英语母语的形式透明度和动词语义透明度对学生学习动结式的影响,教学时可先引入汉语和英语句法结构一致的动结式,帮助学生建立起动结式构式的概念,再引入形式透明度和语义透明度不一致的动结式,帮助学生跟英语结果构式进行区别和辨析,完善汉语动结式的构式意识。构式意识的形成和发展呈现出阶段性和层级性特征,这对如何引导外国学生习得其他特殊论元结构构式也同样具有重要的启示作用。

由于隶属于不同语系,英汉表达结果的句法结构在形式和意义/功能/的匹配上具有较大差异,构式理论作为一个新的视角,从认知的角度考察了动结式的内部结构关系,对动结式的习得有较强的解释力。目前,基于构式的第二语言习得研究正在逐渐展开,对句法层面的构式意识的研究也逐步开始(如杨圳、施春宏,2013)。本章通过实验研究,划分了动结式构式意识形成和发展的阶段和层级,认为构式意识的建立是动结式习得的关键,这对动结式以及类似特殊论元结构构式的第二语言习得和教学都有重要的意义。

## 附录一　24 个汉语动结式实验材料及对应的英语结果构式

| 动结式 | | 形式透明度 | |
| --- | --- | --- | --- |
| | | 透明度高 | 透明度低 |
| 语义透明度 | 透明度高 | 推开(push away)<br>学好(learn well)<br>长大(grow up)<br>吃光(eat up)<br>撞倒(knock down)<br>吹灭(blow off) | 看到(see)<br>记住(remember)<br>听见(hear)<br>遇到(meet)<br>抓住(catch)<br>治好(cure) |

续表

| 动结式 | 形式透明度 | |
|---|---|---|
| | 透明度高 | 透明度低 |
| 透明度低 | 剪断/砍断/切断(cut off)* <br> 压扁/坐扁/敲扁(hit flat) <br> 熄灭/吹灭/浇灭(put out) <br> 系紧/勒紧/捆紧(make tight) <br> 消掉/推掉/洗掉(get off) <br> 搬走/运走/抬走(get away) | 打破/敲破/戳破(break) <br> 烘干/晒干/烤干(dry) <br> 做完/吃完/看完(finish) <br> 搬空/扫空/走空(empty) <br> 打死/射死/撞死(kill) <br> 听懂/看懂/读懂(understand) |

\* 说明：在一个英语结构对应多个汉语动结式中，翻译中有几个汉语动结式的动词为低频动词，考虑频次效应，在实验中选取的汉语动结式的动词均为高频动词。如"make tight"对应的汉语动结式有"系紧、勒紧、捆紧"等，"系"是高频动词，"勒"是低频动词，在实验测试中，选取的对应动结式是"系紧"。

# 附录二 汉语动结式习得实验测试卷

年级(grade)：_____

性别(gender)：_____

年龄(age)：_____

国籍(nationality)：_____

学习汉语的时间(time of learning Chinese)：_____年(year)_____个月(month)

是否考过HSK(attend HSK or not)：否(No)　是(Yes)　（_____级)(level)

一、Choose one correct answer to fill in the blanks according to the English translation of the sentences. The words which may be new for you are translated in the translation page.

1. 我在回家路上_____了我的朋友。I met my friend on my way home.
   A. 遇　　B. 遇事　　C. 到　　D. 遇到

2. 我今天要_____房间。I need to empty the room.
   A. 空　　B. 搬空　　C. 搬家　　D. 搬

3. 大家多吃点儿，要把菜_____。Eat more, we need eat up all the dishes.
   A. 吃饭　　B. 吃　　C. 光　　D. 吃光

4. 裤子太大了，要_____。The trousers are too large, please make it tight.
   A. 紧　　B. 系绳　　C. 系　　D. 系紧

5. 他_____小偷。He caught the thief.
   A. 抓人　　B. 抓　　C. 抓住　　D. 住

6. 妹妹_____西瓜就想吃。When she sees the watermelon, she wants to eat it.
   A. 看　　　B. 到　　　C. 看人　　　D. 看到

7. _____英语很重要。It's important to learn English well.
   A. 好　　　B. 学习　　　C. 学　　　D. 学好

8. 你能_____衣服上的油吗？Can you get the oil off on the clothes?
   A. 掉　　　B. 洗碗　　　C. 洗掉　　　D. 洗

9. 他_____了一个病人。He cured a patient.
   A. 治　　　B. 好　　　C. 治好　　　D. 治病

10. 他_____了一个人。He killed a person.
    A. 打　　　B. 打人　　　C. 打死　　　D. 死

11. 她的车_____一个老人。Her car knocked down an old man.
    A. 撞　　　B. 倒　　　C. 撞倒　　　D. 撞车

12. 他坐下，_____了箱子。He sat down and hit the box flat.
    A. 压书　　　B. 压扁　　　C. 扁　　　D. 压

二、Choose one correct answer to fill in the blanks according to the English translation of the sentences. The words which may be new for you are translated in the translation page.

13. 我可以_____老师的话。I can understand what the teacher is saying.
    A. 听累　　　B. 听烦　　　C. 听懂　　　D. 听好

14. 小明_____了花瓶。Xiaoming broke the vase.
    A. 打掉　　　B. 打破　　　C. 打死　　　D. 打累

15. 妈妈把孩子从火炉旁边_____。Mum pushed her child away from the oven.
    A. 推开　　　B. 推上　　　C. 推进　　　D. 推出

16. 大风_____了树枝。The heavy wind cut off the branch.
    A. 刮完　　　B. 刮跑　　　C. 刮断　　　D. 刮乱

17. 他明天会把书_____。He will get the books away.
    A. 搬好　　　B. 搬走　　　C. 搬远　　　D. 搬到

18. 五年后，他_____了。He has grown up since five years.
    A. 长白　　　B. 长胖　　　C. 长大　　　D. 长黑

19. 妈妈_____汤就可以吃了。After mom finishes the soup, we can begin to eat.
    A. 做坏　　　B. 做出　　　C. 做完　　　D. 做成

20. 我_____有人在弹钢琴。I heard somebody playing the piano.
    A. 听清　　　B. 听出　　　C. 听见　　　D. 听完

21. 这个事很重要,你要_____。It's important, you should remember it.

    A. 记起　　B. 记清　　　C. 记完　　D. 记住

22. 太阳_____了衣服。The sun dries the clothes.

    A. 晒黑　　B. 晒好　　　C. 晒完　　D. 晒干

23. 风_____了我的帽子。The wind blows off my hat.

    A. 吹完　　B. 吹到　　　C. 吹灭　　D. 吹掉

24. 冷水_____了大火。The cold water put out the fire.

    A. 浇死　　B. 浇灭　　　C. 浇好　　D. 浇完

# 第八章 汉语重动式的二语习得研究

本章讨论在语言类型上具有鲜明汉语特性的一种特殊论元结构构式"重动式"的二语习得情况。我们基于中介语分析(尤其是偏误分析)和对比分析的研究路径,重点考察重动句不同次类在不同语言水平等级中的习得表现,并以汉语母语者的使用情况做参照,试图揭示语言结构之内和之外的诸多制约因素及相互关系。

重动式(verb-copying construction,也作"复动句、动词拷贝句、动词拷贝式"等)[①]就是指类似下面这样的句式性构式:

(1) a. 妈妈洗衣服洗累了。
 b. 老师讲课讲了一下午。
 c. 他们去考场去早了。
 d. 她唱歌唱得嗓子都哑了。

作为现代汉语里比较特殊的一种句式,重动句在句法结构、语义表达和语用语篇功能上,都有其独特的地方;此外,英语、法语、日语等语言中均没有与之相类似的句法结构,因此重动句还具有语言类型上的特殊性。这必然使汉语作为第二语言的重动式习得和教学也具有某些方面的特殊性。本章即对此做出探讨,重点分析不同汉语水平的留学生习得重动式不同次类的具体表现及内在规律,并对偏误形成的原因做出系统分析。

学界关于重动式的二语习得虽有所考察,但并不充分,跟"把"字句、

---

① 汉语句法系统中类似例(1)这样重复动词的表达方式在国内外文献中有不同的术语名称,其中汉语文献以"重动句"为常,"动词拷贝句"次之;英文文献基本上是 verb-copying construction,或径称 verb-copying。本研究关于重动句形义关系及其类型的详细分析,参见施春宏(2010e),概以"重动式"称之,但在直接引述文献时,一仍其旧。

"被"字句、比较句等常见句式的习得研究相比,只有少量的文献(包括硕士论文中部分章节)。与此相关的是,重动式的句式教学研究也较少见(肖奚强、张静,2004)。目前,学界对重动式的二语习得及相关教学研究主要体现在三个方面:(1)从本体研究延伸到对重动式二语习得的探讨。如孙红玲(2005)以"把"字句为例对重动式与相关句式之间的语用功能差异进行了对比研究,这些不同的语法表现也给重动式的教学带来了一些重要启示。陈俊光、李菁菁(2007)从句法、语义、篇章及语用等语言层面分析归纳出四级制约因素,依此整理出重动式的教学原则,即"二必":动作动词必重动,结果词语必重动;"一没有":变化动词不重动;"四重选择性":状态动词可不重动,描述动词可不重动,有定宾语可不重动,充当背景的子句可不重动;"一层语用考量":如果说话者想要强调重动式的动补成分的"客观持续性"则可选用重动式。该研究建议在教学上也应该按照这些教学原则进行教学。(2)基于小规模中介语语料(库)分析,考察中介语中重动式的习得情况。如刘梨花(2010)对16个留学生偏误例句进行了分析;李容容(2010)对重动式的教学语法和语法教学做了详细的分析与讨论,但纵观其整个研究语料,仅有21句。相对全面的考察是肖奚强等(2009),作者讨论了重动式在句法、语义、语用三个方面受到的制约,并结合大纲、教材以及99例中介语语料,分等级对外国学生重动式的习得情况进行了较为全面的分析研究,并提出了教学建议。(3)从对外汉语教材编写的角度出发探讨重动式习得情况。如张静(2004)考察了重动式在部分对外汉语教材中的设置;林逸欣(2012)检视了两部华语教材(《新版实用视听华语》,正中书局,2008年;《新实用汉语课本》,北京语言大学出版社,2009年),讨论了重动式的教材编写,并根据所分析的重动式的语法规则提出了一些建议。

就上述研究成果而言,重动式的习得研究存在需要进一步探讨的地方。主要体现在三个方面:一是目前关于重动式的习得研究大多并未基于系统的中介语语料考察,而偏重于依赖汉语本体分析的基本认识和主要分类;二是虽然有的研究已经基于中介语语料(库)分析,但总体而言规模较小,所得中介语语料数目不多,难以充分展示重动式习得研究的全貌和层级;三是对重动式习得的内在动态性关注不够。

有鉴于此,本章基于大规模留学生中介语语料库,深入分析留学生习得重动式不同阶段的动态发展情况,考察重动式的偏误类型和偏误产生的原因,探讨不同重动式类型的习得顺序,并以汉语母语者的重动式使用情况做参照来审视其中的使用情况。同时还对重动式在对外汉语教材中的设置情况进行考察,对汉语作为第二语言教学中重动式的教学方法进行分析探讨,进而提出相应的教学策略。

在讨论之前,先就本章所使用的中介语语料库情况做简单介绍。我们利用的是暨南大学华文学院王茂林先生建立的留学生"中介语语料库"(约 400 万字),①这样的规模虽然还未达到特别理想的状态,但就目前语料库建设的实际情况而言,对研究重动式习得还是有相当效度的。该语料库分初、中、高三个等级,等级划分主要依据《汉语水平等级标准与语法等级大纲》。初级:学习了甲乙两级汉字 1033—1604 个;中级:学习了甲乙丙三级汉字 5253 个;高级:学习了甲乙丙丁四级汉字 7000—8822 个。我们对该语料库中的语料进行编程,从而穷尽式搜索重动式,分析处理中剔除与本研究无关的句子,共检索到重动式 204 句。② 我们从正用和偏误两个方面全面考察留学生重动式的使用频率和习得情况,重新构建不同类型重动式的习得顺序。作为参照,我们还考察了大约 8 亿字的现代汉语语料:一是根据前人和时贤论著中的某些语料,从北京大学 CCL 现代汉语语料库(307 317 060 字)中搜索;二是来源于兰卡斯特汉语语料库(The Lancaster Corpus of Mandarin Chinese),1 001 370 字;三是来源于 Tagged Chinese Gigaword,其中主要是针对中国台湾"中央社" 5 亿字的新闻语料进行了检索。三个语料库共检索到 1323 句重动式。两相比较,可以看出留学生使用重动式的一些特殊之处。

# 一、重动式习得的基本类型及其在不同水平
　　等级中的分布状况

基于现代汉语语料库和留学生中介语语料库,我们首先对搜集的重动式中介语语料进行考察,深入分析不同阶段留学生习得各种类型重动

---

① 感谢王茂林先生在语料提供和语料编程方面的无私帮助。
② 肖奚强等(2009:150)根据南京师范大学"外国学生汉语中介语偏误信息语料库"(分初、中、高三级)共检得重动式 99 例,其中正确用例 49 例,错误用例 50 例。相对而言,本章所依据的语料库的规模有显著扩大,检得的重动式数量增加一倍有余,类型及分布更加丰富。

式的分布状况,考察留学生习得重动式的过程,并描述其习得顺序。

## (一)重动式习得的基本类型

这里依据谢福(2012)对重动式构造系统所做的分类,并结合汉语母语者现代汉语语料库(简作"(汉语)母语语料库")和留学生中介语语料库(简作"中介语语料库")来确定本章所要考察的语法项目。

表8-1是母语语料库和中介语语料库中不同类型重动式使用的基本分布情况对比。由于母语语料库出现的两小类(指动指名型动结重动式和动量补语型重动式①)在中介语语料库中没有出现,因此这里不加讨论。同样,物量补语型重动式②在中介语语料库中只出现了1次(即"写信写了好几封"),本文也暂不对其进行习得分析。这样,本章要考察的重动式下位类型可以确定为四大类:指动型动结重动式(F1)、主语指向型动结重动式(F2)、宾语指向型动结重动式(F3)以及时量补语型重动式(F4)。其中F2和F3都是指名式。

表8-1 母语语料库和中介语语料库中重动式类型分布比较

| 重动式类型 使用者 | 动结重动式 | | | | 计量补语重动式 | | |
| --- | --- | --- | --- | --- | --- | --- | --- |
| | 指动型动结重动式 | 主语指向型动结重动式 | 宾语指向型动结重动式 | 指动指名型动结重动式 | 时量补语型重动式 | 物量补语型重动式 | 动量补语型重动式 |
| 汉语母语者 | √ | √ | √ | √ | √ | √ | √ |
| 留学生 | √ | √ | √ | — | √ | (1例) | — |

下面分别举例说明:

F1.指动型动结重动式:结果成分语义指向动词的动结重动式。

句法结构:〈 Subj　V₁　NP　V₂　R 〉

论元结构:〈 AGT　ACT　PAT　ACT　RESULT 〉

构式语义:施事实施V后呈现动作状态R。

例如:姑娘,好女儿,你回来啦?路上热吧?今天客人不少,他们都在称赞你读书读得好呢!(杨沫《青春之歌》)

---

① 指动指名型动结重动式即结果成分语义既指向名词又指向动词的动结重动式,如"找你找对了";动量补语型重动式即补语是对动作行为的计量,如"去上海去过三次"。
② 物量补语型重动式即补语是对某类实体的计量,如"写小说写了一千多页"。

F2. 主语指向型动结重动式:结果成分语义指向主语的动结重动式。
　　句法结构:{ Subj　V₁　NP　V₂　R }
　　论元结构:〈AGT-PAT ACT　ARG　ACT　RESULT〉
　　构式语义:施事实施一定动作量后致使施事受到某影响 R。
　　例如:林母:"嘉仪,喝点儿汤吧。"嘉仪:"不了,我<u>吃饭吃饱</u>了。"(电影《归途如虹》)

F3. 宾语指向型动结重动式:结果成分语义指向宾语的动结重动式。
　　句法结构:{ Subj　V₁　NP　V₂　R }
　　论元结构:〈AGT　ACT　PAT　ACT　RESULT〉
　　构式语义:施事实施 V 后描述受事呈现某结果 R。
　　例如:比如我们<u>洗厕所洗得极干净</u>,就完全是她教出来的。(北京大学 CCL 语料库)

F4. 时量补语型重动式:补语成分是对某个事件持续时间的计量。
　　句法结构:{ Subj　V₁　NP　V₂　T }
　　论元结构:〈AGT　ACT　PAT　ACT　TIME〉
　　构式语义:对已然事件时量状态的陈述。
　　例如:你胆子比你胸大,吵架被人压,你<u>做人做了几十年</u>,到底有什么成就?(《周星驰喜剧剧本选·九品芝麻官》)

## (二) 母语语料库与中介语语料库中不同类型重动式的分布情况

我们先比较汉语母语语料库和中介语语料库中四类重动式的出现频次和出现频率的差异。见表 8-2(表中母语语料样本总量 8 亿字次;中介语语料样本总量 400 万字次):

表 8-2　母语语料库和中介语语料库中不同类型重动式出现的频次和频率

| 重动式类型 | 汉语母语者语料 | | 中介语语料 | |
| --- | --- | --- | --- | --- |
| | 出现频次(例) | 出现频率(%) | 出现频次(例) | 出现频率(%) |
| F1. 指动型动结重动式 | 671 | 57.40 | 123 | 60.60 |
| F2. 主语指向型动结重动式 | 353 | 30.20 | 21 | 10.34 |
| F3. 宾语指向型动结重动式 | 4 | 0.34 | 8 | 3.94 |
| F4. 时量补语型重动式 | 141 | 12.06 | 51 | 25.12 |
| 总计 | 1169 | 100.00 | 203① | 100.00 |

---

① 留学生中介语语料库共检索到 204 句,其中有 1 例是物量补语型重动式,便未参与讨论。所以考察的中介语语料只有 203 句。

图 8-1 是重动式四种次类句式出现频率矩形对比图：

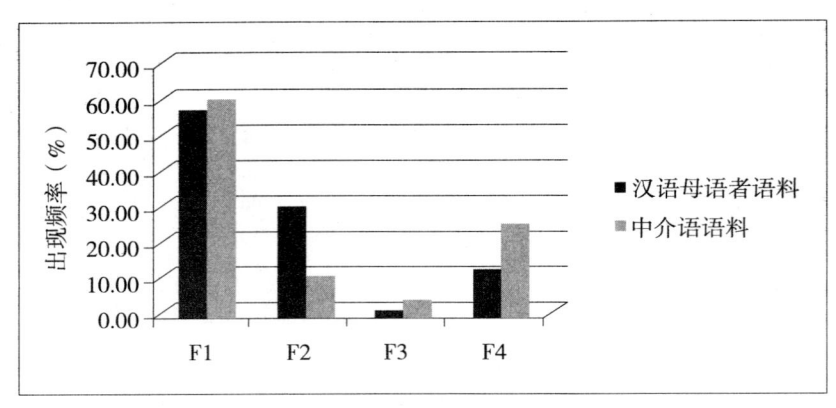

**图 8-1　汉语母语者、留学生重动式四种次类句式出现频率矩形对比图**

从上图可以看出，汉语母语者语料库中，F1、F2 句式出现频率比较高，F3、F4 句式出现频率较低，其中 F3 最低。汉语母语者的使用频率主要反映了交际需要。

中介语语料库中，F1 句式出现频率与汉语母语者语料库中的出现频率差异不大；而 F2 句式却显著低于 F4 句式的出现频率，F4 句式出现频率多于汉语母语者语料中的 F4 句式。[①] 决定留学生使用频率的原因既与交际需要有关，还与句法整合的难易度以及认知难易度有关。对此，下文将进行分析。

### （三）重动式次类句式在不同汉语水平等级中的分布情况

上面是中介语语料库中的总体分布情况，下面按学习者汉语水平等级从次类差异角度来具体分析重动式习得的动态表现。

关于二语习得中句式习得状况与使用状况的关系，一般认为，句式的正确使用频次或正确使用相对频率越高，就越容易，越先习得。要考察同一等级上重动式不同次类的习得情况，正确使用相对频率是一个重要的考察项。具体判定方法是：各句式在各学时等级上的正确使用相对频率＝各句式在各学时等级上的正确使用频次/各句式在某学时等级上句式的

---

① F3 的出现频次在两种语料库中总体都较少，因此主要放到下文从用例分析的层面来说明。

出现频次之和。正确使用相对频率检测的是在同一等级上不同句式的正确习得情况。按照这个方法,经过统计,初、中、高三个等级水平的留学生使用四类重动式的结果如下:

表 8-3 留学生重动式四种次类句式出现频率和正确使用相对频率

| 句式 | 初级 | | 中级 | | 高级 | |
|---|---|---|---|---|---|---|
| | 出现频率(%) | 正确率(%) | 出现频率(%) | 正确率(%) | 出现频率(%) | 正确率(%) |
| F1.指动型动结重动式 | 65.26 | 35.79 | 58.33 | 42.86 | 50.00 | 37.50 |
| F2.主语指向型动结重动式 | 6.32 | 5.26 | 14.29 | 8.33 | 12.50 | 8.33 |
| F3.宾语指向型动结重动式 | 4.21 | 3.16 | 3.57 | 2.38 | 4.17 | 4.17 |
| F4.时量补语型重动式 | 24.21 | 11.58 | 23.81 | 11.90 | 33.33 | 16.67 |

将这两种频率按降序排列如下:

表 8-4 留学生重动式四种次类句式的出现频率和正确使用相对频率的降序排列

| 等级 | 出现频率 | 正确率 |
|---|---|---|
| 初级 | F1>F4>F2>F3 | F1>F4>F2>F3 |
| 中级 | F1>F4>F2>F3 | F1>F4>F2>F3 |
| 高级 | F1>F4>F2>F3 | F1>F4>F2>F3 |

由表 8-4 可知,无论是初级、中级还是高级,留学生使用重动式四种次类句式的内在层次是一致的,即重动式各次类句式出现频率和正确使用相对频率的排序一致。

下面我们针对重动式四种次类句式在不同等级中的体现进行具体分析。

**1. 初级阶段的习得情况**

初级阶段,从出现频率和正确使用相对频率来看,重动式四种次类句式的习得顺序都为 F1>F4>F2>F3。

F1 指动型动结重动式在初级阶段出现频率为 65.26%,共 62 个用例,其中偏误用例 28 句,占整个用例的 45.16%,可见偏误率还是很高的。分析初级阶段偏误用例发现,F1 主要的偏误类型是语用偏误,具体表现为:该用重动式而没有用,不该用重动式而用了。一共出现 10 例,占整个偏误用例的 35.71%。例如:

(2)*他是我们班的班主任,他教我们英语,他教得很清楚。(印度尼西亚)〈教我们英语教得很清楚〉

(3)*广州的雨比日本的雨下雨下得多得多。但是,广州的天气好极了。(日本)〈广州的雨比日本的雨多得多/广州下雨比日本下得多得多〉

例(2)将重动式前后两个动词结构拆开作为两个分句,形成一个复句,但是由于重动式实际上是由两个动核结构组成,结构紧凑,一句顶两句,非常简明地交代背景信息的同时突出前景信息,因此表达十分经济。这一点可以被民歌、谚语以及新闻的标题等利用(郭圣林,2011)。其次,重动式中有动词性语素的重复,一方面造成了音节的回环往复,另一方面也使得节奏清晰明快,这也是使用其他句式所无法达到的效果(赵新,2002)。例(3)可以用重动式却用错了,但也可以不用重动式。

其他偏误类型主要为补语缺失、否定形式产生偏误,内部表现多样,下文分析偏误类型时再做具体分析,此不赘述。

F2 主语指向型动结重动式在初级阶段出现频率为 6.32%,共 6 个用例,其中偏误用例只有 1 句,占整个用例的 16.67%。例如:

(4)*上学期的时候,真的学习学得认真。觉得很有意思。(韩国)〈学习学得真的很认真〉

此例句包含两个偏误项:副词位置的问题以及补语位置形容词用法的问题。副词"真的"应该放在重动式后项动词结构部分,即形容词位置之前。另外,形容词前须加"很"。

F3 宾语指向型动结重动式在初级阶段出现频率为 4.21%,是初级阶段出现频率最低的,共出现 4 例。其中偏误用例只有 1 例,即:

(5)?其实,她做的菜做的不太好,但是我*感动她。(日本)〈她做菜做得不太好/她的菜做得不太好〉

补语部分是描述性补语成分,应该用助词"得",而非"的"。当然,例(5)中的偏误原因比较复杂,这里只是对重动式做出的修改。

F4 时量补语型重动式在初级阶段出现频率为 24.21%,仅次于 F1 指动型动结重动式,共出现 23 例。其中偏误用例 12 句,占整个用例的 52.17%。主要偏误类型是语用偏误,具体来说是该用重动式而没用。此

外还有补语方面的偏误。例如:

(6)* 这两三天我们系有一个旅游。我们真的很调皮不休息,在房间里打牌一起聊天到天亮,早上很早又去爬山。(老挝)〈聊天儿聊到天亮〉

(7)* 我六点左右下课后去网吧上网。我上网上得很长时间。(印度尼西亚)〈上网上了很长时间〉

例(6)该用重动式而没用,其中重动式第二个动词未重复,导致偏误。例(7)重动式补语部分应该用"了"接时量成分,而非"得"字。

从初级阶段偏误例句来看,主要偏误类型为该用重动式而未用。此阶段,母语规则负迁移成为一个显在的特征。因为在老挝语、印度尼西亚语以及英语、法语、日语等语言中并没有与重动式类似的句法结构,这给这些语言为母语的汉语初学者造成了困难。

**2. 中级阶段的习得情况**

中级阶段,从出现频率和正确使用相对频率来看,重动式四种次类句式的习得顺序为:F1>F4>F2>F3。

F1 指动型动结重动式在中级阶段出现频率为 58.33%,共出现 49 句。其中偏误用例 13 句,占整个用例的 26.53%。涉及的偏误主要是在补语位置上,而且常常是用"了"代替"得"。例如:

(8)* 我们走路走了很快。(越南)〈走路走得很快〉
(9)* 考试考了很差。我很后悔。(印度尼西亚)〈考试考得很差〉

其他类型偏误还有该用重动式而没用,仔细分析,发现此类偏误例句中动词大部分为离合词,离合词是对外汉语教学的重点和难点,学生误把离合词看成一个动词,故后面直接跟了表示程度的补语。例如:

(10)* 他只学三四年而已,而我呢?已经学了这么久了,但是却发音的那么差。(柬埔寨)〈发音却发得那么差〉

(11)* ……是因为他的说话很快。(日本)〈他说话说得很快〉

F2 主语指向型动结重动式在中级阶段出现频率为 14.29%，共出现 12 句。其中偏误用例 5 句，占整个用例的 41.67%。例如：

（12）*我在图书馆看书，看到眼睛都有累了。（越南）〈看书看得眼睛都累了〉
（13）*他拉琴拉得尽情倾诉，每个人都被征服了。（印度尼西亚）〈他拉琴拉得很投入〉

例(12)的补语"有累"不合适，"(V)到"在此也不妥当。虽说"看书，看到眼睛都累了"勉强可以接受，但此句若用紧缩重动结构似乎更符合母语者语感。例(13)补语部分搭配不当。

F3 宾语指向型动结重动式在中级阶段出现频率为 3.57%，是中级阶段中出现频率最低的，共出现 3 例。其中偏误用例只有 1 例，即：

（14）*他女儿想举行画展，可商人知道她的画画儿画得很一般。可他不想女儿难过。（俄罗斯）〈她画画儿画得很一般〉①

此句是重动式与非重动式重复使用产生的偏误。此句可以改成非重动式，即受事话题句"她的画儿画得很一般"，也可用重动式表达"她画画儿画得很一般"。

F4 时量补语型重动式在中级阶段出现频率为 23.81%，仅次于 F1 指动型动结重动式，共出现 20 句。其中偏误用例 10 句，占整个偏误用例的 50.00%，偏误率较高。偏误类型主要是未掌握离合词的使用规则，以及该用重动式而没用。例如：

（15）*我至多每天晚上在电话说话一个小时。（印度尼西亚）〈说话说一个小时/聊天儿聊一个小时〉
（16）*我们只好排队。往往排队，需要半个小时的时间才轮到我们。（印度尼西亚）〈排队往往要排半个小时的时间才轮

---

① 此句也可直接理解成"她画画儿画得很一般"和"她的画儿画得很一般"杂糅而成。

到我们〉

例(15)中动词为离合词,因为有些表时段的词语要放在离合词后面,而有些表时段的词语却要放在离合词中间,或者重复一个动词使用重动式。留学生若未能真正掌握离合词的使用规则,便会导致该用重动式而没用的偏误现象的产生。例(16)一般为了使语句简练紧凑,倾向于使用重动式;另外,副词"往往"的位置宜放在重动结构之间。

通过分析中级阶段留学生偏误类型,我们发现这个阶段偏误主要涉及目的语规则的泛化。中级阶段的留学生学习了一定量的目的语词语和规则之后出现了一种对目的语规则推衍过度的现象,进而导致偏误的产生。这一阶段采用的策略与初级阶段一样,都以简单推衍目的语规则为主,所用动词和补语都较为简单。对于重动式深层语用义不甚理解。

**3. 高级阶段的习得情况**

高级阶段,从出现频率和正确使用相对频率来看,重动式四种次类句式的习得顺序仍为:F1＞F4＞F2＞F3。

F1 指动型动结重动式在高级阶段出现频率为 50.00%,共出现 12 句。其中偏误用例 3 句,占整个用例的 25.00%。例如:

(17)* 他们用各种方法招揽客户,比如说<u>摆产品好看一些</u>。(泰国)〈摆产品摆得好看一些〉

(18)* 每天上下班的时间,<u>堵车堵的很厉害的</u>。(印度尼西亚)〈堵车堵得很厉害〉

例(17)该用重动式而未用。例(18)重动式补语中该用"得";句尾"的"去掉,因为从上下文来看,没有特别强调的意味。"得"的使用经常出现偏误,这不只是重动式的习得问题,而是整个组合式述补结构的习得问题。

F2 主语指向型动结重动式在高级阶段出现频率为 12.50%,共出现 3 句。其中偏误用例仅有 1 句,即:

(19)* 我和同学们<u>回家回得都很高兴</u>。(印度尼西亚)〈都很高兴地回家了〉

例(19)不适宜用重动式却用了重动式,说明学习者已经了解了重动式的基本结构框架,但究竟怎么用,还未能完全掌握。

F3 宾语指向型动结重动式在高级阶段出现频率为 4.17%,是高级阶段中出现频率最低的,共出现 1 例,使用正确,没有偏误用例。

F4 时量补语型重动式在高级阶段出现频率为 33.33%,仅次于 F1 指动型动结重动式,共出现 8 句。其中偏误用例 4 句,占整个偏误用例的 50.00%。主要偏误类型还是语用偏误,即该用重动式而未用。例如:

(20)*在操场有打羽毛球。我们打了 3 个小时左右。(印度尼西亚)〈我们在操场打羽毛球打了 3 个小时〉

从高级阶段的留学生习得情况来看,随着汉语水平的提高,重动式习得正确率也相应提高,偏误率较低。但是值得注意的是语用偏误,在高级阶段的教学中,我们应注意语用方面的教学,并将重动式放在语言篇章中教学。

综上所述,初级阶段学生的偏误主要以母语规则迁移为主。中级阶段学生掌握了一定量的目的语词语和规则后,易产生目的语规则泛化的偏误。高级阶段学生则开始注意表达效果。所以在教学中,初级阶段教师应更重视针对学生的母语规则迁移进行教学设计和干预,中级阶段应更重视学生目的语规则泛化的问题,高级阶段则要加强语用方面的教学,使学生知道重动句何时用、为什么用、用了有何功能,并辅以针对性练习。

### (四) 重动式次类句式在不同汉语水平等级中习得表现的比较分析

上文得出,重动式四种次类句式分别在各等级阶段表现一致,即出现频率和正确使用相对频率由高到低排序都为:F1>F4>F2>F3。这只能说明重动式不同次类在同一等级阶段的习得情况。要考察同一个句式不同次类在不同等级中的习得情况,我们还得通过正确使用绝对频率来考察。正确使用绝对频率的计算公式为:各次类句式在某一学时等级上的正确使用绝对频率=各次类句式在某一学时等级上的正确使用频次/各次类句式在某学时等级上句式的出现频次之和。

经过统计,初、中、高三个水平的留学生重动式四种次类正确使用绝对频率的结果如下：

表 8-5　不同汉语水平留学生重动式四种次类句式正确使用绝对频率

| 句式 | 初级(%) | 中级(%) | 高级(%) |
|---|---|---|---|
| F1. 指动型动结重动式 | 54.84 | 73.47 | 75.00 |
| F2. 主语指向型动结重动式 | 83.33 | 58.33 | 66.67 |
| F3. 宾语指向型动结重动式 | 75.00 | 66.67 | 100.00 |
| F4. 时量补语型重动式 | 47.83 | 50.00 | 50.00 |

根据表 8-5，我们绘制了留学生重动式语料 F1、F2、F3、F4 在初、中、高级正确使用绝对频率折线图，以便更加直观地观察每一种重动式在不同学时等级上的习得轨迹，并总结其发展规律。

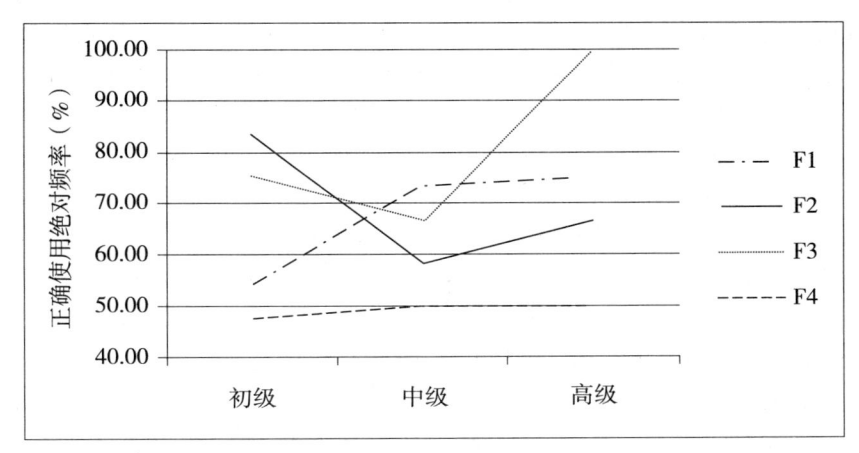

图 8-2　重动式 F1、F2、F3、F4 在初、中、高级正确使用绝对频率折线图

这幅折线图显示的是重动式不同次类在初、中、高三个等级水平上的正确使用绝对频率。四条折线分别代表重动式四种次类句式。F1 句式在初、中、高三个等级水平上出现频率都是最高的(表 8-3)，这也说明 F1 容易被学生较早习得。通过观察我们发现，F1 折线一直保持上升趋势，说明随着等级的不断提高，学习者习得 F1 也越来越有进步。但值得注意的是，从中级阶段到高级阶段，进步不是那么明显，此条折线折度不大，基本持平。原因在于初级阶段 F1 虽然出现频率和正确率都比较高，但所用动词和补语都非常简单，动词基本是"打、说、吃"等单音节动词，补语部分形容词基本是"多、少、快、好"等简单形容词。但到了中级阶段，学习者学习了更多的词语和语法规则，重动式内部又包

括很多语法项目,例如动词的特征、离合词的使用、重动式的结构以及补语等,这导致学习者想要使用重动句但未能够安排好增多的词汇和复杂的结构以致产生偏误。显然,这样的偏误比初级阶段的偏误"高级"。

F2 在初级阶段折线起点较高,到中级阶段折线呈现下降趋势。因为 F2 在初级阶段出现频率不多,正确使用的重动式形式也比较单一,所以正确率相对较高;相反,F2 到中级阶段出现频率增多,同时习得的目的语规则也增多,偏误也随之增多,习得折线呈现下降趋势也是合理的。F2 在高级阶段呈现了一定的进步性,但 F2 在高级阶段只出现了 3 例,正确 2 例,偏误 1 例,出现频率太低,并不能说明太多问题。

F3 与 F2 折线折度大体一致,都呈现"V"字形。在初级阶段折线起点比较高,到中级阶段折线呈现下降趋势,到高级阶段折线却快速回升。观察语料我们发现,高级阶段 F3 只出现了 1 例,在初、中、高三个阶段,F3 一共只出现 8 例,三个阶段出现频率都很低。因此我们预测:F3 出现频率低,说明这个句式不容易被学习者所掌握。

F4 折线折度在三个等级中基本持平,在初级阶段,F4 的正确使用绝对频率是 47.83%,而在中级阶段和高级阶段都为 50.00%。从出现频率看,F4 的出现频率仅次于 F1,说明这个句式也是相对较早被学习者所习得的,但是为何一直停步不前呢?从 F4 本身的结构特征来看,由于涉及时量补语的位置问题,所以极易出现偏误,且偏误有顽固性,有时会产生"僵化"或者"化石化"(fossilization)。具体来说:一是跟时量补语型重动式平行的对应句式不少,比如"V+T+O、V+O+T"等;二是留学生习得离合词后,如果对动词与时量补语的位置问题掌握不透,便更加容易产生混淆,从而导致偏误。

### (五) 不同类型重动式习得的基本规律

上文从四个方面对重动式习得的基本类型及其在不同等级中的分布状况做了分析,下面再对不同类型重动式习得的基本规律做进一步的总结:

第一,F1 从初级、中级到高级出现频率一直都是最高的,而且与汉语母语者语料中 F1 的出现频率差不多,并且 F1 的正确使用相对频率也是最高的(表 8-3)。这说明 F1 句式能较早、较好地被各个水平的二语学习者习得,且正确率高于其他重动式次类句式。

第二，F4出现频率及其正确使用相对频率都略低于F1，但其出现频率却比汉语母语者语料中F2的出现频率高，这与时量成分的使用频率有关，也与课堂教学倾向有关。另外，这也可说明留学生习得汉语时有一套自己的内在大纲(built-in syllabus)。

第三，F2句式结构特殊，难度较大，其特点是重动式中补语成分指向主语。句式的难度导致留学生使用频率以及正确率下降，F2出现频率远远低于汉语母语者语料中F2的出现频率。林逸欣(2012)指出，补语描述施事难于补语描述动词，由于句式中结构成分的邻近性原则的作用，通常补语修饰邻近的动词成分而非远在句首的施事成分，补语语义指向一般描述邻近的动词或是宾语，而回指主语的补语从最后一个位置描述第一个位置的主语，对听话者而言是较难理解的，会增加学习者习得上的难度。

第四，F3出现频率在汉语母语者语料以及留学生中介语语料中都是最低的，在汉语母语者语料中，此类句式也不常用，说明过少的语言输入会减少留学生的习得输出。一般来说，交际迫切性强的，使用频率可能就高。使用频率高的，学生经常接触，输入多，输出也相应地多，比较容易学习和掌握；使用频率低的，学生很少接触，学习起来可能困难一些。观察语料发现，留学生在初、中、高级所有6例正确语料用例中，4例都是"做菜做得很好吃"。这说明，F3宾语指向型动结重动式不易被留学生较早习得，且在整个二语习得阶段，都存在一定难度。

通过对留学生中介语语料库的考察和分析，我们对留学生习得重动式的难度顺序和大体对应的学习阶段做出以下描述：

初级：F1指动型动结重动式，F4时量补语型重动式；

中级：F2主语指向型动结重动式；

高级：F3宾语指向型动结重动式。

当然，在一定的习得阶段，重动式四种次类句式的出现可能有交叉，但总体趋势还是确定的。

## 二、重动式习得的偏误类型及其成因分析

对重动式习得的考察，学界大多从偏误分析入手，系统分析尚不充分。为此，我们查找了对外汉语界具有代表性的偏误分析著作，如李大忠(1996)《外国人学汉语语法偏误分析》、程美珍和李珠(1997)《汉语病句辨

析九百例》、佟慧君(1986)《外国人学汉语病句分析》。这三部偏误分析著作都谈到了重动式的偏误情况,但对重动式偏误的总结比较单一,大都是围绕该用重动式而未用这一偏误类型进行的考察分析,而且没有对这一偏误现象进行解释。基于留学生中介语语料库,结合汉语本体的研究成果,我们试图更加全面地描述重动式的偏误类型,并分析其可能存在的偏误原因。

## (一) 重动式习得的偏误类型

### 1. 缺省偏误及过度泛化

重动式中的动词是重动式中起到枢纽作用的组成成分,具有特定的句法语义要求(刘雪芹,2003;孙红玲,2005;施春宏,2010e)。首先,动词必须是及物性的;①其次,动词一般要具有延续性,瞬间性动词用于重动式受到特殊的语义限制。② 例如:

(21)* 他发现这件事发现两年了。〈他发现这件事两年了〉

另外,动词结构成分 VP₁ 也是结构比较复杂的一个部分。观察现代汉语语料发现,VP₁ 可以是动宾短语、支配式离合词、支配式合成词等多种结构形式。刘梨花(2010)总结了重动式中 VP₁ 的结构类型并做出大致的由易到难的分类:单音节动词+宾语→支配式离合词→支配式合成词→并列式合成词+宾语→双音节动词+宾语。VP₁ 内部结构形式复杂多样,因而较容易产生偏误。

由于动词组成成分复杂(尤其是离合词),会产生两种偏误情况:一种情况是,动词应该重复而未重复,导致遗漏偏误;另一种情况是,动词不应该重复而重复了,导致重动式过度泛化。

我们先来看第一种情况,由于动词组成成分的问题,动词应该重复而未重复而导致的偏误现象。如上述三部语法书所述,需要重复的成分容

---

① 为了分析的方便,这里的"及物性"取广义理解,不是单纯地指及物动词。根据这里的理解,动词无论是带真宾语(如"学武术学累了")、还是带准宾语(如"跑北京跑烦了"),甚至可离合的动词在分离用法中的动词性成分(如"睡觉睡得头疼"),都看作具有及物性。

② 瞬间性动词也可以用于重动式,如:"这个姑娘,跳河跳了六次,竟然都被人救了。"这种情况基本上都是用于表达动作重复出现的频次而非延续的时间。

易被遗漏。例如：

(22)*打球了三个钟头。〈打球打了三个钟头〉
(23)*关云看小说累了。〈关云看小说看累了〉

观察语料发现，此类偏误出现频率最高，占整个重动式偏误的26.58％。

另一方面，重动式过度泛化。重动式过度泛化的问题主要与动词组成成分习得有很大关系。例如：

(24)*留学生表演表得都很好。(引自周小兵等，2007:314)
(25)*因为他工作工得努力，有人给他这么好工作。(引自孙德金，2002b)

我们知道，"表演、朗读"是一般的双音节动词，跟"演戏、读书、洗澡"等动宾组合很相似。学习者被告知动宾组合的词语，尤其是动宾式离合词后接"得"字补语句时，需要将动词或动词语素重复一次，却分不清动宾组合的词语跟其他结构双音节动词的区别。一些人甚至误以为双音节动词都需要重复第一个音节，于是形成类似例(24)的偏误(周小兵等，2007)。

**2. 补语部分的偏误**

补语部分 $VP_2$ 的偏误主要涉及两个问题：一个是补语与其他词语的搭配问题，另一个是补语自身的问题。

第一，$VP_2$ 中的助词或介词与补语搭配不当。

重动式是由两个动词性结构 $VP_1$（即 $V_1O$）、$VP_2$（即 $V_2R$）组成的。其中 $V_1$ 为非限定性动词，不能表达时间信息，因而不能带任何体标记。而 $V_2$ 则为限定性动词，可以带体标记以表示相关的时间概念。考察中介语语料，我们发现，第二个动词结构中，部分助词与补语搭配不当，产生偏误。比如：该用"得"的时候用了"了"，该用"了"的时候用了"得"，有些应该是"得"却写成了"的"。例如：

(26)*但是虽然我们等他等的电话等得一个月。(日本)〈等他的电话等了一个月〉
(27)*有一天开车开了非常快没看到一辆车窜过了忍不住我。

(巴拿马)〈开车开得非常快〉

(28)*考试考了很差。(印度尼西亚)〈考试考得很差〉

(29)*第二节课我们也来不及了。我们走路走了很快。(越南)〈走路走得很快〉

(30)*我们找你找得很久了。(印度尼西亚)〈我们找你找了很久了〉

(31)*那我们为什么继续学下去呢?因为他*的跳舞跳的很优美,我一直就喜欢了。(日本)〈跳舞跳得很优美〉

汉语"得"字补语句是指以助词"得"为形式标志的句子结构类型。该结构形式所表达的语法意义包括以下几种:(1)可能,如"我看得清";(2)程度,如"那里冷得很";(3)情状,如"洗得很干净"。对外汉语教学中,如果掌握了"得"所表达的这几种语法意义,了解了后面不能接表示时量成分的补语,那么以上偏误就可以避免。孙德金(2002b)也指出虽然汉语"得"字补语句是外国留学生的一个学习难点,也是对外汉语语法教学的一个重点,但是"得"字补语句错误发生率并不高,一定意义上说,此类句子的习得难度不算很高。至于带"了"标记的补语,一般只能是表示数量的词语(卢伟,2005)。

第二,补语使用不当。

(32)*我听录音听得不容易。(引自孙德金,2002b)

(33)*这样方法我觉得好像容易的方法,可是找称心如意的人找得不容易。(引自孙德金,2002b)

李容容(2010)发现有一类词不能用于重动式的补语中,但在学习者的偏误句中这类词常被误用于重动式中。这类词主要为英语用于Tough Construction(难易句)中的形容词,它们在汉语里只能使用SVOC表示,如例(32)和例(33)中画线部分应分别改成:

(34)听录音不容易。
It is hard to listen to sound recording.

(35)找称心如意的人不容易。
It is not easy to find the right person.

李文罗列了英文中常用于 Tough Construction 的形容词及它们的汉语对应词,如下所列:hard(难)、difficult(难)、easy(简易的、简单的)、possible(有可能的、合适的、合理的)、impossible(不可能)、important(重要)、necessary(必要的、必然的、无法避免的)、essential(必要的、不可或缺的)、convenient(方便的)、useless(没有用的)等。李文提出,此类 Tough Construction 的形容词,不能用于重动式中,也不能做补语,只能做状语。

李容容(2010)的观点值得商榷。首先,Tough Construction 是英文中的概念,套用英文里的语法来解释汉语的语法现象,是否合适,需要具体分析。另外,李文提到 Tough Construction 的形容词不能做补语而只能做状语,但是从具体实例来看,我们发现这些形容词也是可以做补语的。例如:

(36)生活每一天都过得很难。
(37)他赚钱赚得容易。
(38)这玩意儿居民用得方便。

但是李文确实给了我们很重要的提示,重动句其中一种偏误为补语使用不当。观察留学生中介语语料库,我们也发现一例补语使用得不怎么恰当的用例:

(39)<sup>?</sup>而我只会用勺子不会用筷子,所以我吃饭吃得不方便,很慢。(缅甸)〈吃饭不方便〉

### 3. 重动式与其他句法结构的混用

重动式与其他句法形式的混用属于语用偏误的问题,即该用重动式而没用,不该用而用了。这主要涉及重动式与其他句式(如"被"字句、OVC、VCO 以及 VOC 等格式的句子)以及复句形式的关系等问题。

观察留学生中介语语料,我们发现,部分中介语语料句式不简练,常用复句表示。例如:

(40)*星期五到的时候我常常跟他在他的房间打游戏。打至两三点才睡觉。(越南)〈打游戏打至两三点才睡觉〉

(41)* 每天下午在操场上打篮球。打得好得很。(印度尼西亚)
〈打篮球打得好得很〉

(42)* 他是我们班的班主任,他教我们英语,他教得很清楚。(印度尼西亚)〈教我们英语教得很清楚〉

(43)* 但因我从来没离开过家,于是我实在十分害怕。怕我思念妈妈,念得要命。(印度尼西亚)〈思念妈妈思念得要命〉

(44)* 我和朋友们是坐火车去的,坐了十四个小时的时间,我们总算到了厦门。(印度尼西亚)〈坐火车坐了十四个小时〉

学习者没有真正掌握重动式,或者说是回避使用重动式,造成可以用简练的重动式来表示的意思,却用了一个复句表示。诚如前述,重动式是现代汉语中独具特色的一种句式,它将类似于两个小句表达的内容整合在一个结构式中表达,显得比较紧凑;而且在凸显前景信息($V_2+R$)的同时也通过拷贝动词的方式交代了背景信息($V_1+NP$),从而使整个信息结构的表达相当经济。

另外,重动式和"把"字句的关系问题,一直以来都受到学者们的特别关注,是汉语本体研究的重点论题之一,也是对外汉语教学的重点和难点。什么情况下该用重动式,什么情况下该用"把"字句,这是学习者必须要搞清楚的问题。随着学习者汉语水平的不断提高,他们在生活和学习中也常用重动式来表达自己的思想。但是学习者有了使用重动式的意识和要求并不等于他们已经掌握和学会了重动式,事实上他们说出的句子常常带着各种各样的偏误。也就是说,学习者虽具备了一定的重动式使用的"构式意识",但对重动式语用特征的特殊性掌握得并不充分。下面两例,学习者想用"把"字句却错用了重动式(引自孙红玲,2005:127):

(45)* 妈妈培养我培养成一个医生。〈妈妈把我培养成一个医生〉

(46)* 我的房间也有蚊子,可是我已经打它们打死了。〈我已经把它们打死了〉

下面两例则是该用重动式却用了"把"字句(引自孙红玲,2005:128):

(47)* 我把他的故事听烦了。〈我听他的故事听烦了〉

(48)* 刚来中国的时候,我把中餐吃不惯。〈我吃中餐吃不惯〉

不难看出,这里最大的问题就在于学生混用了重动式与"把"字句。而出现这一问题的根本原因在于学习者不清楚重动式与"把"字句各自的使用环境。换句话说,学生不知道两种句子在表达功能上的差异。随着留学生等级的不断提高,所掌握的目的语规则也不断增多,便很容易产生类似两句式混用等的偏误现象。其实在重动式内部,也很容易产生时量补语型重动式与非时量补语型重动式的混用。

**4. 副词位置的偏误**

赵元任(1968/1979:219)指出 V-O V-R,"有时候,为了经常连着说,或者有一个成分是黏着形式,V-O 和 V-R 都拒不分开,那就只好把动词重复一下",并认为 V-O 和 V-R 的关系属于主谓关系,中间不但可以插入副词,还可以插入一个主语。然而,副词位置的偏误在重动式习得中时有出现,这主要是因为重动式中有两个动词,学习者往往将副词置于第一个动词之前。在我们考察的语料中,出现位置偏误的副词主要是"都、也、还"。例如:

(49)? 学校的老师们都教书教得很好。(缅甸)〈学校的老师们教书都教得很好〉

(50)* 我以为自己长大了,爸妈也管我管得太死。我的想法也跟他们不一样。(泰国)〈爸妈管我也管得太死〉

(51)* 虽然我对司机说:"慢慢开!"但是司机还开车开得快。(日本)〈但是司机开车还是开得很快〉

例句中的"都、也、还"应该放在 $V_1O$ 与 $V_2R$ 之间,因为 $V_1$ 为非限定性动词,而 $V_2$ 则为限定性动词,副词"都、也、还"应置于 $V_2$ 之前。

**5. 否定形式的偏误**

关于重动式的否定形式,学界看法颇不一致。据钟小勇、张霖(2010)统计,以下四种形式都有文献将之看作重动式的否定形式:

    a. S+否+VO+VC
    b. S+VO+否+VC
    c. S+VO+V+否+C
    d. S+VO+V+得+否+C

我们根据各文献观点总结如下表：

表 8-6　参考文献中重动式否定形式观点整理

| 参考文献 | a | b | c | d |
| --- | --- | --- | --- | --- |
| Li & Thompson(1981)；曹逢甫(2005) | － | ＋ | | |
| 秦礼君(1985)；屈承熹、纪宗仁(2005) | ＋ | ＋ | | |
| 刘维群(1986) | － | ＋ | ＋ | ＋ |
| 孙红玲(2005)；卢伟(2005) | ＋ | ＋ | － | － |
| 钟小勇、张霖(2010) | ＋ | ＋ | ＋ | ＋ |

钟小勇、张霖(2010)认为，表 8-6 中的四种形式都可看作是重动式的否定形式，这主要是由重动式 VO、VC 关系复杂(主谓关系、连动关系、状中关系)且 C 结构多样(几乎所有的补语形式都可以充当 C)决定的。

我们也认为，重动式的否定形式不是单一的，要根据重动式具体的结构关系进行判定。观察中介语语料，我们仅发现一例似可看作偏误的句子：①

(52)? 老师，我有个要求。求求<u>您别教书教得那么快</u>。（印度尼西亚）〈您教书别教得那么快〉

这可能与实际输入的量有关。在汉语母语者现代汉语语料中，重动式主要是以肯定句的形式出现的，而很少以否定句的形式出现(刘雪芹，2003)。

## (二) 重动式习得的偏误成因分析

引起重动式习得偏误的原因是多方面的。Selinker(1972)认为中介语的形成和发展受到五方面因素的影响：语际迁移、语内迁移、训练迁移、学习策略、(与母语者的)交际策略。周小兵等(2007)则从语际偏误、语内偏误和认知偏误等方面来分析偏误的来源。结合上述两者的观点以及重动式具体偏误现象，本文从语际迁移、语内迁移、认知难度、语用因素等方面来考察重动式的偏误种类及其成因。

**1. 语际迁移**

通过对中介语语料库的考察，我们发现缺省偏误是较常见的一种类

---

① 这个句子似也可以看作非偏误句。但从否定的焦点来看，修改后的表达要更到位一些。

型,常因受母语影响而产生。特别是在初级阶段,学习者还没有完善地建构出目的语系统,缺乏目的语知识,当遇到交际困难时,常借助于母语。行为主义学习理论指出,从第一语言到第二语言的迁移是第二语言习得过程中的一种常见现象。正迁移促进语言的学习;负迁移会干扰语言的学习,并导致偏误。

(53)*我们很久没见面了,所以<u>说话很长时间</u>。(菲律宾)〈说话说了很长时间〉

(54)*他个子很高,<u>打排球得很好</u>。(新加坡)〈打排球打得很好〉

上述两例的学习者都来自以英语为官方语言的国家,英语母语者普遍认为以上句子都是对的。这主要是受母语的影响。我们若将上述例句直接翻译成英语,则都是正确的。例如:

(55) We chatted for a long time.
(56) He plays volleyball very well.

从上述例句来看,汉语的动词形式更复杂,这导致学习者出现如例(53)和例(54)这样的缺省现象。母语中相应的语法规则若较目的语简单,则无疑会增加学习者出现偏误的概率。

学习者母语的语言规则是根深蒂固的,所以他们在学习汉语的时候,往往把母语的认知机制和语言规则迁移到汉语学习中,从而造成干扰性偏误。干扰性偏误一般又可称为"语际偏误"(interlingual error),较多出现在初级阶段。若只参照语言差异的难度评定,可以将此类难度称作"语言差异难度"(language differential difficulty)(周小兵,2004b)。

**2. 语内迁移**

在第二语言学习过程中,还有一些偏误则是由语内迁移即目的语规则泛化造成的。语内迁移是第二语言习得中普遍使用的策略。

目的语语法规则的使用范围都是有限制的。如果超出这个范围,就可能出现不恰当的类推。学习者在习得汉语时,常常将汉语某些规则进行不适当的类推,出现偏误(周小兵、刘瑜,2010)。

留学生在习得重动式时,同样会出现目的语规则泛化现象。孙德金(2002b)认为上文类似例(24)和例(25)的偏误是教师讲解重动句时,过度强调语法,造成学生过度泛化的结果,由此得出反复操练重动句易造成泛化偏误这样的结论。周小兵等(2007)也认为此类偏误跟学生在课堂上反复操练有关,不少学习者只是被动地跟着老师的指挥棒进行机械练习。

然而,我们认为课堂的机械操练虽是学生偏误产生的一个原因,但其症结在于学生对于词组组成成分的不了解。在谈到如何解决此种偏误时,周小兵等(2007)建议与其强调动词重复,不如强调"得"一定要在动词后,而不能用在名词(或名词语素)后边,避免学习者生成类似"他打球得打很好"这样的句子。此外,建议教材编写者和教师在教学过程中多展示两类不同的"得"字句:(1)谓语动词加宾语并重复动词(或动宾式离合词做谓语并重复动词语素);(2)非动宾组合的双音节动词做谓语。例如:

(57)他洗菜洗得很认真。/他洗澡洗得很快。
(58)他洗刷得很干净。

再加上教材适当的解释,使学习者在语境中自己领悟其区别。

我们认为,周小兵等(2007)的这种处理方式在一定意义上可以让学生明白动宾组合的词语和非动宾组合的双音节动词的区别。但是值得注意的是,动宾组合的词语或动宾式离合词后接补语时,不一定需要重复动词,比如:表示时间段的词语,不是表示该动作本身一直在进行,而是表示该动作完成之后所形成的时间长短,这时表示时间段的补语成分是放在离合词之后的,如"毕业三年了、离婚一年多了、失业半年了"等。另外,有些表示时间段的补语成分可以放在离合词中间,也可以重复动词后再接时量补语成分,如"睡了一天觉、睡觉睡了一天"。

语内迁移产生的学习难度,可称为"语言发展难度"(language developmental difficulty)(周小兵,2004b),其导致的偏误,跟第一语言关系不大,是发展性偏误,又称"语内偏误"。

### 3. 认知难度

"语言认知难度"(cognitive difficulty of language)是由语言的自然度(naturalness)引起的。自然度是指学习某种语言或语言项目遇到的困难,跟人类普遍的生理、心理因素有关。学习者在习得语言时,几乎都会出现这类困难。Hatch(1983)认为,自然度是二语习得的决定性因素。例如:第二语言中某一个特征对学习者来说是否突出;语言项目形式是简单的还是复杂的;一个已知形式与意义之间的关系是否清晰。上述这些因素都可能导致学习困难。

重动式的习得情况尤其体现了认知上的困难度(李容容,2010)。从句法、语义、语用和话语功能等方面来看,重动式是一种句义和话题义的综合体,在具体使用中,它对语境的依赖性非常强,其作用主要体现在话语中,运用它的目的是为了达到语境效果,离开语境,其作用就很难体现出来,也很难体会出来。在习得过程中,这些句法、语义、语用等方面的独特功能无疑会增加学生的学习负担,造成学习者呈现"学了用不上,或者不会用""太复杂,不敢用""听得懂,却说不出来""不知道重动式还可以表达这么多的语用含义"等回应结果。①

从学习策略的角度来看,上述种种难点,致使学习者可能会运用特殊的学习策略来应对重动式的学习,主要就是简化策略(simplification strategy)和回避策略(avoidance strategy)。

具体表现为:重动式过于简单或者形式不正确。特别是在初学阶段,在使用重动式时,首先会把对目的语的假设简化,运用套语策略(formula strategy):把那些使用频率高的结构当作整体来记忆,而且不去触及那些复杂的目的语形式,尽量采用简单易懂的形式来进行语言交际。所以经常会看到中介语中,一般动词形式和补语形式都过于简单,主要表现为单音节动词形式和简单的形容词补语形式;而当相似记忆语块无法提取时,则会产生重动式偏误现象。

**4. 语用因素**

高级阶段应侧重语用功能语法的教学,从而使得学习者具备区别语言形式之高下的能力(赵金铭,1996)。对于重动式来说,语用功能教学也尤为重要。因语用因素引发的重动式偏误具体表现为:该用重动式而没有用,不该用重动式却用了。

重动式这个句式在对外汉语教材中一般是这样解释的:如果动词后要接名词宾语,又要接补语的话,就必须要重复动词,用重动式。② 但是看了这段解释,学生仍不会用,也无法体会隐藏在重动式背后的深层语义及语用功能,从而导致各种偏误现象的产生。因为他们并不知道在什么语境下说这样的句子。如果我们运用话题标记等概念从语用的角度去分

---

① 这些回应结果是我们在实际对外汉语教学中得到的反馈。
② 这种理解在说明重动式的句法结构和语义结构的关系时,似乎成了一种"常识",但实际上有很大的局限性。参见施春宏(2010e)的分析。

析,学生会比较容易掌握:重动式前项动词结构 VP₁ 为话题,意味着 VP₁ 体现话题标记功能。其预设大多为听话者已知的命题,所以必定具有承上的功能。在交际活动中,重动式一般不可能成为话语中的首句,除非在上文中或者提到过此事件,或者用于答问。例如:

> (59)曾国平虽然在深圳出生,很小就到了香港,不知为何,这客家仔从来不食狗肉,看见就怕。曾国平觉得这种食法实在太野蛮。狗是人们的宠物,通人性的,怎么能忍心把它宰掉?东方人的野蛮文化在狗肉宴上暴露无遗。<u>曾国平看见杨飞翔张牙舞爪地吃狗肉吃得满嘴是油</u>,他觉得恶心。放下碗筷,离开餐桌,在破落的小街上随便走走。(陈国凯《一方水土》)

就动作性事件的表达而言,非重动句(如"把"字句)强调此次的事件活动。而重动句由两个动核结构组成,前项动词结构"V₁+NP"具有话题功能,作为背景信息,重点突出前景信息。"V₁+NP"大多为听话者已知的命题,具有承上的功能。如果前面那个动词结构不出现,光出现后面那个动词结构,如上例如果不交代"吃狗肉",直接说新信息"吃得满嘴是油",就会显得唐突。根据篇章衔接的主题链(topic chain)原则,如果新信息出现在主位上,则不符合话语连贯的要求。在讲到篇章连贯问题时,一般较多注重连接词的使用。实际上,一个词语或语法结构的使用都会受到篇章连贯性的制约,它们是互相依存联系在一起的。这也正是许多中介语偏误产生的原因。如果从话题标记功能[①]切入重动句的教学,相信此类偏误现象将得到一定改善。

## 三、重动式教学的基本策略

教材是向学生传授知识、技能和思想的材料。鉴于教材对对外汉语的教与学都具有非常重要的意义,我们查阅了八部教材,了解了重动式在对外汉语教材中的设置情况。这些教材是:《汉语教程》(杨寄洲主编,北

---

① 对于"V₁+NP"话题标记功能,下文会做详细阐述。

京语言文化大学出版社,1999 年),《博雅汉语》(李晓琪主编,北京大学出版社,2005 年),《汉语初级强化教程》(肖奚强、朱敏主编,北京大学出版社,2008 年),《新实用汉语课本》(刘珣主编,北京语言大学出版社,2003 年),《现代汉语实用语法分析(上册)》(朱庆明编著,清华大学出版社,2005 年),《汉语语法教程》(孙德金著,北京语言大学出版社,2002 年),《高级汉语教程(修订本)》(姜德梧主编,经济科学出版社,2002 年),《汉语会话 301 句(第三版)》(康玉华、来思平编著,北京语言大学出版社,2008 年)。我们发现这八部教材都没有将重动式作为一个特殊的句式或是单独的语法点来介绍,更谈不上按照难度等级顺序来安排,有的甚至以课后练习的形式出现。这些教材一般都以"得"字句带入重动式,主要是从形式上解释当动词后同时有宾语和补语时就需要使用重动式。所举重动式例句、动词和补语内容都比较简单,形式不太复杂。

教材编写存在的问题,导致在课堂上,教师遇到什么样的重动式,就讲什么样的形式与功能,因此学生不容易对重动式形成整体的印象。这可能是重动式的教学效果不十分理想的原因之一。

重动式的教学既有来自语言外部的难度,又有来自语言内部的难度。那么,我们应该怎样克服困难,展开重动式的教学?

### (一) 从语言外部难度看重动句的教学

我们先从语言外部难度来看重动式的教学问题。在外语教学中,凡是目的语跟母语不一致的地方,往往就是教学中的重点、难点。我们可以进行汉外对比分析,弄清楚语言之间的差异,以便更好地进行第二语言教学。正如邓守信(2003)所指出的,第二语言教学或教材编写若要呈现效果,学习者的母语必须列入考量。也就是说学习者必须在正式的教学中,被告知目的语的结构与他们的母语有何差异。同时,借由沟通式的输入与有意义的输出,持续引导他们习得最终的目的语结构。比如根据对留学生中介语语料库的观察发现,留学生对重动结构的动词部分以及整个重动结构把握不佳。动词结构部分可以是动宾短语、支配式离合词、支配式合成词等结构,其中尤以离合词常见。例如:

洗澡—bathe    聊天儿—chat    唱歌—sing    跳舞—dance

我们以"聊天儿"为例,这个词被认为是离合词,跟不少语言中的对应单位有差别。比如:"我聊天儿聊到深夜"在英语中被表达为"We chatted deep into the night"。因此,在教学中讲清楚母语与目的语的异同,将有助于学生减少偏误。

此外,在处理动词部分造成重动式泛化的问题上,应先清楚讲解动词的组成成分,让学生正确掌握动词部分(尤其是离合词)的用法。然后借助构式语法,让学生对重动式形成一个整体观念,即 $S+V_1+NP+V_2+C$。构式语法强调结构的整体性,而不是空谈部分与部分之间的位置。所以在教学中,我们也不能一味地强调动词需要重复,或者强调"得"一定要在动词后而不能用在名词后等。这样既能给学生一个整体印象,又能避免类似偏误的发生。

### (二) 从语言内部难度看重动句的教学

重动式的句法、语义和语用功能也是准确习得重动式的关键。针对此问题,我们从语言内部难度提出一些教学方法和建议。

第一,我们建议在构式语法的背景下将重动式看成一个构式,并把这个概念形式化输入给学生。陈满华(2009)提议在教授某个动结式时,可以让学生将其形式和意义作为一个整体记住,甚至将语音、句法和语义因素等考虑在内。例如:"张"和"开"都有 open 的意思,那么"张开嘴"在英语中就对应"open open mouth",这显然是不正确的。然而,如果教师将"张开"作为一个整体(即一个构式)教给学生,学生就不会产生疑问,也能很快地记住。借助构式语法,将汉语动结式看作一个整体,对学习者理解和熟练运用动结式会有很大的帮助。同样,我们基于构式语法,将重动式码化为"$S+V_1+NP+V_2+C$",将整体构式的概念输入给学习者,使学习者对该句式有一个整体句法和语义的把握。杨圳、施春宏(2013)谈到准价动词所蕴含的语义—句法、词项—构式多重互动的界面特征使学习者框式意识的建构过程呈现出阶段性、层级性特点,而这种阶段性、层级性不仅表现在准价动词上,还体现在其他语言项目中。学习者目的语中复杂语言项目结构意识的建构过程都具有阶段性、层级性,这种阶段性、层级性遵循学习者的认知规律。

在重动式教学中,应先帮助学习者整体掌握形式结构,并对应于具体功能,再运用于典型语境。这种将语言项目的教学内容化一为三,在教学过程中又将形式、功能、语境合三为一的策略,合乎冯胜利、施春宏(2011)所提出的结构—功能—语境三者合一的"三一语法"的基本精神,也与构式分析的基本观念相契合(施春宏,2013)。

第二,对于语用方面的掌握,我们建议将语用概念和观念渗入对外汉语教材。

根据学界的分析,如果我们运用话题标记等概念从语用的角度去分析,将重动句前项动词结构"$V_1$＋NP"当作(次)话题结构($V_1$可看作话题标记),学生会比较容易掌握。

高增霞(2005)讨论从句非句化时,谈到重动句前半段动词结构失去的陈述性特征非常明显。前段动词不仅失去了"体"的表达功能(即第一个动词不能加"了",如"*她吃了螃蟹吃腻了"),而且还不能带补语(如"*她吃完螃蟹吃腻了")。这印证了在话题位置上,重动句前半段就渐渐失去了陈述性功能。从句在前的名词化是一个话题化、最终成为主句主语的过程。

刘丹青、徐烈炯(1998)在汉语类型的大背景下指出,话题结构是形态现象真正的性质所在,形态性则是一部分拷贝式话题结构[①]进一步语法化的结果。其实,即使是最形态化的拷贝结构,我们也仍能找出它从句法性的话题结构演化而来的语法化轨迹,甚至能追溯到语用性的话题结构。重动句式的情况如下:

(60)要讲读书,他读得最多。
(61)至于读书,他读得最多。
(62)读书呢,他读得最多。
(63)他读书读得最多。

例(60)用词汇手段表明话题"读书",这是纯粹语用性的话题;例(61)用介词引出话题,有一定的语法化,但作为介词短语,"至于读书"还不是句法性的话题;例(62)用后附性话题标记"呢"表明话题,更加句法化;例(63)重动句前项动词性结构"读书"的话题功能和句法性质以及形态性都有所增强,类似于重叠。这样,由例(60)到例(63)"一脉相承"的关系是很明显的。

我们认为,重动句前项动词性结构"$V_1$＋NP"可以认为是话题标记。

---

① 刘丹青、徐烈炯(1998)谈到的拷贝式话题结构是指句法结构中话题(含次话题)和述题中的某个成分完全或部分同形,同形成分在语义上也是一致的,形成一种拷贝(即复制)关系,包含的类型比较广泛。本文所指的重动句只是其中一种类型。

话题标记是"加在话题前或后体现其话题性的音段性单位"(刘丹青、徐烈炯,1998:85),具体体现为语序、停顿或标点、韵律以及一些以词汇做标记的形式,如介词标记就是学界广泛研究的形式之一。话题标记的作用在于表示停顿、过渡、原因等。重动句作为一种特殊的语言现象,有其独特的话题结构特征。重动句基本句式表现为"S+$V_1$+NP+$V_2$+C",其中S通常被认为表达了已知信息,充当句子的话题。话题是"说话人有意引导听话方注意的中心"(Tomlin,1986:40),体现了说话者对听话方主动的心理引导和界定。在"我看书看累了"这样的句子里,"我"是话语双方共知的信息,"累"是对"我"的评述,而之所以对"我"有"累"这样的评述,是因为"看书"这个事件引起的。因此,重动结构前项动词结构"$V_1$+NP"可以理解为:交代凸显事件的状态或结果产生的事件背景,"$V_1$+NP"可被定义为话题标记。

有时在句法、语义层面上对某句式无法给出令人满意的解释时,在语用信息层面上进行解释则比较合适,因为语用信息层面上的分析补充了句法和语义上的不足,而这也有助于对外汉语教学。所以,在初、中级阶段,如果靠形式和语义不能使学习者清楚掌握某一句式,那么到了高级阶段,就可以从语用功能的角度来进一步诠释,从而使学习者更全面地掌握该句式。

另外,在传统的教学中,重动式教学通常采用单句教学,偏重于语法结构形式的练习,往往脱离语境。此种教学方式虽然有利于学习者在初级阶段认识重动式的语法结构,但忽略了对重动式使用动机以及在何种语境下应该使用重动式的说明。在重动式教学中,我们可以尝试运用真实或简化后的语篇环境,给学习者提供大量含有真实语境的重动结构,让学习者真正建立形式与意义的链接。比如,我们可以结合实际情景组织对话,或者还可以搜集一些影音媒体中的重动式,在课堂中运用多媒体进行展示。

第三,在实际教学中,我们还须以学习者为主体开展教学。从上文归纳的重动式习得顺序来看,我们应该先教给学习者出现频率高且正确频率高的句子,即建议初级阶段安排 F1 指动型动结重动式和 F4 时量补语型重动式,中级阶段安排 F2 主语指向型动结重动式,高级阶段安排 F3 宾语指向型动结重动式。同时,还要注意各个阶段出现的重动式的复杂度。在初级阶段,应多选用一些动词简单且补语为单个形容词的、表示评价描写类的重动句进行教学。中级阶段,可以出现补语形式多样且表示评价描写或者致使等关系的复杂重动句。到了高级阶段,则可以根据实际交际需要教授重动句,让学生从各方面掌握重动句。

至于重动式与其他相关句式在教学中如何处理的问题,我们建议至少等学习者进入中级阶段,已经对重动式有一定程度的整体掌握时,再引入重动式与其他句式的对比教学。比如先教授不能与其他句式变换的重动式,然后再将重动式跟其他相关句式进行比较,逐步引出可转换为其他句式的重动式。

第四,需要指出的是,那些在汉语母语者语料中出现而没有在中介语语料中出现的句式,在教学中也可适时安排出现。

## 四、本章小结

我们借助前人对重动式的相关研究成果和留学生中介语语料、汉语母语者语料,对语料进行分析和研究,得出了留学生重动式习得的基本类型,描写了不同汉语水平的留学生习得不同次类重动式的基本状况及动态变化过程,概括了重动式习得的基本顺序,并从多个角度对该顺序进行了分析和解释。最后,我们从偏误分析的角度,归纳了被试在语料中表现出来的偏误,分析了其中的原因。针对重动式偏误类型及成因,提出了一些相应的教学策略。通过上面的研究,可以得出这样一些认识:

留学生对各类重动式的习得存在一定顺序:初级为F1指动型动结重动式,F4时量补语型重动式;中级为F2主语指向型动结重动式;高级为F3宾语指向型动结重动式。该习得顺序和层级是基于现实语料库得出的,具有实际意义。

学习者对各类重动式的习得过程和顺序是不一致的。有些类型的重动式对学习者来说比较简单,习得较快;有些类型的重动式对学习者来说难度较大,习得较慢。汉语母语者现代汉语语料库中出现的有些句式在中介语语料库中未出现一例,比如指动指名型动结重动式。习得较慢、未加使用的重动式下位类型都是语义关系比较复杂、语用条件比较丰富的句式。

学习者偏误的产生受很多因素共同制约。母语的正负迁移、目的语规则的泛化以及重动式本身的复杂程度等因素都会影响学习者对各类重动式的习得。对语用条件掌握不够也是一个原因,这种原因容易导致"该用而没有用"或者"不该用而用了"之类偏误现象的出现。

汉语水平等级与重动式结构的习得有很大关系。这体现在重动式结构的使用上,随着水平的提高,使用频率增高,出错频率降低,语义模式趋同于汉语课本。我们的统计还发现词汇量与重动式结构使用之间存在着一种显著的正相关关系,这反映了词汇对语法的影响,也体现出语言作为一个系统,其内部各要素之间相互制约的平衡关系。

在对留学生语料进行考察时,我们发现重动式出现频次并不是很高,但正确率相对来说却较高。这或许是因为他们对重动式结构的使用不熟悉,在某些场合根本不知道去用;或者因为这种较难把握的模式使他们采用其他迂回曲折手段表达,使他们在使用重动结构时采取了一种监控模式(monitor model)。即首先对某种表达能否使用这种句式做出判断,如果举棋不定,为避免错误就回避使用,认为可以用时就采用重动式结构,经过一番选择过滤,使用正确率就大大提高了。这容易给教师造成一种误解:重动式结构并不难教,学生的使用大部分都是对的。这种结论其实是"偏误分析"研究方法的局限,如果仅就正确率、偏误率而言,那还是只看到现象,而没有把握其本质。

当然,要对一个句式进行全面的习得研究,还需要做很多的工作,比如区分国别对中介语进行研究,考察不同母语学习者习得重动式有哪些不同特征,即中介语对比分析(contrastive interlanguage analysis)。此对比分析法已成为二语习得研究的新方法(Granger,2002)。

另外,二语习得研究需要宏观的、共时性的研究,但也需要研究者从多视角、多切面、多维度、多方位解析学习者的习得过程。本章主要是依据中介语语料库对重动式进行横向、共时的研究,由于时间原因和留学生流动性较大的缘故,所以个案跟踪动态考察受到限制,我们期待今后进一步的深入与完善。

# 第九章　基于二语习得的语言学教材编写问题

第三至八章选择了若干现象具体研究了词项—语块式构式和句式性构式的习得情况。这两大类构式是汉语作为二语教学中的常见项目，也往往是教学的难点。通过对这些构式习得情况的分析，我们重点考察了构式形式习得和意义习得的过程和机制以及构式意识（包括语块意识、框式意识）的形成过程。这种基于构式语法基本理念的习得研究显然是一种新的探索。我们在构式习得研究的过程中，以汉语类型特征鲜明的语言现象作为考察的切入点，并较多地借鉴、吸收和运用了当下正在发展中的语言学理论来研究相关论题。也就是说，我们在进行二语习得研究的过程中，比较重视当下前沿性语言学知识的吸收和转化，并尝试做出创新性探索。

其实，不仅习得研究如此，二语教学研究也应该如此。教学研究涉及大纲制定、课程研究、教材研究、教法研究、测试和评估、教师研究等诸多领域。语言教学中，学生是主体，教师是主导，因此如何培养教师是至为重要的一环。我们这里并不试图涉及教师培养的所有方面，而是基于二语习得过程中教师应该具有怎样的语言学知识来探讨相关问题。教师的语言学知识大多来源于语言学教材，因此我们这里借助新的习得和教学观念试图对面向二语教师的语言学教材编写中的诸多方面做出分析。

语言学教材的编写问题是语言学知识资源化的一个重要方面。关于面向二语教学的教材编写理论与实践问题，学界做了较为广泛而深入的探讨，研究成果相当丰富（可参见赵金铭主编（2004）第五章的概述），但基本上都集中在语言教材编写方面，而对面向二语教师的语言学教材的编写问题鲜有系统的论述，而且即便有所讨论也基本上是从语言教材编写的角度着眼的。语言学教材的编写同样是一个非常重要并且值得重视的研究领域。毫无疑问，面向二语教师或准教师的语言学教材显然不同于二语学习者的语言教材，虽然两者有相当高的关联度，但其中的差别还是十分明显的。仅对语言学知识的处理而言，前者主系统呈现，后者求逐步渗透;前者侧重于语言学知识的"学",后者侧重于语言学知识的"术"。

教材编写(尤其是面向基础层次的)都是"带着镣铐跳舞":镣铐就是课程大纲、考试指南、通行教材的说法、一般的认识以及教学对象的相关知识背景等。作为面向二语教师的语言学教材自然主要是介绍学界"常识"性质的知识,但在如何介绍方面,目前的探讨多集中在语言学理论(主要指理论语法或专家语法)与实用性语言学知识(主要指教学语法或实用语法)的区别、联系、衔接方面。本章则主要从现代语言学和语言(学)教学的观念和方法的角度来重新探讨这个问题。这里并不试图全面展开论证,而是就其中几个突出的问题提出一些想法,重在揭示问题,探索对策。

# 一、语言学知识的编写模式与编排策略

教材编写和教学实践一样,都面临着如何处理知识和能力的关系问题,即面对的是学什么和怎么学、教什么和怎么教、用什么和怎么用的问题。

## (一) 语言学知识的编写模式

无论是何种性质的汉语语言学教材,目前采取的编写模式主要还是结构主义的描写模式:分类性知识的表述系统,普及性、通识性教材尤其如此。这就使我们觉得有必要重新审视语言学描写模式对我们编写教材的启发。

Hockett(1954)将描写语言学所采用的基本分析方法归纳为两种模式:项目与配列(item and arrangement,IA)和项目与过程(item and process,IP)。当时,这两种模式主要用来描写形态学中的相关现象,后来扩展到句法等相关领域。简而言之,IA 模式就是描写语言成分的类型及其相互之间的配列关系,IP 模式就是将语言成分区分为基础形式和派生形式并在此基础上在两者之间建立变化、推导关系。前者以归纳法为主,后者以演绎法为主。[①] 显然,目前汉语语言学教材的编写模式基本上是跟 IA 的描写模式相一致的:分类介绍各种语言学成分(单位),描述语言学成分之间的配列类型。如介绍句型时,首先区分出主谓句和非主谓句,然后再根据其内部结构或构成成分的功能进一步介绍下位类型。这种编

---

① 这里对两种模式的理解在 Hockett(1954)的基础上有所扩展,并将它进一步拓展到教材编写领域。

写模式所呈现出来的语言学知识的系统性就是语言学成分之间的结构类型及其层级关系。本章将这种编写模式称作"IA 编写模式"。

然而,当前语言学研究中,IP 模式得到了空前的重视,从而使得语言学系统更加结构化、规则化和一致化。生成语言学对"生成"过程的研究基本上可以看作对 IP 模式的新拓展。其实,不仅生成语言学,即便是与之相对的功能语言学、认知语言学,虽然强调语言成分之间的非派生性,但也积极吸收 IP 模式"生成"的精神。可以这样说,只要一个理论将语言现象结构化和一致化作为追求的目标,就必然有 IP 模式的背景。当然,语言学研究和语言学教材的编写是两个领域的事情,但我们觉得,一定时期的语言学教材应该对影响深广的语言学理论的研究理念和方法论有所体现。这样,本章便将在教材编写中采取的 IP 模式称作"IP 编写模式"。当然,目前对这种编写模式的理论分析还只是一个开始。

我们发现,越是普及性的教材,越有可能采取 IA 编写模式。至于学术分量比较重的,则是两种编写模式都有。目前采取 IP 编写模式的大多有生成语言学背景,而且都是面向本科生或以上层次的,如 Radford(2004)、Culicover(2009)等。[①] 而采取 IA 模式编写的教材则范围广泛且源远流长,如赵元任(1968)、Li & Thompson(1981)和国内的现代汉语教材、语言学概论性质的教材。如果采用方兴未艾的构式语法的基本观念来编写教材的话,则只能走 IA 编写模式之路,因为构式语法的基础性假设之一就是"表层概括假说"(参见本书第一章的说明),强调"所见即所得"的认知原则和方法论原则(Goldberg,1995、2006、2013)。由此可见,教材的性质不仅有"对象偏向",而且有"方法和方法论偏向"。两种编写模式各有发展的空间。只不过就目前而言,凡是采取 IP 编写模式来编写的,都是重学术系统而非普及通识的。

### (二)语言学知识的编排策略

普及性的语言学教材能否采取 IP 编写模式呢?从目前来看,确实有一定难度。但我们觉得,可以在编写策略上做些有益的尝试,即在 IA 编写模式的框架中融入 IP 编写模式的编写策略。也就是说,在介绍相关知识的过程中,注意语言现象之间的演绎、推导关系,从而帮助学习者更好

---

[①] 国内似乎尚未见到利用 IP 编写模式编写的面向本科生、专科生的汉语语言学教材。

地理解、接受和生发相关知识。

我们以"把"字句的句法语义特点这个老大难问题为例。关于"把"字句的结构方式和语义特征,一般教材都列举了几个方面,如"把"字句述语动词不能是光杆动词,前后总有别的成分;"把"的宾语一般都是表示已知的、确定的人或事物;助动词、否定词、时间副词不能放在"把"之后等。至于这些方面的关系如何,为什么会出现这些限制条件,如何系统地解释这些限制条件,往往语焉不详,或者潜在地认为不必要。甚至还有一些不够到位或错误的认识,如说"把"后宾语是其后动词的受事。其实这是以常例误作通例,不能解释"孩子把妈妈哭醒了"这种比较常见的句子,更不用说"这种书把孩子读傻了"这样派生而来的句子了。就基础教材而言,当然以典型用例介绍典型现象为主,但也要尽可能避免出现以偏概全等知识性偏差。其实,"把"字句的结构特点是受其语义特点及配位方式制约的。如果从"把"字句形义之间的关系考虑,可以将这个构式的语义结构表述为:动作行为的引发者,通过某个动作行为,使动作对象受到影响,从而使其发生某种变化,产生某种结果。这里的关键是"使……产生结果"。我们可以用一个简单的图示将"把"字句中各个成分之间的关系表示清楚:

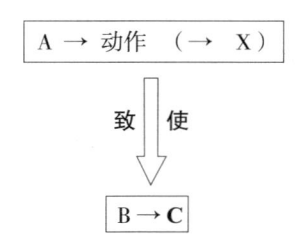

$$A \rightarrow 动作 \ (\rightarrow X)$$
$$\Downarrow 致使$$
$$B \rightarrow C$$

图 9−1 "把"字句各成分之间的关系

其中,"X"作为动作的对象是可选项,可以出现(由及物动词做述语构成的"把"字句),也可以不出现(由不及物动词或形容词做述语构成的"把"字句);它既可以跟结果事件的主体"B"相同(此时构成比较典型的"把"字句),也可以不相同。"**致使**"和结果"**C**"比较凸显,因此通过加粗的方式来标示。

由此可见,"把"字句实际上可以看作是由两个表达合成的句子,两个表达之间存在着一种致使的关系,这种致使关系突出的是结果。以"他把瓦罐子踢破了"为例,这句话的意思是"他(A)踢瓦罐子(X)"致使"瓦罐子

(B)破了(C)",由于要突出结果"破",便通过"把"将"瓦罐子"提到动词前,从而构造出这个"把"字句。

把握了这点,对我们正确理解和构造"把"字句大有启发,由此可以基本推导出"把"字句动词的特点及其前后成分所受到的限制。此介绍正是吸收了 IP 编写模式的分析策略。如此处理只要说明得当,就不会增加学习者的负担。就我们的教学实践而言,学生刚开始记这些规则比较困难,一旦理解了其中的推导过程后,便能理解得更加到位,记忆更加牢靠。而且这种方法还对理解"被"字句的句法语义特点很有帮助,对分析偏误也很有指导性。同时,这还暗示了一种语言类型特征:汉语是结果成分相对凸显的语言(resultative-prominent language)。学生由此对语言内在的规律有了新的感受。这种处理未必是最好的,但较之目前一些语言学教材的处理策略,依托于本体语法研究的理论基础更加准确可信,对于语言点内部规律的解释更加一致和有效,对学习者如何理解和掌握所学知识更具启发性和引导性。

显然,IP 编写模式注重逻辑上的关联,在归纳的基础上做出演绎的分析。知识的演绎、推导是跟知识的发现相关联的。我们认为教材有引导学习者去发现知识的责任和条件,这样才能见微知著,才能举一反三。由此可见,在 IA 编写模式中适当引入 IP 编写策略,不但会简化分析过程,而且有助于学习和记忆,有助于深化对语言结构与功能之本质的认知。换言之,这实际是在知识编排过程中引入操作性分析,使学习者在语言现象的构造过程中认识语言规律,领悟语言本质。

知识教学需要尝试、吸收新的理念和方法,教材编写同样如此。不仅从相关类型教材的编写中吸收,而且还从语言学研究中吸收。普及性教材在内容的选择、安排上也可以有一些尝试,体现新追求。我们认为在教材编写时,应该注重学习者对语言学知识的认知模式和理解策略的处理。就面向教师的教材来说,不仅要准确地叙述知识,最好还能够引发思考,引导发现。

## 二、语言学教材对当前语言学理论的吸收与融合

教材需要吸收最新研究成果,这是极其重要且不言而喻的事情。但就基于二语习得、面向二语教师的汉语语言学教材而言,吸收什么,如何吸收,却是一个很迫切但又很难处理好的问题,因此有进一步探讨的必要。

基于上面对两种编写模式及策略的分析，我们认为，面向二语教师的语言学教材，采取如下编写思路是可行的：以描写主义语言学的知识系统作为结构的框架，但在解释具体语言现象时，努力而适当地引入功能语言学（包括认知语言学及构式语法等）、生成语言学、语言类型学、对比语言学、韵律语言学等对汉语有关现象的分析，以及汉语作为外语教学/对外汉语教学和二语习得、心理语言学的研究成果，并将它们的研究理念和方法渗透其中。也就是说，在当前的学术和教学背景之下，描写语言学的知识系统，必要但不充分。① 当然，我们绝不能因此而将语言学教材变成理论专著，这里只是想强调语言学教材的编写绝不能置当前语言学研究的新观念、新方法、新成果于不顾。教材的根本在于它是应教、可教、适教、促教之材，从另一个侧面看则是应学、可学、适学、促学之材，而要做好这些方面，必须使教材既有稳定性，也有时代性。时代性最直接的体现就是对新观念、新方法、新成果的积极吸收。

由此引出的一系列问题是：什么是最新成果？什么样的成果应该并可以进入教材中？特定层次的学习对象需要什么层次的语言学知识？显而易见，当前语言学理论纷呈迭现，非结构主义一统天下时期所能想象；对具体语言现象的分析既具体入微又力求一致系统。这必然是对教材编写者的学术视野和操控能力的一个考验。毫无疑问，作为面向二语教师的语言学教材，并非以研究语言系统、深化语言理论为目标，因此，它是不可能系统地吸收某个理论框架下的知识结构的，也不可能对某个具体语言现象做出精细的分析，而主要是散点式地吸收"可用、实用、适用"知识，而且还要考虑介绍的方便。这里我们就两个主要而且是迫切需要解决的方面谈一些粗浅的认识。

首先，编写面向二语教师的语言学教材，要有类型学的参照，将语言共性和个性之间的关系渗透其中。如果需要而且可能的话，积极吸收类型学的相关成果；在比较的时候，尤其关注那些颇具汉语特色但又有类型学背景的知识。当然，要尽可能不露"学"之本色，注意表达之"术"。例如，在说明现代汉语的特点时，可以吸收曹逢甫（1995）等的研究成果，但不必采用曹逢甫先生的"discourse-orientation"（话语倾向、语段取向）的说法，而采用更易理解的"汉语是话题特征显著的语言"之类的表述，而且

---

① 其实，任何教材都不可能做到充分地描写和解释语言知识，但渐进的充分可以作为编写的目标。

在描述整个汉语结构时,凡是由此而导致的重要的汉语特殊现象,都可或深或浅地涉及。在介绍方位词及方位词跟介词配合使用情况的时候,可以融入刘丹青(2003)关于框式介词的研究成果,但不必直接引入"框式介词"术语。同时还可以拿它跟英语比较,陈述介词和方位词在配合方式及语义功能上的对立与互补的问题。又如在介绍动词的特点时,可以指出,汉语没有英语 do 之类的助动词,因此动词的作用就比较显著。这样,英语中能够用助动词代替的地方,汉语一般必须用动词。甚至如是非问句(yes-no question)的回答也是如此。如:"A. 他去过非洲吗? B. 去过/没去过/没有。"英语助动词承载事态表达的特征,而汉语则一般是动词。由此还可以推导出,汉语也不是用单个动词来回答问题的,其后通常要带有时态表达的成分。这就是共性和个性的问题。上面这些方面都是比较大的结构类型特征。这样的比较,必然使英语背景的学习者理解和接受起来都更便捷。① 我们在处理汉语现象时,可以试图体现一种大的理论方面的追求,至少不与大的理论背景相违背。

由此可见,类型学理论及其成果对编写面向二语教师的语言学教材具有深刻的指导意义和实践价值。当然,必须明确的是,介绍类型学研究成果并不等于介绍类型学理论,选择和安排时要"学"蕴"术"中。

其次,积极吸收汉语本体研究的最新成果,并对某些通行但不甚到位的认识做出调整。这虽是不言而喻的事情,但就我们对现行面向第二语言教学的汉语语言教材和语言学教材的分析来看,仍有强调的必要。下面就汉语重点知识项目举一些例子来说明。如关于汉语第三声的调值问题,一般教材都采用 214 的说法,然而这跟实际发音有冲突。为了便于考试,可以采用这种说法,但同时也要吸收实验语音学的研究(如曹文(2000)的简要说明),在声调辨正之处指出:实际上普通话的上声并不是一个简单的降升调,而是一个降平升的三折调[2114]。而且,后面升的趋势往往并不十分明显,因此发成[2112]甚至[211]是没有问题的。这样就体现了普通话上声的两个特点:一是音高最低,一是音长最长。初学普通话的时候往往念得不够低不够长,而且容易错误地将注意力放在"升"的部分而不是"低"的地方上,听起来就好像第二声。又如词汇部

---

① 对普及性教材中是否需要有这样的"提高"性的表述,学界和教学界都有不同的意见。通过我们的教学实践发现,学习者还是比较喜欢接受这样的认识的。在教材编写和教学实践中,我们既不能"卖弄"学问,也不可"积极"地"矮化"我们的接受对象。

分可以介绍一般教材不怎么涉及但新近引起重视的二语者母语与汉语易混淆词方面的内容(张博,2007;张博等,2008)。再如关于"没(有)"所适用的时代,一般认为"限于指过去和现在,不能指将来"(吕叔湘主编,1999:383),而马真(2004:110)的看法似更到位:"事实上,'没(有)'也可以用于将来,……只不过'没(有)'用于将来很不自由,要受到限制,只用于假设复句中。"关于汉字,徐通锵(1997)等关于字本位的某些认识值得考虑,如在说明"汉字的特点"时可以指出,由于每个语素代表一定的概念,因此可以这样说,汉字形音义之间大体存在这样的关系:一个汉字·一个音节·一个概念。即便是个别词的分析,也尽量反映新的研究成果。如"连"是介词、副词还是助词,认识不一,但郭锐(2002)处理为助词较具系统性。

当然,对通识性教材而言,大多数吸收和调整只能是细节性的。如在语气词的分类中,很多教材说语气词是"表示"陈述/疑问/祈使/感叹,其实更到位的说法似乎是"用于"。同样,在说明介词的分类时,一般所说的介词"表示时间、处所、方向"等中的"表示"最好改为"引介"。又如关于"简缩的方式"中的提取法,一般认为是从原词语中抽取某些语素组合成词。其实,未必完全如此,比较好的说法似乎是:从原词语中提取某些成分组合成词,这些被提取的成分大多是语素,但也可以是从复音节单纯词中提取的某个音节,如"奥林匹克运动会→奥运会"。有的调整则牵涉语言观念问题。如"旧词的消亡"这种通行说法实际并不合适,因为有些所谓"消亡"的旧词在一定的时空中可以重新出现。如"先生、夫人、小姐、太太"曾是使用面比较广泛的词语,但这些词在 20 世纪六七十年代基本上从中国内地的日常交际中消失了,只用于某些特殊的领域(如外交领域)。它们虽没有完全从交际领域中隐退下去,但使用的范围大大缩小。到了 20 世纪八九十年代这些词语重新在日常交际领域中启用,可以看作在日常交际中的复现。又如"当铺、股票、经理、经纪人、拍卖、大甩卖、三角债、一刀切"等也发生了隐退后的复现,主要是旧的事物、现象又在现实生活中出现。因此可以采取"旧词的隐退"这种说法,以与"旧词的复现"相对应。这种调整反映了对语言显隐关系的重新认识。

一般认为普及性、通识性教材,尤其是面向语言水平和语言学水平处于较低层次的使用者的教材,要求编写者力求"客观"。是否应该如此,是否能够做到,可以讨论。但有一点则是可以明确的,虽然普及性、通识性教材重在编,但不能因此将"编"简单地理解成"辑",同时也应该体现一种

"著"的精神,著寓编中,编显著魂。也就是说,在教材编写过程中,虽不能以编者的学术研究和教学实践为中心,但编者心中须自有乾坤。

这实际上还牵涉如何处理描写和解释的关系。目前的普及性语言学教材基本上重在描写,然而当前的学术背景是,解释成了一种积极的追求。而且,有时我们不无遗憾地发现,时下通行的某些现代汉语和语言学概论教材的最大问题不在于其中依据了什么理论或介绍了多少种理论,而在于对解释的漠视。而我们对当前研究成果的重视,更多的是从描写和解释、观念和方法相结合的角度来思考的。也许有人担心这样做会增加学习者的负担,其实,只要掌握好"时"和"度",不但能够减轻学习者负担,还可帮助学习者在理解中记忆。当然,我们主张教材要渗透解释的理念和方法,但也要避免过度解释,为解释而解释。①

## 三、语言学教材的国别化、语别化、族别化问题

### (一)国别化、语别化、族别化问题及其基本教学理念

近年来,二语语言教学界和语言学界已经注意到国别化(country-specific)问题在汉语作为外语教学中的地位和作用,已有学者开始为此做出深入的专题研究(如甘瑞瑗,2004)。② 这是在新的国际汉语教学形势下为强化教学的针对性和适应性而做出的新思考。可以想见,在若干年

---

① 即便是语言学教材,也必须考虑到这些教师和准教师的知识层次及他们将来所要教的对象(是作为第二语言的中小学生还是成年人,是在母语环境中学习还是在目的语环境中学习等),即所谓因材施教。

② "国别化"这个术语在语言教学界和语言学界中出现是近几年的事,然而它的基本内涵及所反映出来的教学观念和研究观念可以说颇有时日了。然而,目前在说明国别化问题时,有的文献似乎给人这样的印象:以前的教学和研究都是非国别化的、泛国别化的。其实不然。如关于中介语的研究、关于偏误的分析、关于二语习得规律的探讨,毫无疑问,都有国别化的背景,都做了很多深入的国别化分析,虽然这当中并没有直接使用这一术语。当然,这个新术语的提出非常必要而及时,它带来的是观念的刷新和概念的重新定位。它突出了这个问题的重要性和迫切性,显示出语言教学和语言研究观念和方法上的发展与更新,而且还将必然引起理论探讨的热潮和教学实践的进一步总结和提高,推进国别化教材和工具书的编写和创新。美国著名生物学家迈尔(Ernst Mayr)指出:"在生物科学中,绝大多数的重要进展是由引入新概念或改善现存的概念而取得的;这一点可能对进化生物学较之对功能生物学来说更为真切。通过概念的改善比经由新事实的发现能更有效地推进我们对世界的了解,虽然这两者并不是互相排斥的。"(Mayr,1982;涂长晟等译,2010:16)这很好地说明了国别化概念提出的理论价值和实践意义。

内,"国别化"将会成为这个学科最热门的主题词之一。如何做好国别化教学,目前尚处于探索阶段,其中很重要的一项理念和措施就是使教材国别化。

所谓国别化教材,就是针对教学对象所在国家的语言、社会、文化等背景及学习者的认知方式、心理特征而编写出的适用性教材。国别化差异影响语言教学项目的选择和安排、语言教学过程的设计、语言教学方式的使用等。目前的认识似乎集中在教材使用对象的国别特征对教材编写的要求这方面。做好国别化工作,是深化汉语作为第二语言教学的必经之途,是提升汉语作为第二语言教学整体水平的必然要求。

目前,对教材国别化特征的强调主要集中在语言教材方面,而对语言学教材几无涉及。这里,我们将它跟与之相关的另一个问题放在一起来讨论,即语言(学)教学、教材、工具书中的语别化(language-specific)问题。我们认为,对语言学教材而言,国别化问题显得不如语别化问题突出。所谓语别化,就是针对教学对象的母语特点,通过与目的语的比较来选择和安排教学的语言项目,设计教学过程,选择教学策略。由于语言学教材一般不涉及具体的文本阅读,所举例句的文化含量相对较低,因此国别化的问题相对不凸显,主要体现在用词上更多地适应学习者的文化背景。而语别化问题在语言学教材中尚未引起充分的重视。因此,目前我们编写的面向对外汉语教学的语言学教材基本上都是在说汉语结构如何。其实,就同一个汉语现象而言,跟不同的语言比较,其在教学中的地位未必相同。如就汉语个体量词的特殊性而言,韩、日、泰、越等语言背景的学生理解起来就比英、法、意等语言背景的学生容易得多,对他们而言,量词的词项特性较之语法特性更为重要。在国别化一时难以充分实现的情况下,语别化问题倒可以先行体现。

说到语别化,必然涉及如何认识汉语特点和汉语研究特点这样的问题。关于这个问题,目前有不少人批评其中存在着"印欧语的眼光",甚至认为这是"普世语法观"的问题。然而,我们觉得,对汉语研究中存在的"印欧语的眼光"的批评需要慎重。至少就编写汉语作为第二语言的语言学教材而言,经验告诉我们,恰恰需要以别的语言的眼光来看汉语(当然,同时还需要用汉语的眼光来看别的语言),这样才能实现语言学教学、教材和语言教学、教材的语别化乃至国别化。因此就需要更多地吸收语言类型学、对比语言学等的研究成果,吸收由研究别的语言而形成的新观念、新方法。

还有一个跟国别化、语别化相关但又有所不同的问题,即族别化(nationality-specific)问题。语言教学、语言教材、语言学教材都要因民族不同而有所区别,如对我国少数民族地区的汉语教学、在多民族国家的汉语教学等。

当然,国别化、语别化、族别化,很大程度上是交叠存在的。实际上,所谓的国别化、语别化、族别化,都是传统的"因材施教"理念和方式在新的形势、背景下的拓展。换个角度看,就是根据教学对象的国别、语别、族别差异甚而至于同一国家、语言、民族内部的学习者层次差异而采取"差别性原则"的教学理念。教师、教材和教学,都要因"材"而别,适情适境,随人而化。此即所谓的人本位。赵金铭(2009)特别强调教学环境对汉语教材编写的制约和影响,正与此理念相通。

### (二) 关于泛国别化、泛语别化、泛族别化的问题

我们不能因为过于强调国别化、语别化、族别化的问题而忽视了泛国别化、泛语别化、泛族别化的问题。这实际上牵涉本国环境、母语环境、本民族环境中的语言(学)教学与非本国环境、非母语环境、非本民族环境的语言(学)教学的关系,两者各有侧重,各有规律,然而同时也有共性的规律存在。

如果是在学习者母语环境中进行汉语教学,国别化、语别化、族别化问题比较突出;如果是学生进入中国来学习汉语,尤其是不同语言背景的学习者进入同一个班级学习,泛国别化、泛语别化、泛族别化的问题则有所凸显。两者互补共存,互动互进。

## 四、语感培养和论感培养问题

### (一) 语感和论感的基本内涵

在非母语的语言教学中,语感培养问题常常是教师和研究者所关心的中心话题之一。因此,相关语言教材的编写也是围绕如何有效提高非母语者的语感而进行的。而为非母语学习者所编写的语言学教材,情况则有所不同。通过我们的教学实践和教材编写实践,我们觉得,一本好的语言学教材,既要注意培养学习者的语感,即感知和判断语言现象的能力,还要注意培养学习者的论感(linguistic intuition,或作"the sense of linguistic theory, linguistic sense"),即理解、分析和解释语言现象的元语言学能力。甚至可以进一步说,语言学教材更多的是培养论感,通过培养论感从而达到提高语感的目的。

关于论感,这个概念首先由于根元(2002)提出并做了初步说明,施春宏(2009b)则在调整其基本内涵的基础上做了新的探讨,并讨论了论感和语感的关系。施文对论感的理解是:"论感则是指对语言现象背后的条件、理据和规则、规律的直觉判断或感受。抽象一点说,论感就是对条件和现象之间所存在的结构关系的直觉感知。直观一点说,就是对语言交际中蕴含的某种理论因素的直觉感知。这是一种跟语言直觉相区别的语言学直觉。"本章则将其简单概括为一种元语言学能力。

### (二) 语言学教材中的语感和论感培养问题

为什么说培养论感是语言学教材的重要目标呢?这是由语言学教材的性质决定的,它跟语言教材的区别很大程度上体现在这里。

语言学教材是对语言系统的结构(形式)和功能(意义)、条件和规则、规律性和特殊性的说明。这种说明对教学环节而言,更多地侧重于知识的传授,同时注重分析方法和分析策略的启发。也就是说,这里培养的是元语言学的直觉和语言学的分析能力。因此,论感培养自然成为语言学教材的一个重要目标。由于以前对这方面认识不足,因此在教材编写过程中,过于强调对结构形式的描写、对结构规则的陈述,而对结构形式的解释、对结构条件的刻画显得很不充分。按照当代认知心理学的研究,描写和陈述只是关于"是什么"的知识,即陈述性知识;而不是关于"怎么办"的知识,即程序性知识。陈述性知识固然重要,但程序性知识对培养学习者的论感具有更重要的作用,而且更有利于进一步提升学习者的语感。我们前文对 IP 编写模式以及语言学教材如何吸收当前语言学研究最新成果的说明,很多都是从如何培养学习者论感的角度来考虑的。

因此,语言学教材的编写,在介绍陈述性知识的同时,也要注意知识的可操作性乃至分析方法和策略的启发。教材应该引起思考,促进思考,帮助学习者知道如何去思考。

推而言之,教材的编写要为培养语感和论感服务,对不同层次的学习者,侧重的方面需有差异。对象不同,学习目的不同,则教学过程有别,适用的教材自然也有差异。近年来,在谈论语感培养时,绝大多数学者都涉及如何围绕语感培养来实现教材创新的问题。这里想进一步说明,作为语言学教材(尤其是高级阶段的语言学教材,如现代汉语教材、语言学理论教材以及专门的语法教材等),虽然仍有提升学习者语感的任务,但应更多地重视培养学习者的论感,在培养创新性语感和论感的过程中综合提高运用语言的能力。一本好的教材,需要在介绍语言知识的同时注意培养学习者观察、感知乃至分析和解释现实语言现象的能力,将分析思路和分析方法贯穿于语言知识和语言学知识的介绍过程中,必要的时候还可对这些分析思路和分析方法背后所蕴含的理论背景及操作原则做一些技巧性阐发。如果是师资培养和培训的教材,更要注意论感的培养。其实,最根本的语言观就是交际观。因此,了解语言知识和语言学知识不是学习的最根本的目的,而只是提高语言交际能力的方便之门。发掘学习者语言交际的潜能,提高学习者交际到位的程度,才是语言(学)教学的根本目的。然而,迄今为止,我们的教材在培养论感(甚至语感)方面做得很不够,我们的考试在这方面的创新也表现得相当不足。

由此还引发出这样的问题:对语言教学者和语言学教学者而言,更要有敏锐的语感和论感。对本族语的教学者而言,虽然已经具备一般母语者都有的基本语感,但并非必然具备更高层次的语感;作为一个教学者,还需要有高层次的论感,能够敏锐地发现、感知问题之所在。而对非本族语的教学者而言,尚处于提升基本语感的过程中,同时也需要养成一定的论感。论感的培养有两个基本途径,一是系统语言知识的进一步吸收,二是对新的语言现象的不断关注和追求。人们在强调语感时,很容易将语感跟知识对立起来。其实,这种认识是有偏差的,因为这些知识的形成也是前人对语感、论感抽象的结果,有的虽然未必准确到位,但多少提供了一种认知的途径。而对创新的关注则是一个语言(学)教学者优化自己的知识结构、语感结构、论感结构的重要途径。

本章将论感培养看作语言学教学中知识传授和语感培养的中间环节来对待,这里需要就知识传授在培养学生语感方面的作用做一些补充说明。当前有一种较为激进的看法认为,知识传授与语感培养所涉无多,甚至反而会影响语感的培养。其实,这是从一个误区走到了另一个误区。对非本族语学习者而言,知识传授仍然是培养语感的一个重要途径;对本族语学习者而言,知识传授仍然是提升语感的一个重要途径。关键不在于知识传授本身,而是传授什么知识和如何组织、传授知识。其实,凡是强调语感培养的人,大多强调通过语言操练和语境浸染来传授知识。也就是说,知识传授和语感培养并不是对立的。

## 五、教材编写中的语言观

　　学什么、怎么学,教什么、怎么教,用什么、怎么用,这是语言教学和语言学教学的中心问题。对教材而言,就是编什么、怎么编的问题。语言学教材不仅要向学习者呈现语言学知识,还要在语言观和方法论上给学习者以启发,引导思考。即便在知识层面之上,也要追求注重原则层面的启发和策略层面的指导。即便是考试用书,也可以在某种程度上渗透这方面的认识。

　　毋庸讳言,我们的很多语言学教材实际上都带有鲜明的标准化考试的性质或痕迹,而忽视了如何使语言学知识更容易为学习者认知、理解、记忆和拓展,如何使学习者认识和吸收语言学乃至现代科学的新观念和新方法,如何提升学习者发现问题、分析问题、解决问题的能力等方面。这使得教材不能常新,结果也不愿常新,最终就更难"尝"新了。这种标准化性质主要表现在:在叙述过程中体现答案的唯一性,稳妥地说,是体现知识的正确性(正确性不等于准确性);重视核心现象、典型现象的核心地位,常置边缘现象于不顾;强调描写,忽视解释;对新现象、新理论都关心得不够。这是一种静态的语言观以及由此而形成的静态的语言应用观和教材编写观。

　　这种静态的语言观影响了我们对本体和应用之间关系的理解。人们通常认为,所谓应用语言学理论是理论语言学的应用。这种理解包含了这样的认识:只要本体研究清楚了,就能解决教学、交际中的问题。其实这一方面是对本体研究的根本目标理解得不够到位,另一方面则是贬低了语言教学理论的价值,忽视了语言交际的多层次互动的复杂性。根本问题还是没有认清理论、本体研究之虚与教学、交际之实之间的关系,没有认清根本的语言观乃是交际观。归根结底,应用语言学并非只是简单的语言学理论的应用,而是有自己的理论的(于根元主编,1999;施春宏,1999)。陆俭明(2007a)提出区分汉语作为第二语言/外语教学的本体研究和汉语本体研究,则是对这方面做出的新的思考。教材编写,也应该体现这种积极的思考,体现出一种动态的语言观、语言应用观和教材编写观。

## 六、本章小结

本章讨论面向第二语言教学的语言学教材的编写问题。我们首先区分了语言学知识编写的两种模式——IA 编写模式和 IP 编写模式，主张在编写通识性质的语言学教材时，宜采取在 IA 编写模式的框架中融入 IP 编写模式的编写策略。语言教材，尤其是语言学教材，要积极关注新的研究观念，有效吸收新的分析成果，在选择和安排、描写和解释语言项目时要"学"蕴"术"中。面向第二语言教学的语言学教材的编写既要注意国别化、语别化、族别化问题，也要关注泛国别化、泛语别化、泛族别化问题。由于语言学教材主要面向语言教师和准教师，因此在体现基本语感分析的情况下，还要注重论感的培养，既要授之以鱼，还要授之以渔。我们主张，教材不仅要准确地叙述知识，最好还能够在语言观和方法论上启发思考，引导发现；即便在知识层面之上，也要注重原则层面的启发和策略层面的引导；教材编写，应该体现出一种动态的语言观、语言应用观和教材编写观。

需要说明的是，本章虽然主要是就面向二语教师的汉语语言学教材编写过程中存在的问题而提出若干想法，其实，即便编写其他语言教材，也都或多或少需要注意这些方面的问题。

# 第十章　基本认识和理论思考

"面向第二语言教学的汉语构式系统研究"这一课题是在构式观念引导下所展开的一项探索。它以语言类型学对语言共性和语言类型的认识为参照，以汉语作为第二语言教学和习得过程中的特点和难点为关键，在习得研究、教学研究及相关的本体研究三者互动中探讨构式习得研究与教学过程中的新观念、新论题、新策略。

习得研究、教学研究及本体研究在各自的领域范围内都已取得了丰富的成果，这三个领域虽有关联，但在实际研究中常常表现出极大的"自主性"。这些领域的学者也常常呼吁将三者结合起来，形成互动互进的态势，然而到目前为止效果不佳。这里的关键问题当然还是如何结合的问题。因此，我们迫切需要找到一个能将三者结合起来的切实有效的突破口。在多年的系统研究和教学实践中，我们发现，"基于用法"（usage-based）的习得、教学与研究已经渐成主导认识，这样，在相关领域引入"基于用法"的构式观并对构式（即形式—意义/功能的配对体）尤其是句式性构式、框架性构式、语块性构式的习得和教学展开深入研究也许不失为一个很好的切入点。本项研究正是朝这方面努力的一个尝试。

我们所谓的"三者结合"，并非将三个领域中的研究简单地加合、移植到一起，每个领域仍"各自为政"；而是紧紧围绕新的构式观（我们对此有所拓展）和构式意识，在充分借鉴和运用当前语言研究和语言习得与教学研究的观念、方法和成果的基础上，对一些比较重要的问题提出新看法和新观念，以及相应的分析模型，将之系统应用于具体研究对象的描写和解释中。为此，我们以汉语特殊现象形义关系的习得和教学作为开展本项研究的基点和目标，以构式特异性的习得表现和教学策略以及构式意识的形成和发展作为本项研究的主线，将本体研究和习得研究、教学研究统一于"基于用法"的分析观念中。这样的研究策略使本项研究既有鲜明的理论意义，又有切实的实践价值。

## 一、基本认识[①]

基于构式观念的本体研究和理论探讨正呈方兴未艾之势,然而关于构式的习得研究和教学研究尚未系统展开,我们试图在这三个方面都做出积极的探索。关于构式的本体研究,我们已经形成了《形式和意义互动的句式系统研究——互动构式语法探索》(施春宏著,商务印书馆出版)这样的成果,因此本项研究重点落在构式的习得研究和教学研究。关于构式教学及语言学知识资源化问题我们也做了一系列的积极探索(如施春宏,2009b;施春宏,2010a;施春宏,2011a;冯胜利、施春宏,2011;施春宏,2012b;施春宏、张瑞朋,2013;袁毓林等,2014),并编写了一系列的面向对外汉语教师/国际汉语教师的语言学教材(施春宏,2009a;施春宏,2011b),限于篇幅,本书主要探讨构式的习得问题。作为本项研究(不局限于本书)的结语和余论,本章就"习得"和"教学"这两大板块的研究状况,进一步从研究观念、研究范围、研究视角、研究方法等方面对本项研究的研究旨趣及相关成果做出概括。

### (一)研究观念的探新

本项研究力求在研究观念上做出新的探索。这主要体现在相互促进的两个方面:既充分汲取语言研究和语言习得与教学研究的新观念、新理论来推动汉语构式的习得与教学研究,又试图在汉语构式习得和教学研究中探讨新的研究理念。具体来说,本项研究试图在以下几个方面做出新的探求:

一是将拓展了的构式观念贯穿于整个研究的始终。这种拓展,既有学界在推动构式语法研究发展过程中的调整,也有基于我们提出的互动构式语法(Interactive Construction Grammar)的观念和研究实践对构式观念所做的推进(施春宏,2016a)。构式语法经过二三十年的发展,已呈现出鲜活的研究态势,流派纷呈,观念同中有异,基本认识稳中有变。这

---

[①] 需要特别说明的是,本章讨论的是"面向第二语言教学的汉语构式系统研究"整体成果的基本结论,而不只是本书所涉及的关于二语构式习得方面的认识。我们关于二语教学模式和教学资源的探索,是项目研究的重要组成部分,限于篇幅,本书没有整合进来;但作为整个项目的研究成果,我们在此做出全面的概括。

种观念已经比较深入地渗透到语言习得(尤其是母语习得)研究中。但利用构式观念来进行汉语作为第二语言的习得和教学研究,并不多见。本项研究则试图系统地利用、发挥和发展构式观念来研究汉语构式的习得和教学。我们着重研究了呈现特殊块式结构的、形成特定框架的词项—语块性构式和特殊论元结构的句式性构式这两类热点构式,同时基于构式观念构建了面向二语教学的"结构—功能—语境"这一教学新模式,倡导汉语作为二语教学的多层次综合本位观,编写蕴含构式意识的面向第二语言教学的语言学教材和参考语法。与此同时,我们还试图深化对构式的理解(施春宏,2016b),在此基础上提出新的语块/构式观念,对语块的性质做出重新界定,梳理语块与构式的关系和语块系统的层级。尤其是对框架式语块性构式的认识和对构式习得多重界面特征合力机制的探讨,是本项研究重新思考构式内涵的切入点和探究构式习得机制的基本路径。

二是在系统的观念下注重跨构式的共性特征的概括。在对特定构式形义关系进行分析时,我们不仅关注具体构式形式和意义的个性特征,更是将其形义关系作为一个整体进行描写和解释。无论是对各类论元结构构式(句式)的习得分析还是对词项—语块性构式的习得分析,我们都以论元成分的配置方式在句法习得中的变异表现作为考察的根本。这样的观察角度使本项研究能够从系统性出发,做出跨构式的概括。如准价动词的论元结构在句法配置上有其特殊性,在基础结构中需要借助介词来安排它所支配的对象论元,形成一个框架式的结构(如"跟……吵架")。而这样的句法配置特点在形容词的特殊次类(二价形容词,如"对……热情、跟……要好")中同样存在,在二价名词中也具有类似的语义关系和句法约束,而像"捣鬼、占便宜、发脾气、说坏话"之类的特殊与格结构也同样如此。如何安排对象论元的这种特殊配位方式是这些现象的共同特点,汉语在表达这种配位方式上具有鲜明的系统性特征。各类词项—语块性构式的句法功能未必相同,但在习得中的正误表现却有相当的平行性,鲜明地体现了多重界面特征互动过程中构式习得的共同机制。这种认识对大纲的编制、教材的编写(尤其是语法点的安排)、教学策略的选择、中介语语料库的标注等都有启示作用。

三是积极体现层次性和动态性的观念。这既包括对研究对象的层级关系的梳理(如重新概括语块的性质和梳理语块的层级系统、区分各论元结构构式的原型性层级关系),也包括对学习者构式习得过程中构式意识形成机制及其阶段性的动态分析。本项研究根据学习者输出形式的变异表现和复杂程度(使用与否、完整与否及准确与否等)构拟出学习者构式意识形成过程中的不同阶段,以此说明构式习得由量变到质变的内在机制。在动态的过程中彰显层次之别,在层次的梳理中勾勒动态之形。这种层次性、动态性反映了学习者的认知和习得的基本规律,我们在习得研究与教学应用中对这种认知和习得规律进行了较为充分的挖掘和利用。我们之所以对各种对外汉语教学本位观提出不同的认识,进而提出多层次综合本位观(施春宏,2012b),正是基于对这种习得过程的层次性和动态性表现的考察。学习者的语言水平,最终要落实到具体语言项目的习得上,而如何让语言项目习得和学习者语言水平相匹配,一直是语言教学各相关领域关注的焦点。也许对各类构式内部层级关系的梳理及学习者构式意识形成阶段的实证研究,能为此提供重要的参照。

四是特别重视语言类型学观念和方法的运用。本项研究中的专题选择多以语言共性和汉语特征及其在汉语习得中的具体表现为参照。准价动词、二价名词及相关现象的习得都要面对如何安排对象论元、如何进行句法配置的问题,而汉语在安排对象论元上具有典型的语言类型特征,对它们配位方式的习得研究促进了我们对汉语的语言类型特征特异性的认识。对汉语介词性框式结构的习得研究则是将它放到类型学中"框式介词"的视野和层次中来发掘它习得的特异性的。对于双及物式(双宾句)、动结式、重动式(动词拷贝句)等汉语句式性构式,本项研究也着力探讨这些特殊论元结构构式形义关系习得过程的共同性和特异性。基于语言类型学的汉语构式习得研究,使我们在构建二语教学模式时,虽立足于汉语实例,但又不局限于汉语,追求教学模式的普适性。将对语言共性与汉语个性之间相互关系的认识运用到习得和教学领域,必然大大推动汉语作为第二语言的教学和研究工作,基于类型学的汉语构式习得研究将成为一个理论生长点。

## (二) 研究范围的拓展

本项研究试图拓展基于构式观念的习得和教学研究的理论空间,同时加深对构式本体研究的认识。构式语法的本体研究已经取得了较为丰富的研究成果,人们对语言单位或成分的形义配对关系已有较为明确而深入的认识，不仅关注传统所理解的常规句式、句型和句类，还将范围进一步扩展到语块/构式块、框式结构、习语性结构等具有特殊功能的结构体上。但是，本体研究所取得的新成果和新进展在汉语作为第二语言习得和教学的研究中体现得并不鲜明。目前在汉语作为第二语言的习得研究中，人们虽然开始重视句型和句式的习得，但对句型和句式的认识多数仍停留在传统理解的阶段；而构式其他类型和其他方面的习得与教学研究更是薄弱。基于构式语法理论、语块理论的汉语习得研究目前主要还处于引介阶段，并未得到深入系统的分析和考察。习得研究、教学研究和构式本体研究常常处在三分而治的局面之中，显得有些脱节。

  本项研究中，构式是基体，习得是骨架，教学是基于二者的功能实践。就构式习得系统研究而言，我们主要从系统性和代表性这两个角度出发来选择构式习得研究的对象。在第一章中已经提到，构式语法视野中的构式范围包括语素、词、短语、句子、语篇等各级单位，但目前构式语法在语素和纯粹的词项研究上取得的成果很有限。因此，本项研究主要从句型、句式和框架性结构作为"构"（结构性）和"式"（形义配对体）的这两个大的方面出发，以词、短语/语块、句子这三个构式层面为主体内容，既包括对新近引起重视的语块/构式块、框式结构等具有特殊功能的结构体的习得表现的探索，也包括对特殊论元结构构式这类广受关注的句式性构式的习得机制分析。具体而言，我们在研究语块/构式块的习得表现时，主要选取了准价动词（第三章）、二价名词（第四章）这类并未受到习得研究者系统关注的特殊词项作为理论探新的突破口，这是因为这些词项在句法配置上比较特殊，都涉及用介词引入对象论元的问题，需要放到更大的构式体中才能揭示出其句法语义的特殊性。第五章则专门讨论具有鲜明汉语类型特异性的、由"前置成分（介词）……后置成分"构成的框架式语块的习得情况。接下来我们围绕具有特殊论元结构和形义关系特征的几类构式的习得情况，在不同的理论视野和考察角度下展示了它们的相同点和不同点，包括基于语言类型学和语言变异理论的汉语双及物式习得研究（第六章）、基于认知构式语法的汉语动结式习得研究（第七章）、基于中介语分析（尤其是偏误分析）和对比分析的汉语重动式习得研究（第八章）。

  与此同时，基于面向第二语言教学的基本目标，我们还集中讨论了二语教学模式和教学资源的问题。比如，通过探索教语言、学语言的实践问题,我们构建出面向二语教学的新模式——基于结构、功能和语境的"三一语法"(冯胜利、施春宏,2011),探索了教学背后所反映的本位观及其理论蕴含(施春宏,2012b),讨论了在教语言学、学语言学的过程中如何提升语感和论感的问题(施春宏,2009b);就语言学知识的资源化方面,我们重点关注面向第二语言教学的中介语语料库建设问题(施春宏、张瑞朋,2013)和语言学教材的编写问题(第九章)。这些资源的建设反过来又能进一步促进习得研究和本体研究的深入开展。

通过近些年构式理论和习得的研究,我们越发觉得,一个语言学理论或成果,如果不能说明语言习得现象,终究不算落到实处;语言教学(尤其是二语教学)如果不积极关注和吸收语言学和语言习得与教学新观念及其可堪利用的具体研究成果,一些教学难点就很难找到解决的突破口。

### (三) 研究视角的整合

本项研究积极吸取当今语言学和语言习得与教学研究的前沿成果,将汉语习得和教学研究的基本论题置于较为开阔的理论背景之下。我们并不拘泥于固定的研究范式,精致的结构主义描写、系统的论元结构和句法配置考察、深入的构式/语块分析、专注共性和个性的类型学挖掘、切实而颇具可操作性的教学模式构建等,我们都试图在本项研究中有所展示。对不同的项目,我们试图根据其形义关系的特征来选择适当的描写和解释工具,强化考察对象的针对性。比如,我们从论元结构和句法配置的互动关系这一视角来考察准价动词、二价名词及相关现象的框架性语块特征在习得中的体现,从而进一步讨论学习者习得此类现象时的语块意识或者说框式意识的层级性问题;从语言类型学和社会语言学的视角出发,结合学界新近提出的语言库藏类型学的观念和方法来进一步描写和解释汉语双及物式这类特殊论元结构构式习得中的语言变异现象及其机制问题;以认知构式语法的构式观念为理论背景,通过实验研究来探讨汉语动结式构式意识的形成和发展;在对比分析中考察汉语重动式的习得情况和动态过程;在汉语教学的研究、设计和管理经验中总结出新型的"三一"教学模式和语法体系;综合利用基于语料库分析法和语料库驱动分析法的研究观念来讨论中介语语料库建设中的平衡性问题,等等。

如何在习得研究和教学过程中积极整合不同领域、不同背景、不同视角的研究和研究成果,是本项研究的基本立足点之一。越是深入研究,越是发现这方面的研究需要强化。

### (四) 研究方法的互动

没有适合所有考察对象的研究方法,方法和方法论往往有现象偏向性。当然有的方法适用性较广,有的则相对受限。因此需要在整体研究和具体研究中体现一种研究方法的选择和互动。本项研究因"式"制宜,对不同的构式类型采取了不同的策略,有时需要采用综合策略。在研究准价动词、二价名词和重动式等构式不同次类的分布差异时,主要从中介语语料库中提取语料来分析,采取语料库方法;在研究双及物式习得的变异表现时,主要采用纸笔测试方法,即以问卷形式要求被试对给定的句子进行判断正误并改错,从而测试不同的被试在同样的语境下会产出何种双及物式的变异形式;在研究动结式习得中语义成分与句法表达的关系时,主要采用实验方法来考察动结式构式意识形成和发展的阶段和层级,等等。值得说明的是,不是说某种构式现象的习得只能采取某种方法,而是我们在进行课题设计时,有意识地根据研究对象的差异和研究目标的不同而有倾向性地选择不同的研究方法和策略,从而探讨习得研究乃至语言研究中的"方法偏向"和"方法论偏向"问题,即在面对某种现象时,使用某种方法或方法论是否会得出某些不同认识或有利于发现某些别的方法或方法论不容易发现的问题。当然,很多时候还需要采用综合的方法。本课题将一批跨学科、跨领域的相关研究力量集中起来,在注重理论构建的同时也注重实证调查;既注重依托大规模中介语语料库的分析,又注重采用实验方法来验证。

本课题还特别注重考察面向第二语言教学的汉语构式系统在形态、词法、句法和语义、语用、韵律等不同界面的互动关系,更多地采取问题求解的研究策略来探索"结合"的方式和途径。这种互动既是本体不同层面、不同界面语言成分及其关系的互动,同样也是不同研究领域、不同研究流派、不同研究方法之间的互动。我们在构式的本体研究中主张建立一种"互动构式语法",本项研究便是将互动构式语法的观念运用到二语习得和教学中的一个尝试。我们希望能借此进一步提升构式习得研究的描写能力和解释能力,为汉语作为第二语言的习得、教学及相关的本体研究提供一种新的思路,并走出一条独具特色的研究路线。

## 二、关于汉语构式二语习得和教学研究的理论思考

面向第二语言教学的汉语构式系统研究既是出于现实的需要,即为了解释和解决在教学和学习语言过程中的疑点和难点问题,也是理论发展的积极尝试。观察总是渗透着理论的。我们在对汉语作为第二语言教学的构式系统的研究过程中,试图拓展相关研究的广度和深度,并在研究观念和方法上做出新的探索,它所折射出来的丰富的理论蕴含值得我们进一步思考。

### (一) 在新的观念引导下深化习得和教学研究的广度和深度

汉语作为第二语言的教学和习得研究发展至今,在取得丰硕成果的同时也面临着新的困境,即如何拓展其描写和解释的广度和深度,如何在更高层面上整合相关研究成果,并做出新的探索。我们在研究中发现,就当下的研究现状而言,积极引入和拓展构式观念和语言类型学观念及其研究方法是推进语言习得和教学研究的有效途径(当然并非唯一途径)。关于语言类型学在语言习得和教学中的促进作用,我们将在下文单独说明,这里重点讨论构式语法的观念对语言习得和教学的促进作用。

关于语言习得和教学研究,长时期里人们更多地侧重于形式结构的描写和归纳,而如何将形式和意义相结合、如何将语言成分(形义结合体)和适切的语境相配合,一直未受到应有的关注,更不用说系统的拓展了。在此背景下,学界多次强调要加强对用法的研究(如陆俭明,2005a、2005b、2007a、2008a、2009),强化语义背景、语用特征的分析(如马真,2004;吕文华,2014)。[①] 近些年方兴未艾的构式语法正是基于用法研究的新探索。由于将构式看作语言系统的初始单位(primitive unit),所以将所有的语言交际和习得的单位和成分都看作构式,而构式则是形式和意义的配对体。根据我们的理解(施春宏,2016b),这里的形式包括线性序列、配位方式(如句法成分的安排、有无标记等)、形态表现、韵律结构、

---

[①] 其实,语言教学中结构、意义和功能相结合的重要性以及如何将它们结合起来,很早就受到学界和教学界的关注(如吕必松,1981),但这样的研究一直很薄弱,尤其是对面向二语教学的交际功能的考察,举例的说明并不少见,系统的研究则较缺乏。对语义背景、语用特征以及典型语境的分析,则是对此做出的具体探索。

句子的重音和语调等,这里的意义既包括一般所言的词汇意义、语法意义,还包括功能、语境等。显然,基于构式的研究正是对以形式为重的研究的突破,也是对认知语言学研究中某些分析模式的现有意义分析的突破。构式语法在基本分析原则上秉承结构主义的系统性原则和区别性原则,重视表层结构的分析和概括,但它对形式—意义相匹配、构式特征的特异性、构式在语言系统中的统一性(unification,又作"合一性")等方面的重视,则大大推动了语言本体研究,拓展了语言习得和教学研究的广度和深度。本项研究也是在构式语法(以及语块理论)的观念引导下的一个新的尝试。我们对每一个具体项目的研究,不管是像双及物构式、动结式、重动式这类形式—意义的依存关系带有较强规则性的常规性句式,还是像准价动词、二价名词等需要依托特殊句法配置(尤其是框架式结构)来实现句法功能的词项—语块性构式,都是在对其构式特征做出细致考察的基础上进行的。如在研究动结式的习得过程时发现,学习者习得动结式时不仅会出现"形式效应"和"意义效应",而且还会出现形式和意义的"组合效应"(参见第七章)。又如我们通过准价动词、二价名词的习得研究了学习者构式意识/语块意识/框式意识形成过程中形式和意义发展的不平衡现象及其具体表现(参见第三章和第四章)。我们还借助构式观念,分析了对外汉语教学中的若干本位观(如词本位、字本位、词组本位、句子本位、词和词组双本位、词·语素·汉字并重观等)的本质,从各级语言单位的构式性特征分析入手,发现每种本位都存在尺短寸长的问题,进而主张语言教学过程中需要建立分层次的综合本位观(施春宏,2012b)。我们在建构"结构—功能—语境"这个"三一语法"教学模式时,对每个语法项目的分析,更是将构式性特征的分析作为立论的依据,并将构式中的意义内涵扩展到典型语境、常规语境的分析中(冯胜利、施春宏,2011)。同样,如果将构式观念和构式理论对不同构式类型的分析引入到大纲编制、教材编写、教学安排、语言教师培训和中介语语料库建设中,我们相信,必然会出现一片新的景象。可以说,这种形义关系的考察既是习得和教学研究的基础,同时也是考察问题的切入点和理论生长点、实践的增长点。我们需要积极吸收构式语法、语块理论的研究成果,使面向第二语言教学的汉语构式习得和教学研究从分类描写和偏误分析向深入构式或语块的形义及其互动关系研究转变。

当然,除了构式语法、语块理论、类型学,还应该进一步引入其他理论,如借助认知/功能语言学理论、韵律语言学等来全面分析第二语言教学中汉语特殊构式的系统特征、制约条件及与此相关的中介语偏误类型、偏误成因。认知/功能语言学理论注重句法结构的功能表达或语义基础，可为习得和教学研究提供结构之外的解释理据，而构式习得和教学中的不少现象与韵律等也密切相关。又如借助社会语言学尤其是变异理论来描写和解释不同参数影响下中介语现象的复杂表现。新理论和新方法的出现会引发新的问题和解决策略，我们只有充分吸收、应用和完善相关的理论成果，才能调整和深化对构式研究的新认识，才能将面向第二语言教学的汉语习得研究推向更高的新境界。

### （二）拓展类型学背景下对语言共性和类型特征之间关系的研究

一直以来，人们对汉语特殊配位方式的关注集中在本体研究，侧重从项目和配列（item and arrangement）出发来刻画句法结构和语义结构的特点，但从特殊配位方式出发来考察习得研究中汉语的语言共性和类型学特征的还很少。本项研究在这方面做出了一些新的尝试和探讨。汉语构式的习得研究主要包括词项—语块性构式和句式性构式，其中词项—语块性构式主要关注具有特殊配位方式（尤其是框式配位）的词项与框架性构式之间的互动关系，而句式性构式则主要关注词项特征、句式论元结构特征和句法配置之间的互动关系。因此，从某种程度来说，本项研究对汉语构式的习得考察都是从论元结构和句法配置入手的。而汉语的这些论元结构、句法配置或形义关系都比较特殊，跟其他语言相比，具有鲜明的类型学特征。如何将它们置于类型学背景中探求共性和个性的问题，正是本项研究的着力之处。

先以词项—语块性构式中准价动词和二价名词的习得为例。拿准价动词中的准二价动词来说，它区别于一般二价动词的地方在于它在句法配置上具有特殊性（所以才是"准"二价），在语义结构上支配两个论元，其中的对象论元需要通过介词来引导前置而不能直接放在宾语位置，如"见面"，可以说"跟朋友见面"，但不能说"见面朋友"。二价名词也是如此，与一般名词相比，它的特殊性表现在其语义结构中的对象论元若要出现则需通过介词来配置其句法位置，如"印象"，可以说"我对罗马有印象"和"我对罗马的印象"，但不能说"我有印象罗马"（当然，这里还有韵律的制约作用）。而这种用介词引导对象论元或者是其他论元形成框式结构的现象还有不少，这是汉语跟其他语言相比所具有的个性特征，而这种配位方式上的独特性是受汉语整个句法系统的特征制约的。汉语的准价动词所对应的英语形式一般为及物动词，如上面的"见面"所对应的英语为"meet"，其对象论元直接放在动词后面，形成"I met a friend yesterday"这样的表达。而汉语二价名词所对应的英语形式，一般出现于定中结构，如"my interest"之类，如果对象论元要出现，要么在名词后用介词引导，如"my interest in music"，要么采用相应的被动（或作"形容词"）形式，对象论元用介词引入后出现在宾语位置，如"I am interested in music"。与英语相比，汉语大多数介词结构要放在动词性成分之前，二者在如何安置对象论元上具有类型学差异。表面上这种差异似乎只是语法成分的配列问题，但实际上跟汉语和英语整个句法系统有深刻的联系，是蕴含在更大系统背景之下的一种表现。英语介词性结构的常规位置是在动词之后，介词位于动词之后，名词之前，因此是前置词（preposition）的语言，如"put on the table/give the book to him"。上古汉语也是前置词占主导的（如"寝于地"之类）。中古汉语的发展，重新调整了介词短语与动词位置的配合，介词短语由动词后为主变成了以动词前为主（刘丹青，2002）。除了表示目标、结果或终点的介词性结构外，其他介词性结构基本出现在动词性成分之前，这两大类介词结构的句法表现基本为互补分布。只有了解了不同语言句法系统的差异才能更好地探讨颇具个性的语法项目的习得表现及习得机制。

像双及物式和动结式所表达的概念结构，学习者的母语（这里以英语为参照）一般也存在相关的表达。比如，我们在第六章所谈的双及物，"由双及物（三价）动词构成的，由施事主语外带一个客体和一个与事的结构"这种共性特征具有跨语言的意义，但在不同的语言中，这种概念结构或者语义结构的配位方式、标记模式和句法表现不会完全相同。汉语作为IOC/DOC型语言（即双及物式包含双宾语构式和与格构式两种配位形式），在习得过程中的变异形式和变异空间体现了类型学上的共性和个性特征。而"最能体现汉语结构简练和寓义丰富的特点"（李临定，1986：198）的动结式则在整合类型和整合方式上具有特殊表现，但在典型动结式的构造方式上又有语言共性，这对二语习得研究的影响就相当复杂。再者，像重动式这样的汉语句式，其他比如英语、法语、日语等语言中并没有与之相类似的句法结构，在语言类型上具有独特性，反映在汉语作为第二语言的习得中便也成为具有鲜明汉语特性的学习难点。

因此，在特定语言的句法系统中，形式和意义之间的关系是受到具体配位方式制约的，而配位方式又跟语言的整个系统特征紧密相连。基于此，我们在做语言习得和教学研究时要积极吸收类型学的相关成果，将语言共性和个性之间的关系渗透其中，在语言共性的图景上更好地定位和探索汉语的个性。二语习得和教学研究是研究语言共性和个性关系的一个重要窗口。

### （三）深化对具有特殊界面互动特征的语言现象的系统考察

构式是形式和意义的结合体（如前所述，这里的形式和意义的范围都比传统的理解要广得多），它是在系统中存在的。这必然就意味着构式的生成和运用是不同语言界面特征相互作用的结果。那么，我们在研究构式的特征时，在分析构式的习得表现和选择构式教学的策略时，必须要以这种不同界面特征的相互作用为基本立足点。传统的句式、词项的本体研究和习得研究、教学研究对此都关注得很不充分。本项研究则特别关注具有特殊界面互动特征的语言现象，这既能以一般语法语义现象为参照，又能揭示特殊语法语义现象的特异性所在，并能更深刻地解释语言交际的运作机制，即我们不但试图从特殊中看到特殊，更希望借此从特殊中洞察一般。构式语法正是主要通过考察非常规的、边缘的现象，建构一般意义上的语言理论。常规的、典型的现象在各个语言界面相互作用的规则性比较强（即相互间的对应关系比较规则），而非常规的、边缘的现象在不同界面特征互动作用下则呈现出特殊的界面特征。像词项—语块性构式里准价动词、二价名词及相关现象、介词性框式结构等，都处于词项和句法之间的接口处。而像句式性的特殊论元结构构式，也都呈现出句法语义特征的原型性效应，同时还受到韵律特征、语用功能的制约。它们都展示了特殊的词项和构式、语义和句法以及句法和韵律、结构和功能等的相互制约与影响。我们看到，具体项目的习得过程受到语义、功能的促动、特定句法形式的制约、语法系统本身的调配和影响以及语境特征的选择和制约。与某些单一层面的语法项目相比，这种多重界面特征的互动关系使得构式在习得过程中呈现出了独特的风景。

单从偏误的类型和分布来看，多重界面交互的特征增加了诱发偏误的因素，造成构式习得难度大、偏误来源多、习得周期长、情况复杂交错等特点。以二价名词为例。学习者在多重界面特征交织之处最容易出现偏误，情况也最为复杂。比如框式成分中介词的误用现象，如"*你这么一想，当然心里不平了，<u>跟</u>她有<u>意见</u>"，从表面看是句法配置问题，但实际跟学习者对框式结构中介词的语义类型、动词的具体要求和限制了解不充分有关系，此时句法配置受语义关系的制约、句法和语义层面互相作用的特征尤为明显。而体现整个习得过程的，又无不以词项—构式之间的调配为实现方式。又如话题式中的语义颠倒和结构杂糅现象便多层次地呈现了各个界面交错的复杂局面，如"*婚姻这个问题对每个人有每个人的看法"，既有话题结构和一般主动宾结构的纠缠，又有对特定词汇语义和特殊句法表现（作为词项的二价名词及其所依托的框式）之间匹配关系不甚了解的杂用。对于这样的多重界面互动作用的现象，只有将其中的语义关系和句法要求结合起来，将词项语义内容与构式实现结合起来，才有可能真正习得这些语法项目。

目前二语习得领域中的界面互动研究逐步兴起并有所发展，比如对非宾格动词、准价动词、与格结构、框式结构、运动事件表达方式等的习得研究。如果考虑到所有的语言现象都是界面互动的结果，那么基于界面特征互动的研究，应该同时成为本体研究和习得研究的基本对象。本项研究正是从特殊形义关系的角度，以词项—语块性构式和特殊论元结构构式为代表，系统地揭示词项、语块、句式性构式习得过程中词法、句法、语义、韵律、语用等不同层面的界面特征和习得特点，以期对习得的过程、方式和内在机制，对各个不同层面之间影响和互动的规律做出更深的探讨。

正如前文反复指出的那样，对语言现象的考察必须在系统中进行。而对界面互动特征的考察，更是非有此眼光不可。如在词项—语块性构式研究中，从表面看，准价动词、二价名词、与二价名词有关的动词、二价形容词（如"对他很冷漠、对人忠诚"中的"冷漠、忠诚"）、特殊与格结构（如"说……闲话、帮……忙"）[①]等分别属于不同的词或结构，似乎没有什么联系，但它们在语义结构上都蕴含了对象论元，句法表达中都面临着在线性序列里如何安排和处理对象论元这个问题。准价动词、二价形容词中有少数可以将对象论元放在宾语位置（常通过介词来引导），如"这种食品不利于人的健康"；其他多数不能，均需借助框式结构来引导。也就是说，看似分散、孤立的现象，在配位方式上却具有跨词类或跨构式的共性特征，是具有内在一致性的系统。正因为这种系统性特征的制约，它们的偏误表现高度相似，习得的发展层级也非常相似。而这些特殊词项习得背

---

[①] 关于与二价名词有关的动词、二价形容词、特殊与格结构的习得表现，参见第四章"跟二价名词习得相关的其他现象"一节。

后所牵涉的框架式构式习得,在句法上表现为具有图式性质的语块,放在"词项—语块性构式"这个更大的系统中来考察便有了很多新的发现和意义。这就要求我们在二语教学和教材编写中也要以这种特殊界面特征的系统性为参照,有意识地利用这种系统性特征,帮助学习者有效地建立正确的形义匹配关系。

### (四)促进本体研究、习得研究和语言教学的互动关系

本体研究、习得研究、语言教学的互动,既包括研究成果的互动,也包括研究过程中的互动(如研究观念的相互影响、研究方法的相互借用、研究人员的相互协作等)。但如何互动、如何促进,则一直是个见仁见智的问题。在各守一方的情况下,当然谈不上互动。常见的说法是语言教学及研究要从本体研究和习得研究中吸取新的观念和成果,而本体研究可以从语言教学和习得(母语习得和二语习得)中找到新的课题,诸如此类,多是学科间的"拿来主义"。然而,就语言本体研究和语言习得(研究)的关系而言,一个语言学理论如果不能说明语言习得现象,则肯定是有很大局限的,甚至在一定程度上是缺少根基的;语言习得的研究成果如果跟本体研究长时期相隔离,自然也很难深化对语言结构和语言系统的分析。在研究成果的互动尚不充分的情况下,研究过程的互动更显不足。也许正是研究过程的互动没有充分展开,才导致研究成果的互动更多地体现为有局限的"拿来主义"。

就本体研究、习得研究和语言教学的关系而言,经常见到的说法是,它们实际上属于不同的学科,理论语法和教学语法、语言习得和语言教学是不同属性的东西。[①] 然而,倘若有个理论能够将它们结合起来,岂不更好。本书对构式的认识和研究正是一个这样的尝试。构式语法认为,构式是贯穿整个语言系统的基本单位,因此研究语言就是研究构式,习得语言就是习得构式,教授语言就是教授构式,即构式是语言的载体,也是习得、教学的载体,进而就是所有研究的基本对象。由于习得构式、教授构式就是习得、教授形式—意义/功能的匹配与使用情况,因此,如果归结为一点,那么构式的研究和教学都是基于用法的研究和教学。赵金铭(1994)早已指出:"教学语法的研究,可以说主要是用法的研究。"其实,构

---

[①] 它们都不否认语言教学对本体研究和习得研究成果采取"拿来主义"策略,但拿来什么、如何拿来,则与研究者的学术经历有很大关系。

式的本体研究(如对构式形义关系的浮现过程及机制的考察,基本上是从其动态的用法中概括和归纳的)、习得研究,本质上也是如此。"基于用法"将三者联系在了一起。既然如此,三者在构式观念下发生互动关系自然就是本体、习得和教学研究互动的本有之意了。

近些年,基于构式观念的本体研究呈现出蓬勃发展的趋势,而构式理论对语言习得研究具有重要的启示和引领作用。基于构式观念的习得研究虽起步不久,但已有所展开。Goldberg(1995)的出版,"具有革命性的理论突破"(Tomasello,1998)。儿童学习语言,也许并非像搭积木那样从语素到词到短语/小句到句子,而是在各构式层面上同时学习语言的结构(Tomasello,1998、2003)。Goldberg(2006)即是基于构式语法开展母语习得的重要文献,提出了表层概括假说(Surface Generalization Hypothesis),并通过对动词和构式的互动、句法和语义界面互动的分析深入探讨了构式习得中的部分能产性问题。汉语构式习得方面,董燕萍、梁君英(2004)对动词和论元构式在不同语言水平的习得层级差异做了实证研究,郝瞰(2015)则从一个动词可以带不同论元角色的宾语(如"存钱、存银行、存活期")这种现象出发,对汉语多系论元构式的二语习得机制做了实证研究。但总体成果还不多。

从三者的互动关系着眼,汉语构式习得研究、教学分析也有了一些阶段性成果。其中有代表性的是陆俭明提出的"'构式—语块'句法分析法"(陆俭明,2010b、2011)以及陆俭明、苏丹洁等提出的"'构式—语块'教学法"(苏丹洁、陆俭明,2010;苏丹洁,2010;田靓,2012)。① 当然,这里的"构式"主要还是句式性构式,而不是面向语言系统的构式观中的构式,但就二语教学而言,这是最基本的构式之一;这里的"语块"实际上是句式的组块,而非语块理论中严格意义上的语块。冯胜利、施春宏(2011)提出"结构—功能—语境"三维合一的二语教学语法——"三一语法"及相应的教学法,将典型语境及其与结构和功能的匹配关系引入到二语语法教学中,拓展了对形式—意义互动关系的理解和应用。

近些年,基于汉语的自然语言信息处理的构式研究也有了很大发展。人们开始倡导和建设构式知识库,建立系统的关于汉语语法的"词库—构式"互动的描写体系,并将它与汉语作为第二语言教学相结合。这是在本

---

① 陆俭明(2016)将"'构式—语块'句法分析法"的名称进一步调整为"'构式—组块'分析法"。这样,"'构式—语块'教学法"也可相应地调整为"'构式—组块'教学法"。

体、习得、教学三者结合上的新拓展。如袁毓林等(2014)试图基于汉语意合特征的研究来构建汉语"词库—构式"(这里的构式指比词项更大的语言单位或结构体,如语块、框式结构、句式等)互动的语法描写体系,进而将其运用到汉语作为第二语言的习得和教学中。又如马文津、施春宏(2016)借鉴自然语言信息处理领域的标点句理论(宋柔,2008、2013;张瑞朋,2013;卢达威等,2014)和讨论意合机制时关注的"整句—零句"理论(赵元任,1968;沈家煊,2012、2014)的基本理念,将二者结合起来探讨汉语中介语"整句—零句"篇章系统的建构阶段及特征,为进一步拓展汉语中介语篇章习得研究的领域和方法提供了一个新的考察视角。这些都体现了不同学科间的相互协作,不同学科研究成果的交叉整合。但整体而言,实证的研究还不够,理论的思考尚待深入。

从本项研究的分析来看,面向第二语言教学的汉语构式研究将会拓展面向第二语言教学的研究领域和范围,对汉语习得研究而言也是一个新拓展。这种研究将会为建立"作为第二语言的汉语本体"理论做出新的探索,为基于汉语本体的构式研究提供参照。同时,这种基于"结构—功能—语境"互动关系的第二语言习得研究对教学大纲的编制、教材的编写和教法的改进、教学实践的开展、教学的测试和评估等方面都具有重要的参考价值。如果我们在构式形义关系的系统性、特定构式的用法特征、类型学视野中的汉语构式特性、构式的习得机制和构式意识的发展过程、构式教学法及其策略等方面的探索取得显著成果的话,将可以借此围绕"语言学知识的教学资源化"这一核心问题进一步探索基础研究和应用研究、理论语法和教学语法的接口问题。

当然,要充分发挥本体研究、习得研究和语言教学及研究的互动作用,至为根本的是研究者之间研究观念、知识结构和研究领域的互动。而这正是长期存在、当下仍至为突出的问题。这种互动过程必然会不断带来研究观念上的创新、研究内容与研究范围上的突破、研究方法上的拓展、研究成果的快速资源化,具有鲜明的理论价值,具有更强的现实意义。

# 主要参考文献

蔡淑美(2008)现代汉语特殊与格结构"V+X+的+O"格式研究,北京语言大学硕士学位论文。

蔡淑美(2010)特殊与格结构"V+X+的+O"的语义性质和句法构造,《世界汉语教学》第3期。

蔡淑美(2011)框式结构语法化过程中形式和意义的互动关系——以"为……起见"的语法化过程为例,《北京广播电视大学学报》第2期。

蔡淑美、施春宏(2014)基于汉语中介语语料库的二价名词习得研究,《语言文字应用》第2期。

曹逢甫(1995)《主题在汉语中的功能研究——迈向语段分析的第一步》,谢天蔚译,北京:语文出版社。

曹逢甫(2005)《汉语的句子与子句结构》,王静译,北京:北京语言大学出版社。

曹　文(2000)《汉语发音与纠音》,北京:北京大学出版社。

曹秀玲、杨素英、黄月圆、高立群、崔希亮(2006)汉语作为第二语言话题句习得研究,《世界汉语教学》第3期。

常　辉(2011)母语为英语的留学生汉语致使结构的习得研究,《世界汉语教学》第1期。

陈凡凡(2010)语言习得中的主题突出特征——基于汉语物体空间关系表达的研究,《语言教学与研究》第1期。

陈俊光、李菁菁(2007)汉语重动句选用与否的机制与教学应用之再探,(中国台湾)《华语教学研究》第2期。

陈　珺、周小兵(2005)比较句语法项目的选取和排序,《语言教学与研究》第2期。

陈满华(2009)构式语法理论对二语教学的启示,《语言教学与研究》第4期。

陈　灼主编(1996)《桥梁——实用汉语中级教程(上)》,北京:北京语言文化大学出版社。

程　娟、许晓华(2004)HSK单双音同义动词研究,《世界汉语教学》第4期。

程乐乐(2006)日本留学生"把"字句习得情况考察与探析,《云南师范大学学报(对外汉语教学与研究版)》第3期。

程美珍、李　珠(1997)《汉语病句辨析九百例》,北京:华语教学出版社。

程　棠(2000/2008)《对外汉语教学目的、原则、方法》,北京:华语教学出版社;再版,北京:北京语言大学出版社。

储泽祥、彭建平(2006)处所角色宾语及其属性标记的隐现情况,《语言研究》第4期。

丛珊珊(2010)汉语语块及其在留学生第二语言习得中的应用,东北师范大学硕士学位论文。
崔希亮(2003)日朝韩学生汉语介词结构的中介语分析,《中国语言学报(第 11 辑)》,北京:商务印书馆。收入崔希亮等《汉语作为第二语言的习得与认知研究》,北京:北京大学出版社,2008 年。
崔希亮(2005)欧美学生汉语介词习得的特点及偏误分析,《世界汉语教学》第 3 期。
崔永华(2003)汉语中介语中的"把……放……"短语分析,《汉语学习》第 1 期。
戴国华(2000)日本留学生汉语动词常见偏误分析,《汉语学习》第 6 期。
邓守信(2003)对外汉语语法点难易度的评定,《对外汉语教学语法探索》,北京:中国社会科学出版社。
邓思颖(2006)粤语框式虚词结构的句法理论,《汉语学报》第 2 期。
邓思颖(2009)粤语句末"住"和框式虚词结构,《中国语文》第 3 期。
董秀芳(1998)述补带宾句式中的韵律制约,《语言研究》第 1 期。
董燕萍、梁君英(2004)构式在中国学生英语句子意义理解中的作用,《外语教学与研究》第 1 期。
段士平(2008)国内二语语块教学研究述评,《中国外语》第 4 期。
范　晓(1985)略论 V-R,《语法研究和探索(第 3 辑)》,北京:北京大学出版社。
范　晓(1987)V-R 及其所构成的句式,《语言研究集刊(一)》,上海:复旦大学出版社。
方绪军(2001)中介语中动词句的配价偏误分析,《语言教学与研究》第 4 期。
房玉清(1992)《实用汉语语法》,北京:北京语言学院出版社。
冯丽萍、盛双霞(2004)外国学生中文三价动词的习得规律研究,《云南师范大学学报(对外汉语教学与研究版)》第 3 期。
冯胜利(1997)《汉语的韵律、词法与句法》,北京:北京大学出版社。
冯胜利(2000)《汉语韵律句法学》,上海:上海教育出版社。
冯胜利、施春宏(2011)论汉语教学中的"三一语法",《语言科学》第 5 期。
冯胜利、施春宏(2015)《三一语法:结构·功能·语境——初中级汉语语法点教学指南》,北京:北京大学出版社。
甘瑞瑗(2004)国别化"对外汉语教学用词表"制定的研究:以韩国为例,北京语言大学博士学位论文。
高立群(2002)"把"字句位移图式心理现实性的实验研究,《世界汉语教学》第 2 期。
高增霞(2005)从非句化角度看汉语的小句整合,《中国语文》第 1 期。
格萨茹拉(2007)蒙古留学生学习汉语结果补语偏误分析及教学策略,《内蒙古师范大学学报(哲学社会科学版)》第 S1 期。
耿国锋(2008)关于二价名词的两个问题,《北方论丛》第 2 期。
顾　娟(2011)英语为母语的汉语学习者能愿动词偏误分析,黑龙江大学硕士学位论文。
顾英华(2004)新疆汉语学习者二价动词配价偏误分析,《汉语学习》第 4 期。
郭　锐(1995)述结式的配价结构与成分的整合,沈阳、郑定欧主编《现代汉语配价语法研究》,北京:北京大学出版社。
郭　锐(2002)《现代汉语词类研究》,北京:商务印书馆。
郭圣林(2011)《现代汉语句式的语篇考察》,北京:世界图书出版公司。
郭　熙(1989)现代汉语教学问题刍议,《语言学通讯》第3—4期合刊。
郭志良、杨惠元主编(2007)《速成汉语基础教程——综合课本》,北京:北京大学出版社。
国家汉语水平考试委员会办公室考试中心(2001)《汉语水平词汇与汉字等级大纲(修订本)》,北京:经济科学出版社。
郝　暾(2015)汉语多系论元构式习得的实证研究,北京语言大学硕士学位论文。
胡壮麟(1994)《语篇的衔接与连贯》,上海:上海外语教育出版社。
黄理秋、施春宏(2010)汉语中介语介词性框式结构的偏误分析,《华文教学与研究》第3期。
黄　娴、张克亮(2009)汉语零形式回指研究综述,《中文信息学报》第4期。
黄月圆、杨素英(2004)汉语作为第二语言的"把"字句习得研究,《世界汉语教学》第1期。
黄月圆、杨素英、高立群、张旺熹、崔希亮(2007)汉语作为第二语言"被"字句习得的考察,《世界汉语教学》第2期。
黄自然、肖奚强(2012)基于中介语语料库的韩国学生"把"字句习得研究,《汉语学习》第1期。
姜德梧主编(2002)《高级汉语教程(修订本)》,北京:经济科学出版社。
蒋绍愚(1999)抽象原则和临摹原则在汉语语法史中的体现,《古汉语研究》第4期。
金洙玄(2012)韩国留学生习得介词"给、对、向、朝"的偏误分析,黑龙江大学硕士学位论文。
金宗燮(2006)韩国留学生使用汉语结果补语的情况考察,北京语言大学硕士学位论文。
靳洪刚(1993)从汉语"把"字句看语言分类规律在第二语言习得过程中的作用,《语言教学与研究》第3期。
康玉华、来思平编著(2008)《汉语会话301句(第三版)》,北京:北京语言大学出版社。
李大忠(1996)《外国人学汉语语法偏误分析》,北京:北京语言文化大学出版社。
李德津、程美珍(1988)《外国人实用汉语语法》,北京:华语教学出版社。
李德津、金德厚(2009)《汉语语法教学》,北京:北京语言大学出版社。
李红梅、曹志希(2008)汉语方所框式介词的句法推导,《四川外语学院学报》第3期。
李红印(2005)《汉语水平词汇与汉字等级大纲》收"语"分析,《语言文字应用》第4期。
李佳佳(2011)留学生对象类介词习得顺序研究及偏误分析,江西师范大学硕士学位论文。
李珺珺(2007)影响汉语动词习得的因素分析,上海师范大学硕士学位论文。
李临定(1980)动补格句式,《中国语文》第2期。
李临定(1984)究竟哪个"补"哪个——"动补格"关系再议,《汉语学习》第2期。
李临定(1986)《现代汉语句型》,北京:商务印书馆。

李　泉、金香兰(2014)论国际汉语教学隐性资源及其开发,《语言教学与研究》第 2 期。
李容容(2010)现代汉语重动句的研究与教学启示,高雄师范大学硕士学位论文。
李素建、刘　群(2003)汉语组块的定义和获取,《语言计算与基于内容的文本处理——全国第七届计算语言学联合学术会议论文集》,北京:清华大学出版社。
李素建、刘　群、白　硕(2002)统计和规则相结合的汉语组块分析,《计算机研究与发展》第 4 期。
李　彤、王红娟(2006)中级阶段外国留学生双音节动词偏误分析,《语言文字应用》第 2 期。
李晓琪(2005)《现代汉语虚词讲义》,北京:北京大学出版社。
李晓琪主编(2005)《博雅汉语》,北京:北京大学出版社。
李英哲、郑良伟、Larry Foster、贺上贤、侯炎尧、Moira Yip(1990)《实用汉语参考语法》,熊文华译,北京:北京语言学院出版社。
李　昱(2014)汉语双及物构式二语习得中的语言变异现象研究,《世界汉语教学》第 1 期。
李振中(2008)试论现代汉语框式结构,《甘肃社会科学》第 5 期。
林宝煊(1979)俄语中某些及物动词的直接补语类型,《黑龙江大学学报(外语版)》第 1 期。
林逸欣(2012)重动句——从理论到教学实践,"台湾国立政治大学"硕士学位论文。
刘　博(2008)韩国学生习得汉语心理动词偏误分析,广西民族大学硕士学位论文。
刘大为(2010)从语法构式到修辞构式(上、下),《当代修辞学》第 3、4 期。
刘丹青(2000)汉语相互性实词的配价及其教学,沈阳主编《配价理论与汉语语法研究》,北京:语文出版社。
刘丹青(2001)汉语给予类双及物结构的类型学考察,《中国语文》第 5 期。
刘丹青(2002)汉语中的框式介词,《当代语言学》第 4 期。
刘丹青(2003)《语序类型学与介词理论》,北京:商务印书馆。
刘丹青(2010)汉语是一种动词型语言——试说动词型语言和名词型语言的类型差异,《世界汉语教学》第 1 期。
刘丹青(2011)语言库藏类型学构想,《当代语言学》第 4 期。
刘丹青(2012)汉语的若干显赫范畴:语言库藏类型学视角,《世界汉语教学》第 3 期。
刘丹青、徐烈炯(1998)普通话与上海话中的拷贝式话题结构,《语言教学与研究》第 1 期。
刘　芳、赵铁军、于　浩、杨沐昀、方高林(2000)基于统计的汉语组块分析,《中文信息学报》第 6 期。
刘宏帆(2007)"把"字句的习得研究及其教学——基于中介语语料库的研究,《第四届全国语言文字应用学术研讨会论文集》,成都:四川大学出版社。
刘梨花(2010)对外汉语教学角度的现代汉语重动句考察,湖南师范大学硕士学位论文。
刘颂浩(2003)论"把"字句运用中的回避现象及"把"字句的难点,《语言教学与研究》第 2 期。

刘颂浩、汪　燕(2002)"把"字句练习设计中的语境问题,《中国对外汉语教学学会第七次学术讨论会论文选》,北京:人民教育出版社。
刘维群(1986)论重动句的特点,《南开学报(哲学社会科学版)》第 2 期。
刘晓玲、阳志清(2003)词汇组块教学——二语教学的一种新趋势,《外语教学》第 6 期。
刘雪芹(2003)现代汉语重动句研究,复旦大学博士学位论文。
刘　珣(2000)《对外汉语教育学引论》,北京:北京语言文化大学出版社。
刘　珣主编(2003)《新实用汉语课本》,北京:北京语言大学出版社。
刘月华、潘文娱、故　铧(1983/2001)《实用现代汉语语法》,北京:外语教学与研究出版社;增订本,北京:商务印书馆。
刘运同(2004)词汇短语的范围和分类,《湖北社会科学》第 9 期。
刘运同(2005)词汇短语的特性及其重要意义,《贵州大学学报(社会科学版)》第 1 期。
卢达威、宋　柔、尚　英(2014)从广义话题结构考察汉语篇章话题认知复杂度,《中文信息学报》第 5 期。
卢福波(1996)《对外汉语教学实用语法》,北京:北京语言文化大学出版社。
卢福波(2010)《汉语语法教学理论与方法》,北京:北京大学出版社。
卢福波(2011)《对外汉语教学实用语法(修订本)》,北京:北京语言大学出版社。
卢　伟(2005)重动句使用的不平衡性和语用规律,安徽师范大学硕士学位论文。
鲁健骥(1992)偏误分析与对外汉语教学,《语言文字应用》第 1 期。
鲁健骥(1993)中介语研究中的几个问题,《语言文字应用》第 1 期。
鲁健骥(1994)外国人学汉语的语法偏误分析,《语言教学与研究》第 1 期。
陆俭明(1990)"VA 了"述补结构语义分析,《汉语学习》第 1 期。
陆俭明(2005a)《作为第二语言的汉语本体研究》,北京:外语教学与研究出版社。
陆俭明(2005b)要重视讲解词语和句法格式的使用环境,上海师范大学《对外汉语研究》编委会编《对外汉语研究(第 1 期)》,北京:商务印书馆。
陆俭明(2007a)汉语作为第二语言教学的本体研究和汉语本体研究,《世界汉语教学》第 3 期。
陆俭明(2007b)中文版序 2,Adele E. Goldberg 著、吴海波译《构式:论元结构的构式语法研究》,北京:北京大学出版社。
陆俭明(2008a)谈汉语作为第二语言教学的学科建设及其本体研究,《外语教学与研究》第 5 期。
陆俭明(2008b)汉语教学的新变化、新问题、新任务、新意识,《暨南大学华文学院学报》第 3 期。
陆俭明(2009)再谈要加强汉语作为第二语言的基础性研究,《暨南大学华文学院学报》第 4 期。
陆俭明(2010a)从构式看语块,《中国语言学(第四辑)》,北京:北京大学出版社。
陆俭明(2010b)"构式—语块"句法分析法——一种汉语句法研究的新思路,《汉语语法语义研究新探索(2000—2010)演讲集》,北京:商务印书馆。

陆俭明(2011)再论构式语块分析法,《语言研究》第 2 期。

陆俭明(2016)构式语法理论有待深究的三个问题,《东北师大学报(哲学社会科学版)》第 4 期。

陆庆和(2006)《实用对外汉语教学语法》,北京:北京大学出版社。

陆燕萍(2012)英语母语者汉语动结式习得偏误分析——基于构式语法的偏误分析,《语言教学与研究》第 6 期。

吕必松(1981)语言教学中结构、意义和功能相结合,美国《中国语文教师学会学报》第 2 期。收入《对外汉语教学探索》,北京:华语教学出版社,1987 年。

吕必松(1992)《华语教学讲习》,北京:北京语言学院出版社。

吕叔湘(1942)《中国文法要略》,北京:商务印书馆。

吕叔湘主编(1980)《现代汉语八百词》,北京:商务印书馆。

吕叔湘主编(1999)《现代汉语八百词(增订本)》,北京:商务印书馆。

吕文华(1994)《对外汉语教学语法探索》,北京:北京语言学院出版社。

吕文华(1999)《对外汉语教学语法体系研究》,北京:北京语言文化大学出版社。

吕文华(2001)关于述补结构系统的思考——兼谈对外汉语教学的补语系统,《世界汉语教学》第 3 期。

吕文华(2008)《对外汉语教学语法探索(增订本)》,北京:北京语言大学出版社。

吕文华(2014)《对外汉语教学语法讲义》,北京:北京大学出版社。

吕兆格(2010)关于能愿动词否定用法的偏误分析,《云南师范大学学报(对外汉语教学与研究版)》第 6 期。

马庆株(1983)现代汉语的双宾语构造,《语言学论丛(第十辑)》,北京:商务印书馆。

马文津、施春宏(2016)基于整句—零句表达系统的汉语中介语篇章现象考察——以日语母语者汉语语篇为例,《世界汉语教学》第 4 期。

马希文(1987)与动结式动词有关的某些句式,《中国语文》第 6 期。

马　真(2004)《现代汉语虚词研究方法论》,北京:商务印书馆。

马　真、陆俭明(1997)形容词作结果补语的情况考察(一)(二)(三),《汉语学习》第 1 期、第 4 期、第 6 期。

梅立崇、田士琪、韩　红、刘新丽、周翠琳(1984)对留学生汉语习得过程中的错误的分析,《语言教学与研究》第 4 期。

牛顺心(2004)汉语中致使范畴的结构类型研究,上海师范大学博士学位论文。

彭国珍(2011)《结果补语小句理论与现代汉语动结式相关问题研究》,杭州:浙江大学出版社。

濮建忠(2003)英语词汇教学中的类联接、搭配及词块,《外语教学与研究》第 6 期。

亓文香(2008)语块理论在对外汉语教学中的应用,《语言教学与研究》第 4 期。

齐沪扬主编(2005)《对外汉语教学语法》,上海:复旦大学出版社。

钱旭菁(2008)汉语语块研究初探,《北京大学学报(哲学社会科学版)》第 5 期。

秦礼君(1985)关于"动＋宾＋动重＋补"的结构形式,《语言研究》第 2 期。

屈承熹、纪宗仁(2005)《汉语认知功能语法》,哈尔滨:黑龙江人民出版社。
全裕慧(1999)"使动"义的"动词＋结果补语"结构的教与学,《汉语学习》第 5 期。
邵敬敏(2008)"连 A 也/都 B"框式结构及其框式化特点,《语言科学》第 4 期。
邵敬敏(2011)汉语框式结构说略,《中国语文》第 3 期。
沈红红(2006)留学生"住"作结果补语的习得研究,北京语言大学硕士学位论文。
沈家煊(2004)动结式"追累"的语法和语义,《语言科学》第 6 期。
沈家煊(2007)汉语里的名词和动词,《汉藏语学报》第 1 期。
沈家煊(2012)"零句"和"流水句"——为赵元任先生诞辰 120 周年而作,《中国语文》第 5 期。
沈家煊(2014)汉语的逻辑这个样,汉语是这样的——为赵元任先生诞辰 120 周年而作之二,《语言教学与研究》第 2 期。
沈家煊(2016)《名词和动词》,北京:商务印书馆。
沈　园(2007)《句法—语义界面研究》,上海:上海教育出版社。
施春宏(1999)应用语言学不等于理论语言学的应用——读《二十世纪的中国语言应用研究》,《汉语学习》第 1 期。
施春宏(2008)《汉语动结式的句法语义研究》,北京:北京语言大学出版社。
施春宏(2009a)《作为第二语言的汉语概说》,北京:北京大学出版社。
施春宏(2009b)论感和论感培养——兼论语感和论感的关系,《语言教学与研究》第 1 期。
施春宏(2010a)面向第二语言教学的语言学教材编写中的若干问题,《语言教学与研究》第 2 期。
施春宏(2010b)从句式群看"把"字句及相关句式的语法意义,《世界汉语教学》第 3 期。
施春宏(2010c)语言事实和语言学事实,《汉语学报》第 4 期。
施春宏(2010d)语言学规则和例外、反例与特例,北京语言大学对外汉语研究中心编《汉语国际教育"三教"问题——第六届对外汉语学术研讨会论文集》,北京:外语教学与研究出版社。
施春宏(2010e)动词拷贝句句式构造和句式意义的互动关系,《中国语文》第 2 期。
施春宏(2011a)面向第二语言教学汉语构式研究的基本状况和研究取向,《语言教学与研究》第 6 期。
施春宏(2011b)《汉语基本知识(语法篇)》,北京:北京语言大学出版社。
施春宏(2012a)从构式压制看语法和修辞的互动关系,《当代修辞学》第 1 期。
施春宏(2012b)对外汉语教学本位观的理论蕴涵及其现实问题,《世界汉语教学》第 3 期。
施春宏(2013)句式分析中的构式观及相关理论问题,《汉语学报》第 2 期。
施春宏(2016a)互动构式语法的基本理念及其研究路径,《当代修辞学》第 2 期。
施春宏(2016b)构式的观念:逻辑结构和理论张力,《东北师大学报(哲学社会科学版)》第 4 期。

施春宏、张瑞朋(2013)论中介语语料库的平衡性问题,《语言文字应用》第 2 期。
施光亨(1990)中高级汉语教学呼唤"航标",《语言教学与研究》第 4 期。
施家炜(1998)外国留学生 22 类现代汉语句式的习得顺序研究,《世界汉语教学》第 4 期。
施家炜(2002)韩国留学生汉语句式习得的个案研究,《世界汉语教学》第 4 期。
施家炜(2006)国内汉语第二语言习得研究二十年,《语言教学与研究》第 1 期。
石慧敏(2011)汉语动结式的整合度高低及动结致使构式的典型特征,北京语言大学对外汉语研究中心编《国际汉语教学理念与模式创新——第七届对外汉语国际学术研讨会论文集》,北京:外语教学与研究出版社。
宋　柔(2008)现代汉语跨标点句句法关系的性质研究,《世界汉语教学》第 2 期。
宋　柔(2013)汉语篇章广义话题结构的流水模型,《中国语文》第 6 期。
宋文辉(2007)《现代汉语动结式的认知研究》,北京:北京大学出版社。
苏丹洁(2010)试析"构式—语块"教学法——以存现句教学实验为例,《汉语学习》第 2 期。
苏丹洁(2011)构式语块教学法的实质——以兼语句教学及实验为例,《语言教学与研究》第 2 期。
苏丹洁、陆俭明(2010)"构式—语块"句法分析法和教学法,《世界汉语教学》第 4 期。
苏艳飞(2010)壮汉泰双宾语句对比研究,《柳州职业技术学院学报》第 1 期。
孙德金(2002a)《汉语语法教程》,北京:北京语言大学出版社。
孙德金(2002b)外国留学生汉语"得"字补语句习得情况考察,《语言教学与研究》第 6 期。
孙德金主编(2006)《对外汉语语法及语法教学研究》,北京:商务印书馆。
孙德金(2007)对外汉语语法教学中的形式与意义,《语言教学与研究》第 5 期。
孙冬惠、张恒军(2008)留学生汉语结果补语习得研究,《吉林省教育学院学报(学科版)》第 9 期。
孙红玲(2005)现代汉语重动句研究,北京语言大学博士学位论文。
索绪尔(1916/1980)《普通语言学教程》,高名凯译,岑麒祥、叶蜚声校注,北京:商务印书馆。
唐翠菊(2009)从指称语项目看汉语教学参考语法的编写原则,提交汉语国际教育"三教"问题学术研讨会,杭州师范大学。
田　靓(2012)汉语作为外语/第二语言教学的"把"字句研究,北京大学博士学位论文。
佟慧君(1986)《外国人学汉语病句分析》,北京:北京语言学院出版社。
王春茂、彭聃龄(1999)合成词加工中的词频、词素频率及语义透明度,《心理学报》第 3 期。
王分年(2009)中级阶段越南留学生使用动词的偏误分析,广西民族大学硕士学位论文。
王红旗(1995)动趋式述补结构配价研究,沈阳、郑定欧主编《现代汉语配价语法研究》,北京:北京大学出版社。

王　慧(2007)二语习得中的汉语语块研究,暨南大学硕士学位论文。
王建勤(1994)中介语产生的诸因素及相互关系,《语言教学与研究》第 4 期。
王建勤(1997)"不"和"没"否定结构的习得过程,《世界汉语教学》第 3 期。
王建勤(1999)表差异比较的否定结构的习得过程,《世界汉语教学》第 4 期。
王建勤(2000)历史回眸:早期的中介语理论研究,《语言教学与研究》第 2 期。
王建勤主编(1997)《汉语作为第二语言的习得研究》,北京:北京语言文化大学出版社。
王建勤主编(2006a)《汉语作为第二语言的学习者习得过程研究》,北京:商务印书馆。
王建勤主编(2006b)《汉语作为第二语言的学习者语言系统研究》,北京:商务印书馆。
王建勤主编(2009)《第二语言习得研究》,北京:商务印书馆。
王　健(2001)汉语双宾动词与日语相关动词的比较,《汉语学习》第 6 期。
王娇娇(2010)泰国学生使用汉语结果补语偏误分析,西南大学硕士学位论文。
王　力(1943)《中国现代语法(上)》,北京:商务印书馆。
王立非、张大凤(2006)国外二语预制语块习得研究的方法进展与启示,《外语与外语教学》第 5 期。
王玲玲、何元建(2002)《汉语动结结构》,杭州:浙江教育出版社。
王　寅(2011)《构式语法研究(上、下卷)》,上海:上海外语教育出版社。
王宇泉(2011)基于中介语语料库的介词偏误分析,上海师范大学硕士学位论文。
魏　红(2009)《面向汉语习得的常用动词带宾情况研究》,北京:人民出版社。
温晓虹(2008)位移意义"把"字句习得研究,《汉语作为外语的习得研究——理论基础与课堂实践》,北京:北京大学出版社。
吴门吉、徐霄鹰(2004)加强汉语阅读中句法结构知识的讲解和训练,《海外华文教育》第 4 期。
吴艺彬(2010)俄语三价动词的语义配价与句法模式,哈尔滨师范大学硕士学位论文。
吴勇毅、何所思、吴卸耀(2010)汉语语块的分类、语块化程度及其教学思考,《第九届世界华语文教学研讨会论文集·第二册·语言分析》,台北:世界华文出版社。
吴勇毅、吴中伟、李劲荣主编(2016)《实用汉语教学语法》,北京:北京大学出版社。
武雄胜(2012)越南学习者结果补语偏误分析,福建师范大学硕士学位论文。
肖奚强(2001)略论偏误分析的基本原则,《语言文字应用》第 1 期。
肖奚强、张　静(2004)现代汉语重动句研究综述,《南京广播电视大学学报》第 1 期。
肖奚强、郑巧斐(2006)"A 跟 B(不)一样(X)"中"X"的隐现及其教学,《世界汉语教学》第 3 期。
肖奚强、朱　敏主编(2008)《汉语初级强化教程》,北京:北京大学出版社。
肖奚强等(2009)《外国学生汉语句式学习难度及分级排序研究》,北京:高等教育出版社。
萧　频(2008)印尼学生汉语中介语易混淆词研究,北京语言大学博士学位论文。
谢　福(2012) The verb-copying construction on the perspective of Construction Grammar, 7th International Conference on Construction Grammar, Seoul。

谢　福(2015)汉语二语学习者重动句偏误分析及其教学策略,《语言教学与研究》第2期。

熊文新(1996)留学生"把"字结构的表现分析,《世界汉语教学》第1期。

熊仲儒(2004)《现代汉语中的致使句式》,合肥:安徽大学出版社。

徐　峰(1998)"交互动词的配价研究"补议,《语言研究》第2期。

徐晶凝(2016)对外汉语口语教学语法大纲的构建,《语言教学与研究》第4期。

徐　枢(1985)《宾语和补语》,哈尔滨:黑龙江人民出版社。

徐通锵(1997)《语言论——语义型语言的结构原理和研究方法》,长春:东北师范大学出版社。

薛常明(2005)英语母语者对汉语非宾格动词的第二语言习得研究——检验"非宾格陷阱假设",广东外语外贸大学博士学位论文。

薛小芳、施春宏(2013)语块的性质及汉语语块系统的层级关系,《当代修辞学》第3期。

杨德峰(2009)《对外汉语教学核心语法》,北京:北京大学出版社。

杨华梅(2011)维吾尔族学生使用交互动词偏误分析研究,《长春理工大学学报》第7期。

杨寄洲主编(1999)《汉语教程》,北京:北京语言文化大学出版社。

杨金华(2009)论语块的特点、性质认定及作用,《暨南大学华文学院学报(华文教学与研究)》第2期。

杨素英、黄月圆、高立群、崔希亮(2007)汉语作为第二语言存现句习得研究,《汉语学习》第1期。

杨　阳(2011)对外汉语教学中能愿动词的习得情况调查,《新余学院学报》第5期。

杨玉玲、吴中伟(2013)《国际汉语语法与语法教学》,北京:高等教育出版社。

杨　圳、施春宏(2013)汉语准价动词的二语习得表现及其内在机制,《世界汉语教学》第4期。

殷红伶(2011)《英汉动结式语义结构研究》,南京:东南大学出版社。

于根元(2002)应用语言学的基本理论,《语言文字应用》第1期。

于根元主编(1999)《应用语言学理论纲要》,北京:华语教学出版社。

余绮川(2008)认知框架下的语块研究,《重庆科技学院学报(社会科学版)》第7期。

余文青(2000)留学生使用"把"字句的调查报告,《汉语学习》第5期。

袁博平(2010)汉语二语习得研究与对外汉语教学的结合——以教授汉语结果补语为例,《第十届国际汉语教学研讨会论文选》,北京:北方联合出版传媒(集团)股份有限公司、万卷出版公司。

袁毓林(1989)准双向动词研究,《语言研究》第1期。

袁毓林(1992)现代汉语名词的配价研究,《中国社会科学》第3期。

袁毓林(1998)《汉语动词的配价研究》,南昌:江西教育出版社。

袁毓林(2001)述结式配价的控制——还原分析,《中国语文》第5期。

袁毓林(2005a)试析中介语中跟"没有"相关的偏误,《世界汉语教学》第2期。

袁毓林(2005b)试析中介语中跟"不"相关的偏误,《语言教学与研究》第6期。

袁毓林(2010)《汉语配价语法研究》,北京:商务印书馆。
袁毓林、詹卫东、施春宏(2014)汉语"词库—构式"互动的语法描写体系及其教学应用,《语言教学与研究》第2期。
詹人凤(1989)动结式短语的表述问题,《中国语文》第2期。
张宝林(2006)《汉语教学参考语法》,北京:北京大学出版社。
张宝林(2010)回避与泛化——基于"HSK动态作文语料库"的"把"字句习得考察,《世界汉语教学》第2期。
张宝胜(2002)配价语法和"对＋N＋的＋X"短语的歧义问题,《河南大学学报(社会科学版)》第5期。
张伯江(1999)现代汉语的双及物结构式,《中国语文》第3期。
张伯江(2013)《什么是句法学》,上海:上海外语教育出版社。
张  博(2007)同义词、近义词、易混淆词:从汉语到中介语的视角转移,《世界汉语教学》第3期。
张  博(2013)针对性:易混淆词辨析词典的研编要则,《世界汉语教学》第2期。
张  博(2015)关于词汇大纲语言单位取向问题的思考——兼议《新汉语水平考试大纲》"重大轻小"的收录取向,《语言教学与研究》第1期。
张  博等(2008)《基于中介语语料库的汉语词汇专题研究》,北京:北京大学出版社。
张  赪(2000)从先秦时期"介词＋场所"在句中不合规律分布的用例看汉语的词序原则,《语言研究》第2期。
张国宪(1995)论双价形容词,沈阳、郑定欧主编《现代汉语配价语法研究》,北京:北京大学出版社。
张  静(2004)现代汉语重动句研究,南京师范大学硕士学位论文。
张  娜(2006)英语国家留学生汉语结果补语使用偏误分析,《现代语文》第9期。
张瑞芳(2010)蒙古留学生汉语动词使用偏误分析,《内蒙古师范大学学报(教育科学版)》第9期。
张瑞朋(2013)《现代汉语书面语中跨标点句句法关系约束条件的研究》,北京:中国社会科学出版社。
张旺熹(1991)"把字结构"的语义及其语用分析,《语言教学与研究》第3期。
张  妍(2006)欧美学生汉语中介语易混行为动词、心理动词及其辨析方法研究,北京语言大学硕士学位论文。
张艳华(2005)韩国学生汉语介词习得偏误分析及教学对策,《云南师范大学学报(对外汉语教学与研究版)》第3期。
张叶红(2004)俄语动词的配价分析及其应用,东北师范大学硕士学位论文。
张谊生(1997)交互动词的配价研究,《语言研究》第1期。
张志公(1952)《怎样造句》,北京:中国青年出版社。
赵金铭(1994)教外国人汉语语法的一些原则问题,《语言教学与研究》第2期。
赵金铭(1996)对外汉语语法教学的三个阶段及其教学主旨,《世界汉语教学》第3期。

赵金铭(2006a)从类型学视野看汉语差比句偏误,《世界汉语教学》第 4 期。
赵金铭(2006b)从对外汉语教学到汉语国际推广,李晓琪主编《对外汉语综合课教学研究》代序,北京:商务印书馆。
赵金铭(2009)教学环境与汉语教材,《世界汉语教学》第 2 期。
赵金铭等(2008)《基于中介语料库的汉语句法研究》,北京:北京大学出版社。
赵金铭主编(1997)《新视角汉语语法研究》,北京:北京语言文化大学出版社。
赵金铭主编(2004)《对外汉语教学概论》,北京:商务印书馆。
赵　新(2002)试论重动句的功能,《语言研究》第 1 期。
赵　杨(2009)汉语非宾格动词和心理动词的习得研究——兼论"超集—子集"关系与可学习性,《世界汉语教学》第 1 期。
赵元任(1968)*A Grammar of Spoken Chinese*, Berkeley: University of California Press。吕叔湘节译《汉语口语语法》,北京:商务印书馆,1979 年;丁邦新译《中国话的文法》,香港:香港中文大学出版社,1980 年。
钟小勇、张　霖(2010)作为预设触发语的重动句,《当代修辞学》第 6 期。
周　红(2005)《现代汉语致使范畴研究》,上海:复旦大学出版社。
周　健(2007a)语块在对外汉语教学中的价值与作用,《暨南学报(哲学社会科学版)》第 1 期。
周　健(2007b)语块教学在培养汉语语感中的作用,《第八届国际汉语教学讨论会论文选》,北京:高等教育出版社。
周　倞(2009)对外汉语语块研究——以《汉语水平词汇等级大纲》为例,华东师范大学硕士学位论文。
周　强、詹卫东、任海波(2001)构建大规模的汉语语块库,黄昌宁、张普主编《自然语言理解与机器翻译》,北京:清华大学出版社。
周文华、肖奚强(2011)现代汉语介词习得研究,《语言文字应用》第 2 期。
周小兵(2004a)语法教学,周小兵、李海鸥主编《对外汉语教学入门》,广州:中山大学出版社。
周小兵(2004b)学习难度的测定和考察,《世界汉语教学》第 1 期。
周小兵、刘　瑜(2010)汉语语法点学习发展难度,《华文教学与研究》第 1 期。
周小兵、赵　新等(2002)《对外汉语教学中的副词研究》,北京:中国社会科学出版社。
周小兵、朱其智、邓小宁等(2007)《外国人学汉语语法偏误研究》,北京:北京语言大学出版社。
朱德熙(1979)与动词"给"相关的句法问题,《方言》第 2 期。
朱德熙(1982)《语法讲义》,北京:商务印书馆。
朱旻文(2010)基于因果事件框架的英语母语学习者汉语动结式习得研究,北京语言大学硕士学位论文。
朱庆明编著(2005)《现代汉语实用语法分析(上册)》,北京:清华大学出版社。
朱志平(2008)《汉语作为第二语言教学理论概要》,北京:北京大学出版社。

邹香娜(2006)汉语述结式与其相应英语表达的对比研究,上海外国语大学硕士学位论文。

祖人植(2002)对外汉语教学语法体系研究思路述评——从语言共性与个性的视角,《北京大学学报(哲学社会科学版)》第4期。

Abney, Steven P. (1991) Parsing by chunks. In Robert Berwick, Steven Abney & Carol Tenny(eds.), *Principle-Based Parsing: Computation and Psycholinguistics*. Dordrecht: Kluwer Academic Publishers.

Adjemian, Christian(1976) On the nature of interlanguage systems. *Language Learning* 26: 297–320.

Becker, Joseph D. (1975) The phrasal lexicon. In Roger Schank & Bonnie Nash-Webber (eds.), *Theoretical Issues in Natural Language Processing*. Cambridge: Cambridge University Press.

Booij, Geert(2005) Construction-dependent morphology. *Lingue e linguaggio* 4(2): 163–178.

Booij, Geert(2007) Construction morphology and the lexicon. In Fabio Montermini, Gilles Boyé & Nabil Hathout (eds.), *Selected Proceedings of the 5th Décembrettes: Morphology In Toulouse*. Somerville, MA: Cascadilla Proceedings Project.

Booij, Geert(2010) *Construction Morphology*. Oxford: Oxford University Press.

Booij, Geert(2013) Morphology in Construction Grammar. In Thomas Hoffmann & Graeme Trousdale(eds.), *The Oxford Handbook of Construction Grammar*. Oxford: Oxford University Press.

Cheung, Hintat(1992) The acquisition of BA in Mandarin. Ph. D. dissertation, University of Kansas.

Comrie, Bernard(1981) *Language Universals and Linguistic Typology*. Chicago: University of Chicago Press. 沈家煊译《语言共性和语言类型》,北京:华夏出版社,1989年。

Croft, William(2001) *Radical Construction Grammar: Syntactic Theory in Typological Perspective*. Oxford: Oxford University Press.

Croft, William & D. Alan Cruse(2004) *Cognitive Linguistics*. Cambridge: Cambridge University Press.

Culicover, Peter W. (2009) *Nature Language Syntax*. Oxford: Oxford University Press.

Dryer, Matthew(1986) Primary objects, secondary objects, and antidative. *Language* 62(4): 808–845.

Du, Hang(2004) The acquisition of the Chinese Ba-construction by adult second language learners. Ph. D. dissertation, The University of Arizona.

Ellis, Rod(1985) *Understanding Second Language Acquisition*. Oxford: Oxford University Press.

Ellis, Rod(1994) *The Study of Second Language Acquisition*. Oxford: Oxford University Press.

Fahn, Sharon(1993) The acquisition of Mandarin Chinese BA-Construction. Ph. D. dissertation, University of Hawaii.

Fillmore, Charles J., Paul Kay & Mary Catherine O'Connor(1988) Regularity and idiomaticity in grammatical constructions: The case of *let alone*. *Language* 64(3): 501-538.

Gass, Susan & Larry Selinker(2008) *Second Language Acquisition: An Introductory Course. Third edition*. New York and London: Routledge Taylor & Francis Group. 赵杨译《第二语言习得》,北京:北京大学出版社,2011年。

Glaser, Rosamarie(1998) The stylistic potential of phraseological units in the light of genre analysis. In Anthony. P. Cowie(ed.), *Phraseology: Theory, Analysis and Applications*. Oxford: Oxford University Press.

Goldberg, Adele E. (1995) *Constructions: A Construction Grammar Approach to Argument Structure*. Illinois, Chicago: The University of Chicago Press. 吴海波译《构式:论元结构的构式语法研究》,北京:北京大学出版社,2007年。

Goldberg, Adele E. (2003) Constructions: a new theoretical approach to language.《外国语》第3期.

Goldberg, Adele E. (2006) *Constructions at Work: The Nature of Generalization in Language*. Oxford: Oxford University Press. 吴海波译《运作中的构式:语言概括的本质》,北京:北京大学出版社,2013年。

Goldberg, Adele E. (2013) Constructionist approaches. In Thomas Hoffmann & Graeme Trousdale(eds.), *The Oxford Handbook of Construction Grammar*. Oxford: Oxford University Press.

Goldberg, Adele. E. & Ray S. Jackendoff(2004) The English resultative as a family of constructions. *Language* 80(3): 532-568.

Granger, Sylviane, Joseph Hung & Stephanie Petch-Tyson(2002) *Computer Learner Corpora, Second Language Acquisition and Foreign Language Acquisition*. Amsterdam: John Benjamins Publishing Company.

Greenberg, Joseph H. (1980) Circumfixes and typological change. In Elizabeth C. Traugott, et al. (eds.), *Papers from the International Conference on Historical Linguistics*. Amsterdam: John Benjamins.

Greenberg, Joseph H. (1995) The diachronic typological approach to language. In Masayoshi Shibatani & Theodora Bynon(eds.), *Approaches to Language Typology*. Oxford: Clarendon Press.

Harley, Heidi(1995) Subjects, events and licensing. Ph. D. dissertation, MIT.

Hatch, Evelyn M. (1983) *Psycholinguistics: A Second Language Perspective*. Rowley,

MA:Newbury House.

Heine, Bernd & Christa König(2010)On the linear order of ditransitive objects. *Language Science* 32(1):87-131.

Hockett, Charles F. (1954)Two models of grammatical description. *Word* 10:210-234. 范继淹译《语法描写的两种模式》,收入《范继淹语言学论文集》,北京:语文出版社,1986年。

Hoffman, Thomas & Graeme Trousdale(2013)*The Oxford Handbook of Construction Grammar*. Oxford:Oxford University Press.

Jin, Honggang(1993)Pragmaticization and the L2 acquisition of Chinese Ba Construction. *Journal of Chinese Language Teachers Association* 18(3):33-52.

Jin, Honggang(1994)Topic prominence and subject prominence in L2 acquisition:Evidence of English to Chinese typological transfer. *Language Learning* 44(1):101-122.

Kim, Lan(2008)On the ditransitive construction in Korean. Proceedings of ConSOLE XV, 2008. Brussels, Belgium.

Lewis, Michael(1993)*The Lexical Approach*:*The State of ELT and a Way Forward*. London:Language Teaching Publications.

Langacker, Ronald W. (1987)*Foundations of Cognitive Grammar. Vol. 1, Theoretical Prerequisites*. Stanford, California:Stanford University Press. 牛保义、王义娜、席留生、高航译《认知语法基础(I):理论前提》,北京:北京大学出版社,2013年。

Li, Charles N. & Sandra A. Thompson (1981)*Mandarin Chinese*:*A Functional Reference Grammar*. Berkeley:University of California Press.

Li, Wendan(1996)L2 acquisition of topic-comment structures in Mandarin Chinese. Ph. D. dissertation, University of Alberta.

Liu, Xianming(1995)On the verb-copying construction in Mandarin Chinese. Ph. D. dissertation, University of Minnesota.

Mayr, Ernst(1982)*The Growth of Biological Thought*:*Diversity, Evolution, and Inheritance*. Cambridge, MA:Harvard University Press. 涂长晟等译《生物学思想发展的历史》,成都:四川教育出版社,2010年。

Miller, George A. (1956)The magical number seven, plus or minus two:Some limits on our capacity for processing information. *Psychological Review* 2:343-352.

Miller, George A. & Jennifer A. Selfridge(1950)Verbal context and the recall of meaningful material. *American Journal of Psychology* 63:176-183.

Nattinger, James R. & Jeanette S. DeCarrico(1992)*Lexical Phrases and Language Teaching*. Oxford:Oxford University Press. 《词汇短语与语言教学》,上海:上海外语教育出版社,2000年。

Östman, Jan-Ola(2005)Construction discourse:a prolegomenon. In Jan-Ola Östman &

Mirjam Fried(eds.), *Construction Grammars: Cognitive Grounding and Theoretical Extensions*, 121-144. Amsterdam: Benjamins.

Radford, Andrew(2004) *English Syntax: An Introduction*. Cambridge: Cambridge University Press.

Hovav, Malka R. & Beth Levin(2008) The English dative alternation: The case for verb sensitivity. *Journal of Linguistics* 44: 129-167.

Selinker, Larry(1972) Interlanguage. *International Review of Applied Linguistics* 10(3): 209-231.

Sinclair, John(ed.)(1990) *Collins Cobuild English Grammar*. London: Harper Collins Publishers Ltd. 任绍曾主译《Collins Cobuild 英语语法大全》,北京:商务印书馆, 1999年。

Taylor, John R. (2002) *Cognitive Grammar*. Oxford: Oxford University Press.

Teng, Shou-hsin(1999) Acquisition and pedagogy in Chinese as a foreign language.(日本)《现代中国语研究》,第5—17页。邓守信《对外汉语教学语法》,北京:北京语言大学出版社,2010年。

Tomasello, Michael(1998) The return of constructions. *Journal of Child Language* 25: 431-442.

Tomasello, Michael(2003) *Constructing a Language: A Usage-Based Theory of Language Acquisition*. Cambridge, MA: Harvard University Press.

Tomlin, Russell S. (1986) *Basic Word Order: Functional Principle*. London: Croon Helm.

Trousdale, Graeme & Nikolas B. Gisborne(2008) *Constructional Approaches to English Grammar*. The Hague: Mouton.

VanPatten, Bill(2003) *From Input to Output: A Teacher's Guide to Second Language Acquisition*. Boston: McGraw Hill.

Wen, Xiaohong(1994) Topic prominence in the acquisition of Chinese existential sentences by English speakers. *International Journal of Psycholinguistics* 10(2): 127-145.

Wen, Xiaohong(2006) Acquisition sequence of three constructions: An analysis of the inter-language of learners of Chinese as a foreign language. *Journal of Chinese Language Teachers Association* 41(3): 89-114.

Wray, Alison (1999) Formulaic language in learners and native speakers. *Language Teaching* 32: 213-231.

Wray, Alison (2002) *Formulaic Language and the Lexicon*. Cambridge: Cambridge University Press.

Yorio, Carlos A. (1980) Conventionalized language forms and the development of communicative competence. *TESOL Quarterly* 14(4): 433-442.

Yuan, Boping(2010)Domain-wide or variable-dependent vulnerability of the semantics-syntax interface in L2 acquisition? Evidence from wh-words used as existential polarity words in L2 Chinese grammars. *Second Language Research* 26(2):219 – 260.

# 后　记

　　本书是我所主持的教育部人文社会科学重点研究基地重大项目"面向第二语言教学的汉语构式系统研究"(项目批准号：10JJD740001)中关于二语习得研究的主要成果。

　　本项研究能够顺利开展并按期结项，得益于学界的热情指导，得益于课题组研究团队的合作与努力，得益于北京语言大学对外汉语研究中心和其他各方面的充分支持。

## 一

　　我喜欢上二语习得和教学研究，带有很大的偶然性。2006年年底，我从人文学院被抽调到对外汉语研究中心(简称"汉研中心")从事专职研究工作。汉研中心是国家在对外汉语教学领域设立的唯一一个国家级重点研究基地，语言教学和习得研究是其至为重要的目标。我在进入汉研中心之前，虽然有过一些教留学生的经历(全为兼职和业余)，虽然在华语教学出版社供职期间责编过数本对外汉语教学方面的著作、教材和工具书，虽然自己攻读硕士学位的研究方向是应用语言学(主要从事词汇语义学和规范语言学研究)，但自己并没有任何相关的研究经历，甚至语言习得研究的论著也没怎么阅读过。也许是无知人胆大吧，由于我们对某些前沿性的语法理论有一点儿了解，而且对汉语的某些特殊语法现象做过一些系统分析，我想，这也许会对从事语法习得和教学研究有些帮助吧。于是我想做一点儿这方面的研究，既能报答汉研中心的眷顾，也可挑战一下自己。经过几年学而思的准备，2010年8月，在赵金铭、吕文华、张博、王建勤、孙德金、唐翠菊等先生的指导和汉研中心诸位同事的帮助下，申请了"面向第二语言教学的汉语构式系统研究"这一课题，想利用构式语法的基本观念来探索汉语构式的习得和教学问题。在课题申报论证会上，曹文、陈前瑞、孙德金、唐翠菊、王建勤、张宝林、张博、张赪、张劲松等先生给予了切实的指导，使课题得以顺利立项。

其实，在申请课题之初，我们只是确立了大概其的方面，最终做成怎么样，并没有十足的把握。在研究过程中，除了阅读文献、请教专家、分析材料、观看视频外，更多的是跟课题组成员共同学习、反复讨论。就本书作者队伍而言，参与撰写的七位年轻作者中，除朱旻文和谢福外，都曾是我的硕士研究生；而朱旻文和谢福在整个读硕攻博期间，都与我有着深入的学术交流，对彼此的研究理念、研究领域和学术路径比较熟悉。我们给自己设定的可操作性目标是，每个研究专题在围绕总体目标的前提下要体现出不同的理论追求，而不只是为了验证习得研究的既有认识和本体研究的既有成果；要力求使基于每个子项目研究所形成的文章都要达到语言学专业核心刊物发表的水平（是否发表，则另当别论）。显然，为了实现这样的目标，探索和写作的过程是相当艰难的，何况我的大部分研究生都以研究汉语本体为主；但有了高标准，才有获得感，才能严要求。除了平时的电邮联系、课间互动、午餐聚谈、约见商论外，我和研究生们每个周三上午都在我的办公室（主楼北237室）集中讨论一次，虽然这些硕士生每年新进两三位又毕业两三位，但几年下来，讨论课从来没有间断过。除讨论外，我们特别重视通过写作来促进研究。研究生们从写出初稿到最后投稿，一般每篇文章都要来回修改、调整十来遍。我们在研究中互动，在互动中提高。我们已经形成了良好的互动机制。在面对丰富复杂的语言现象时，我常常深切地感受到："动因是个谜，机制或可建构。"学习、生活、研究，莫不如此。读研、看书、做课题，能够做出对得起自己所掷时间的成果自然很重要，但对研究生而言，通过"材料＋逻辑"和"想象＋表达"的精细操练来训练自己的思维方式和建构自己的知识系统也许更重要。即便这些硕士生们将来无缘或无意从事语言学研究（实际上大多如此），我们相信这样的思维训练和研究能力仍可成为从事其他工作的基础。我一直坚信，不同学科、不同领域、不同行业之间的知识存在着隐喻性关联。否则，我们就无法回答这个被反复提出的问题："老师，我将来又不做语言学，为什么要花这么多时间学语言学？"以致我们做导师的无法面对学生们一波波困惑甚至迷惘的眼神。

## 二

本课题组成员由语言本体研究、二语习得研究和二语教学研究三个领域的十数位学者和研究生组成，除了本书各章撰写者外，冯胜利、唐翠菊、李艳华、张瑞朋等先生都是重要成员,我的十多位研究生在北京语言大学攻读学位期间都对课题研究的进展做出了很多贡献。大家团结协作,积极进取,经过三年多的艰苦奋斗,课题于 2013 年年底顺利完成。

  本项研究的阶段性成果主要体现为一系列学术论文。课题组成员在项目架构下共发表了 20 余篇学术论文,其中绝大部分发表于语言学专业核心期刊,并有数篇为中国人民大学报刊复印资料《语言文字学》全文转载和《中国社会科学文摘》详摘转载。然而,非常抱歉和特别遗憾的是,基于系统性考虑和书稿篇幅所限,我们只集中选取了其中关于汉语构式习得研究的成果加以整合,这便是奉呈给读者的这本《汉语构式的二语习得研究》。实际上,这些成果尚不足课题总成果的一半。下面是本书各章的撰写者:

  第一章 施春宏
  第二章 薛小芳、施春宏
  第三章 杨 圳、施春宏
  第四章 蔡淑美、施春宏
  第五章 黄理秋、施春宏
  第六章 李 昱
  第七章 朱旻文
  第八章 谢 福
  第九章 施春宏
  第十章 施春宏、蔡淑美

  除最后一章外,其他章节的主体内容均在《世界汉语教学》《语言教学与研究》《语言文字应用》《当代修辞学》《华文教学与研究》上发表过。本来我们想将课题成果作为论文集出版,但考虑到研究过程本身就是一个逐步探索的过程,加上不同论题当初作为论文发表时的理论背景和观察角度有差异,甚至不同作者的写作风格、不同文章的总体架构也不一样,因此觉得有必要对既有成果做出较为系统的整理。书稿整合过程前前后后花了两年多时间,主要由我来完成,但书稿撰写者也都积极参与,其中蔡淑美博士的帮助尤多。这些阶段性成果在整合进本书时,大多做了较大调整,其中既有考察内容的充实,也有具体认识的改进,还有研究观念的提升,有的篇章甚至超过原刊篇幅的一半。当然,这种整合殊为不易,还留下了许多应该进一步调整但限于水平和时间而尚未调整到位的地方。本书整合时虽力求体现出系统性,但某些章节从全书体系来看仍存有某些"个性",而作为课题综合成果又不能从头再来。一念至此,不免忐忑,还请读者谅解。

其实,对我这样半路出家的语言习得研究爱好者来说,我深深地知道,作为项目主持人和实际研究者,都存在着许多难以克服的障碍和问题,唯愿我们在句法习得研究路途中所做的理论建构和方法论思考以及所获得的某些具体成果对进一步探索相关论题有些启发。恭请学界指导和批评。

值得一说的是,我近些年对构式理论和具体构式也做过一些研究,相关成果形成拙著《形式和意义互动的句式系统研究——互动构式语法探索》(商务印书馆即将出版),这两本书构成了姊妹篇。关于构式的教学研究,虽然也已经形成了一些成果,但尚不充分,需要在新的理论框架中进一步探索。

我还想借此多说几句与本课题研究相关的事情。此前我曾撰写过一本面向对外汉语教师／国际汉语教师的现代汉语教程《作为第二语言的汉语概说》(北京大学出版社,2009年),在此基础上正努力撰写一本更能体现语言学知识的吸收、转化和创新的《汉语纲要》。这实际是本项研究的一个延伸,将由北京语言大学出版社出版。另外,我这些年还一直在从事《汉语基本知识》这套系列教材的撰写工作,其中分卷本《语法篇》已于2011年由北京语言大学出版社出版,《语音篇》和《词汇篇》即将出版(均与蔡淑美合撰),《汉字篇》正在撰写的过程中(与王伟超合撰)。如何充分而有效地实现语言学知识的教学资源化,一直是我们不断思考的问题,并努力付诸实践。其实,我与冯胜利先生合作研究并撰写的《三一语法:结构·功能·语境——初中级汉语语法点教学指南》(北京大学出版社,2015年),也是十数年系列工程的一部分。这些年,我的一半时间都赋之于此,乐此不疲。在汉语作为第二语言的教学和研究过程中,如何脚踏实地地做好探索中创新、普及中提高的工作,对我是个严峻的考验。我相信,对当下的学术界和教学界,也是如此。

## 三

这个课题能够顺利完成,除了感谢上面提到的诸位专家和作者外,我的其他研究生也给予我很多帮助。2014年在我初步整理书稿时,刘文秀、陈艺骞、孙潇、孙雪、王文姣、郝曈、朱立锟、李娜娜、李显赫、马文津、马伟忠就阅读了各个章节并提出了很多意见和建议。2016年我进一步整理书稿内容时，金婷、邱莹、李聪、王伟超、李娜、刘卫强、张苗苗等研究生也逐章提出了很多意见和建议，宁颖琦、赵芸芸、罗斐、张子豪、刘星宇、奚柳青对部分章节提出了修改意见。我自2005年开始指导硕士生，2012年开始指导博士生，十二年里，共指导过30余名研究生，我们在互动中相互学习，共同提高。他们的成长让我感到自己作为导师而存在的价值。因此，我愿将这本书作为一份礼物送给我过去的、现在的和未来的研究生们。谢谢你们！祝福你们！同时也借此感谢我的导师于根元先生、袁毓林先生和博士学位论文合作导师陆俭明先生、博士后合作导师冯胜利先生，我会努力地将先生们的学术思想和科研情怀传递给我的学生们。我也借此感谢我所供职的北京语言大学，它所提供的学术氛围只有身在其中才能真切感受。

本书能够顺利出版，还要感谢北京语言大学所提供的出版资助和对外汉语研究中心曾经提供的研究条件及同事们的无私帮助；感谢商务印书馆赐予的机会，感谢二十多年前就给我以教导的周洪波老师的热情提携，感谢责任编辑刘婷婷老师的辛勤劳动。

最后特别感谢赵金铭先生。在我十数年的学术生涯中，赵老师一直给予我无尽的关心和教导。本书出版前夕，又蒙赵老师慨然赐序，勉励后学。

莎士比亚在《暴风雨》第二幕第一场中说："凡是过去，皆为序曲。"

本项研究只是我们在二语习得和教学研究征途中的一个序曲，我们将以此为台阶，在语法分析和习得研究、教学模式的构建和应用等方面展开新的探索。

施春宏  
2017年10月1日

图书在版编目(CIP)数据

汉语构式的二语习得研究/施春宏等著.—北京:商务印书馆,2017
ISBN 978-7-100-15552-6

Ⅰ.①汉… Ⅱ.①施… Ⅲ.①第二语言—外语教学—教学研究 Ⅳ.①H09

中国版本图书馆 CIP 数据核字(2017)第 296661 号

**权利保留,侵权必究。**

### 汉语构式的二语习得研究
施春宏 等著

商 务 印 书 馆 出 版
(北京王府井大街 36 号 邮政编码 100710)
商 务 印 书 馆 发 行
北京市艺辉印刷有限公司印刷
ISBN 978-7-100-15552-6

2017 年 12 月第 1 版　　开本 787×960　1/16
2017 年 12 月北京第 1 次印刷　印张 16½
定价:48.00 元